高等学校应用型特色规划教材

网店经营与管理

唐乘花　主　编

张　波　周蔡敏　余福　副主编

清华大学出版社
北京

内 容 简 介

本书基于"工作过程"进行课程内容设置和教材内容编写,以"网络书店"为载体来设计学习情境和实训平台,在情境教学中提高学生的知识、技能,达到过程与方法、情感态度和价值观的培养目标,并坚持以"学"为中心的教学理念,提出探索问题,引导学生自主学习为出发点而编写。

全书内容涉及网络书店规划、建设、运营、管理、维护、服务的全过程,凝聚了编写团队多年的教学经验和精华,着重培养学生对网络书店渠道的建设和管理能力、网络服务意识与能力,培养严谨的习惯和创新性思维能力,增强学生的专业技能、综合素质和就业创业渠道。本书共分6个项目、17个任务、6个实训。

本书适合普通高等院校(含高职院校)出版发行、新闻采编、编辑学、数字出版、数字媒体艺术、网络新媒体等专业作为基础教材使用,也可供从事数字出版工作的出版人员使用。

本书封面贴有清华大学出版社防伪标签,无标签者不得销售。
版权所有,侵权必究。举报:010-62782989,beiqinquan@tup.tsinghua.edu.cn。

图书在版编目(CIP)数据

网店经营与管理/唐乘花主编. —北京:清华大学出版社,2016(2024.2重印)
高等学校应用型特色规划教材
ISBN 978-7-302-42271-6

Ⅰ. ①网… Ⅱ. ①唐… Ⅲ. ①电子商务—商业经营—高等学校—教材 Ⅳ. ①F713.36

中国版本图书馆CIP数据核字(2015)第 283542 号

责任编辑:陈冬梅　李玉萍
封面设计:杨玉兰
责任校对:周剑云
责任印制:曹婉颖

出版发行:清华大学出版社
　　网　　址:https://www.tup.com.cn,https://www.wqxuetang.com
　　地　　址:北京清华大学学研大厦A座　　邮　　编:100084
　　社 总 机:010-83470000　　邮　　购:010-62786544
　　投稿与读者服务:010-62776969,c-service@tup.tsinghua.edu.cn
　　质量反馈:010-62772015,zhiliang@tup.tsinghua.edu.cn
　　课件下载:https://www.tup.com.cn,010-62791865
印 装 者:三河市龙大印装有限公司
经　　销:全国新华书店
开　　本:185mm×260mm　　印　张:13　　字　数:311千字
版　　次:2016年2月第1版　　印　次:2024年2月第6次印刷
定　　价:39.00元

产品编号:062360-03

高等学校应用型特色规划教材
出版传媒系列丛书编委会名单

主　任：唐乘花

副主任：章忆文　陆卫民　袁　超　张　波

编委会成员：

唐乘花　章忆文　陆卫民　张彦青　李玉萍　桑任松

王谷香　刘为民　陆　文　张　波　陈　琦　余　福

周蔡敏　赵艳辉　袁　超　曾红宇　靳伟华

本书编委会名单

主　编： 唐乘花

副主编： 张　波　周蔡敏　余　福

编写人员(排名不分先后)：

刘为民　张　波　余　福　杨钰莹

罗　丹　周蔡敏　赵艳辉　唐乘花

袁　超　靳伟华

前言

本书以网络书店为载体,以工作过程为导向来设置网店经营与管理的课程内容,并设计相应的学习情境和实训平台,力图在情境教学中,使学生快速掌握网店经营与管理的知识并学会相应的技能。网络书店产生于20世纪90年代中期,由亚马逊独领风骚。网络书店是现代信息技术特别是互联网技术与图书发行活动相结合的产物,是电子商务的一种,也是图书发行的新型渠道和新的经营业态,尤其在近年来得到了长足发展,具有广阔的市场前景。截至2013年12月31日,全球最大的网络书店亚马逊年净销售额为744.5亿美元,运营利润为7.45亿美元,分别比2012年增长了22%和10%,图书年销售额为52.5亿美元,图书占据公司年销售额的7%,亚马逊图书销售在全美图书市场占据65%的份额。随着技术的进步和读者消费观念的变化,以当当网络书店、京东网络书店、亚马逊中国为代表的我国网络书店发展迅速,并且掀起了新一轮的网络书店竞争大浪潮。如今当当、京东、亚马逊3家的图书销售额已占整个图书市场的半壁江山,占非教材类图书市场销售额的95%,传统书店根本无法匹及。在过去20年,独立书店数量减少了50%,从近4 000家减少到不足2 000家。如今,通过独立书店售出的图书比例不足10%。随着电子书的普及,越来越多的出版社开始拥抱这个产业,而以亚马逊为代表的网络书店通过销售电子图书又为自己带来了用户的快速增长。网络书店不仅出售实体图书,电子图书的销售更是成绩喜人。

网络书店开辟了我国出版物发行的新渠道,与实体书店形成了鲜明的对比,成为我国出版物发行重要的新生力量。目前我国网络书店大致有如下几种类型和模式。

(1) 独立投资的网络书店。如当当网络书店、京东网络书店和亚马逊中国、蔚蓝网、中国图书网、孔夫子旧书网等。这类网络书店一般由民间资本或与外资合作开办,运行机制灵活,管理理念先进,并且具有技术和资金优势,在我国网络书店的发展中扮演着重要的角色。

(2) 实体书店开办的网络书店。各省、市的新华书店建立的网上书店,如北京图书大厦网上书店、上海书城网上书店、浙江省新华书店集团的博库书城和四川新华文轩网等。这类网络书店实际上是实体书店业务的网络延伸,它们以实体书店为依托,资源丰富,经营规范,专业优势强,在我国网络书店的发展中所起的作用越来越重要。

(3) 由出版企业开办的网络书店。我国大多数出版社都开办了网络书店业务,主要负责本出版社图书的网络发行业务,有的也兼营相关出版物的网络发行业务,如机械工业出版社和电子工业出版社等开办的网上书店。

(4) 淘宝、天猫、京东等平台上的小型网络书店。淘宝等平台为个体小书商提供了开办网络书店的平台。

网络书店以其无门面、零库存、渠道扁平、品种丰富、购书便捷等优势,已完全迎合了读者的购书习惯和需要。作为一种新兴的图书发行渠道,不仅业界应该关注和研究,高校也是应该开设相应的课程,为行业培养网络书店经营的人才。

"网店经营与管理"是出版发行、编辑出版、数字营销、新媒体营销等专业必修课之一,也是一门从事数字出版相关行业所必须学习的专业基础课。本课程主要介绍网络书店作为电子商务的基本概念和类型、网络书店搭建的基础应用技术、网络书店经营管理和运营等知识，着重培养学生网络书店规划、搭建、装修、经营、管理、维护等网络营销渠道的能力，为培养适应数字时代发展、从事新媒体营销与网络书店经营的应用型人才打下基础。

这次出版的《网店经营与管理》是我与我的教学团队 4 年多来开设"网络书店经营管理实务"课程的教学和研究成果。本书的编写框架来自网络书店经营工作流程的推导，内容上覆盖了从事网络书店经营管理工作岗位所需要的知识和技能；内容的安排与网络书店开办经营的工作流程内在逻辑相关联；内容呈现方式符合学生的认知规律，主要体现在由易到难、理论与实践相结合、学习与操作相结合、知识与演练相结合；信息量合理，按 72 教学课时规划，每个"学习任务"对应完整的教学课时；教材内容实用、好用，完全能够满足教学的需要。全书共分 6 个项目、17 个任务、6 个实训，项目一"网络书店的规划与注册"，项目二"网络书店的设计与装修"，项目三"网络书店经营"，项目四"网络书店管理"，项目五"网络书店的维护与更新"，项目六"网络书店交易、沟通与服务"。为了帮助师生更好地使用本书，特别在每个"项目"的结构中设计了"项目情境描述""学习目标""学习任务""课后练习"，对该项目的学习内容所对应的工作岗位能力进行描述，并对该项目提出学习目标要求、作出课时分配建议，教材篇幅、案例、操作任务完全能够在教学课时内完成。每个"任务"均包含了"教学准备""案例导入""知识嵌入"和"课堂演练"等部分，为教学提供了大量实用的素材，"课堂演练"更好地巩固了本任务的知识和操作技能。全书共设计 6 个独具特色的"项目实训实践"，每个"项目实训实践"均对应一个项目学习内容，同时又是对该项目内容的综合运用。6 个"项目实训实践"包含了从网络书店规划到网络书店经营的全过程，且具有内在的逻辑关系，充分体现了学生认知由浅入深的规律，也体现了学生动手能力由单项到综合的提升规律。

本书的特点归纳如下。

(1) 创新性。目前针对本科院校和高职院校的网络书店经营方面的教材几乎没有，我们着重调研了当当网、新华文轩网以及淘宝、天猫等平台上的特色小书店。本书紧密结合网络书店经营管理工作岗位对学生知识技能的要求，内容涵盖了网络书店经营领域工作流程，从低到高形成知识体系和能力体系。

(2) 实用性。全书按 72 课时设计编写内容，所编写的"任务"对应完整的教学课时；每一个编写"任务"的课时计划都在以往的教学中实践过，完全可行；书中提供大量的原创案例、演练和实训素材，完全能够满足教学的需要。

(3) 操作性。本书的知识内容讲述完全依赖案例的实际操作步骤进行，"课堂演练""课后练习""项目实训实践"等操作性内容具有原创性。各项目中的"课堂演练"由易到难形成实践操作体系，"项目实训实践"是对本项目所学内容的巩固和实践，让学生熟悉网络书店经营管理各流程操作，且全书的实训实践项目具有逻辑递升性，全部实训实践项目串起来，基本上完成了网络书店经营管理操作技能。

(4) 针对性。本书编写主要针对应用型本科院校、高职传媒类院校出版与发行专业、编辑出版专业、数字出版专业的特点，充分考虑学生的就业去向，基于传统出版社数字化转型时期出版发行企业对数字出版人才的需要，着重培养学生解决实际问题的能力。

本书编写成员有来自业界的出版专家和院校教师，将教学成果和网络书店经营经验融入教材编写之中。

　　本书由唐乘花担任主编工作，负责拟定提纲、编写体例和样章，负责全书的统稿、审稿和修改工作，并执笔撰写项目一、项目二和项目三(任务1和任务2)；张波执笔项目四和项目六(任务1)；周蔡敏执笔项目五和项目六(任务2和任务3)；曾红宇执笔完成项目三(任务3和任务4)。余福参与项目一的编写，靳伟华参与体例讨论，并为项目三、项目六的编写提供了素材，刘为民提供了大量的案例。全书操作步骤的验证由杨钰莹、罗丹、赵艳辉完成，赵艳辉、杨钰莹负责部分制图工作。

　　本课程建设和教材的编写，得到来自业界的好友刘为民、余福的大力支持，同时在编写过程中参考了大量的著述和文献，在此一并表示感谢。

　　我们的这一新尝试，需要在教学实践中不断地加以完善和提高，真诚地希望广大教师和读者对本书提出宝贵意见和建议。

编　者

目 录

项目一 网络书店的规划与注册 1

任务1 网络书店的规划 2
【教学准备】 2
【案例导入】 2
【知识嵌入】 3
一、认识网络书店 3
二、网络书店的规划 8
【课堂演练】 12

任务2 网络书店的注册、命名与信息完善 12
【教学准备】 12
【案例导入】 12
【知识嵌入】 13
一、淘宝、聚划算等平台的规则 13
二、淘宝平台的操作流程 15
三、国内主流网上支付工具简介 16
四、淘宝开店流程 17
【课堂演练】 21

项目实训实践 模拟开设一家网络书店 22
课后练习 26

项目二 网络书店的设计与装修 27

任务1 网络书店的系统框架与模块组成 28
【教学准备】 28
【案例导入】 28
【知识嵌入】 29
一、网络书店系统框架 29
二、网络书店系统模块划分与功能描述 33
【课堂演练】 39

任务2 网络书店的装修 40
【教学准备】 40
【案例导入】 40
【知识嵌入】 42
一、淘宝网店装修 42
二、网络书店装修操作步骤 48
【课堂演练】 55

项目实训实践 给自己的网络书店装修 55
课后练习 60

项目三 网络书店经营 61

任务1 图书信息采集 62
【教学准备】 62
【案例导入】 62
【知识嵌入】 63
一、网络书店图书信息的特征与来源 63
二、图书信息的采集方法 64
三、常用图书信息采集软件 67
四、利用软件采集电子商务平台上的图书信息 70
【课堂演练】 73

任务2 图书信息组织与上传 74
【教学准备】 74
【案例导入】 74
【知识嵌入】 74
一、网络书店的图书信息分类 74
二、网络书店图书信息组织与上传 76
【课堂演练】 85

任务3 网络书店广告经营 85
【教学准备】 85
【案例导入】 85

【知识嵌入】 86
　　一、广告的内涵 86
　　二、网络书店广告的形式 88
　　三、网络书店广告的创作原则和
　　　　写作要求 91
　　四、网络书店的广告创意理论 95
　　【课堂演练】 98
　任务4　网络书店活动策划 98
　　【教学准备】 98
　　【案例导入】 99
　　【知识嵌入】 99
　　一、认识网络书店活动策划 99
　　二、网络书店常用的线上活动 102
　　【课堂演练】 111
　项目实训实践　模拟经营网络书店 111
　课后练习 115

项目四　网络书店管理 116
　任务1　热点关键词搜索 117
　　【教学准备】 117
　　【案例导入】 117
　　【知识嵌入】 118
　　一、搜索引擎与热点关键词 118
　　二、淘宝平台的搜索模块 119
　　【课堂演练】 123
　任务2　网络书店搜索引擎优化 123
　　【教学准备】 123
　　【案例导入】 123
　　【知识嵌入】 124
　　一、搜索引擎优化概述 124
　　二、搜索引擎优化策略 125
　　三、百度搜索引擎优化技术 129
　　【课堂演练】 135
　任务3　网络书店的商品管理 135
　　【教学准备】 135
　　【知识嵌入】 136

　　一、商品管理 136
　　二、商品管理操作流程 137
　　【课堂演练】 142
　任务4　网络书店的客户管理 142
　　【教学准备】 142
　　【案例导入】 143
　　【知识嵌入】 143
　　一、什么是客户管理 143
　　二、建立客户信息档案 144
　　三、客户分析与数据挖掘 146
　　四、建立良好的客户关系 146
　　【课堂演练】 148
　项目实训实践　网络书店的管理 149
　课后练习 150

项目五　网络书店的维护与更新 151
　任务1　网络书店信息维护与更新 151
　　【教学准备】 151
　　【案例导入】 152
　　【知识嵌入】 152
　　一、网络书店信息维护的重要性 152
　　二、网络书店信息维护的内容 153
　　【课堂演练】 157
　任务2　网络书店运行维护 158
　　【教学准备】 158
　　【案例导入】 158
　　【知识嵌入】 159
　　一、网络书店运行维护的重要性 159
　　二、网络书店运行维护的内容 159
　　【课堂演练】 163
　项目实训实践　网络书店的维护 163
　课后练习 164

项目六　网络书店交易、沟通与服务 165
　任务1　网络书店交易的支付技术和
　　　　　物流技术 165

【教学准备】........................165
　　【案例导入】........................166
　　【知识嵌入】........................166
　　　一、支付方式的比较................167
　　　二、网络支付的基本流程............169
　　　三、网络书店常见的在线支付
　　　　　接口........................169
　　　四、开通支付与接口申请............171
　　　五、常见物流形式..................173
　　【课堂演练】........................176
任务2　网络书店的沟通..................176
　　【教学准备】........................176
　　【案例导入】........................176
　　【知识嵌入】........................177
　　　一、网络书店沟通的人员............177
　　　二、网络客服沟通的工具............179
　　　三、网络沟通的原则................180
　　　四、网络书店沟通的技巧............181

　　【课堂演练】........................184
任务3　网络书店的服务..................184
　　【教学准备】........................184
　　【案例导入】........................184
　　【知识嵌入】........................185
　　　一、网络书店服务的内容............185
　　　二、影响网络书店服务质量的
　　　　　因素........................188
　　　三、提升网络书店服务质量的
　　　　　方法和措施....................190
　　【课堂演练】........................192
　　项目实训实践　网络书店的交易、
　　　沟通与服务......................192
　　课后练习..........................193

**《网络书店经营管理实务》授课计划表
(72课时)**..................................194

参考文献..................................196

项目一　网络书店的规划与注册

【项目情境描述】

随着多媒体技术和网络通信技术的不断发展,基于互联网的网络书店作为出版业一种全新的销售手段,越来越受到人们的关注。出版发行企业使用网络系统可以进行网上发布书目、宣传卖点、销售书本、调查读者需求等。读者可以使用网络书店在浏览器中观看出版企业发布的新书,查询书目,在网上订购书籍,阅读信息,进行知识交流讨论等。随着电子商务技术的不断完善和读者购书形式的网络化,网络书店逐步成为现代图书销售必不可少的经营方式。网络书店的经营大体包括书店规划、网络书店建设与装修、网络书店经营与管理(包括图文信息制作与上传、SEO、图书商品活动推广与图书商品交易管理等)、网络书店维护、网络书店交易、沟通与服务等流程。目前经营网络书店的主体有个人、书商和出版社,因此本书中所指的网络书店包含"个人网络书店""企业书商网络书店""出版社网络书店"。网络书店规划是开设网络书店的前提,而且影响着网络书店经营管理的全过程。开设网络书店必须了解网络书店发展现状,要符合读者的实际需求和网络书店经营发展的趋向,确保投入回报和管理效益最大化,必须对网络书店主营范围、投资规模、营业目标,以及对整个网络书店设计与实现有一个清晰的认识。因此,熟悉网络书店规划、注册等相关知识和操作技能,是出版与发行专业学生要掌握的基本技能。

本项目引导大家学习网络书店类型、建站平台、开设方法、注册过程等相关知识,并以团队为单位模拟开设一家网络书店,制订网络书店开设方案,使学生具备开设网络书店的相关能力,培养遵守团队合作纪律、尊重团队成员、善于采纳团队成员建议的协作能力,在实践操作过程中理解他人,为将来从事网络书店就业或创业打下基础。

【学习目标】

(1) 认识和了解网络书店的类型、建站平台、开设方法、注册过程等。
(2) 学会制订网络书店开设方案。
(3) 能够在指定的模拟平台上注册网络书店,熟练操作相应的流程和步骤。
(4) 能够解决在网络书店开设全过程中遇到的困难;能够遵守团队合作纪律,尊重团队成员,善于采纳团队成员的建议,支持团队决议,在实践操作过程中理解他人。

【学习任务】

任务1: 网络书店的规划(建议: 4课时)
任务2: 网络书店的注册、命名与信息完善(建议: 4课时)
项目实训实践: 模拟开设一家网络书店(建议: 2课时)

任务 1　网络书店的规划

【教学准备】

(1) 具有互联网环境的实训教室。
(2) 指定可链接的网页如下。
- http://www.amazon.com/（亚马逊）
- http://www.dangdang.com（当当网）
- http://www.amazon.cn/（亚马逊中国）
- http://www.bookuu.com/（博库书城）
- http://www.9yue.com/（新华书店九月网）
- http://www.eslite.com/（诚品网络书店）
- http://book.tmall.com/（天猫书城）

【案例导入】

世界上第一个网上书店——Amazo(http://www.amazon.com/)

亚马逊网络书店成立于 1995 年，是全球电子商务的成功代表。1994 年华尔街最年轻的对冲基金资深副总裁迈克·贝索斯在对冲基金最火热的时候辞职了，瞄准了一个更新、更有潜力的行业，那就是信息技术、互联网。他决定办一个网上书店，用崭新的方法销售图书和 CD 光盘。贝索斯用 30 万美元的启动资金，在西雅图郊区租来的房子的车库中，创建了全美第一家网络零售公司——AMAZON.COM（亚马逊公司）。贝索斯用全世界最大的一条河流来命名自己的公司，希望它能成为出版界中名副其实的"亚马逊"。虽然公司初创期间，仅有 3 个"太阳"公司生产的工作站和 300 名免费试用的顾客。

在亚马逊网站上读者可以买到近 150 万种英文图书、音乐和影视节目相关产品。自 1999 年开始，亚马逊网站开始扩大销售的产品门类，现在除图书和音像影视产品外，还在网上销售服装、礼品、儿童玩具、家用电器等 20 多个门类的商品。亚马逊 2013 年净销售额达 744.5 亿美元，年增长 22%，其中图书销售额占到全美图书零售总额的 8%~9%。亚马逊最新一代 Kindle 是迄今为止最轻、最便携的 Kindle 产品，采用最先进的 6 英寸电子墨水显示器，即便在强烈的阳光下也能提供如纸质书般的阅读体验。亚马逊及旗下网站包括：www.amazon.com、www.amazon.co.uk、www.amazon.de、www.amazon.co.jp、www.amazon.fr、www.amazon.ca、www.amazon.cn、www.amazon.it 和 www.amazon.es。

亚马逊中国是全球最大的电子商务公司亚马逊在中国的网站。2004 年 8 月 19 日亚马逊公司宣布以 7500 万美元收购雷军和陈年创办的卓越网，将卓越网收归为亚马逊中国全资子公司。2007 年将其中国子公司改名为卓越亚马逊。2011 年 10 月 27 日亚马逊正式宣布将它在中国的子公司"卓越亚马逊"改名为"亚马逊中国"。

网络书店的迅速崛起，不仅改变了读者购买图书的方式，也改变了图书营销市场经济活动。据权威媒体报道分析，2013 年当当、亚马逊中国、京东 3 家网络书店已占据中国图书市场份额的 95%。

（资料来源：改写自百度百科）

【知识嵌入】

网络书店也称网上书店，是指利用互联网来实现图书销售业务的一种新型图书零售渠道。它是以各种资本形式成立的、能够通过互联网技术并结合实体物流进行图书、期刊、音像制品等出版物的零售、批发的机构和部门。同时，网络书店还可以充分利用网上发行的数字技术和网络技术进入数字出版领域，在发行图书的同时，从事数字出版物的出版和发行。网络书店是网站式的书店，为读者提供了一种高质量、更快捷、更方便的购书方式。

一、认识网络书店

1. 网络书店的功能特点

1) 书籍适合在网络上销售的优点

相较于在网络上经营其他零售商品，书籍具有许多适合网络销售的外形优势和内在本质特性。

(1) 外形优势。单价不高，品种繁多，容易包装运送。影响使用者在网站上下单买书的决定，商品单价的高低占有较大程度的权重。由于一般书籍单价不高，所以使用者在选择了喜爱的书籍后，在还没有看到书以前，便很有可能决定下单买书。实体书店或其他图书发行机构无法拥有足够的店面来展示所有的品种。图书的外形标准，包装简单，便于配送。绝大多数书籍的大小小于 A4 纸张的面积，体积小至信箱也可以容纳，更不需要有太华丽的包装，这在物品传递的方法上提供了非常大的多样性选择。

(2) 本质特性。图书是一种知识信息产品，它的核心价值就是为读者提供信息内容，而在网络这种最便于传播信息的平台上能更好地展示图书的价值，而无须太多商品介绍，容易在线查询。只需提供少许的信息，如作者、摘要、目录或部分内容，便有可能刺激读者下单买书。由于书本的选择多样性非常高，读者会因主题、作者、出版商、年份、装订、封面等而影响他的购买决定。网络书店的数据库查询功能正好可以满足读者的购买习惯，而吸引他们上网买书，这是传统书店很难提供的功能。例如：亚马逊书店建立超过 470 万册图书及 100 万册绝版书的数据库供上网者每天 24 小时查询。

2) 网络书店独特的经营方式和功能

网络书店是一个网站，是组织图书流通的电子商务机构，通过经营图书零售使印刷出版的图书、电子图书从生产阶段进入到消费阶段。

相比实体书店而言，网络书店的发展呈现出诸多新特性，如全面的图书查询信息功能、齐全的图书品种、方便快捷的配送服务、低廉的销售价格、直接准确的数据积累、灵活多样的宣传营销平台、先进的互联网技术以及完善的售后服务等。网络书店一开始就显示出了能够快速传播图书信息、特色化营销、多元化服务等方面的优势。网络书店对图书的管理更加合理化、信息化、快捷化。在网络书店买书，可以更快捷地查到所买图书的更多信息。网络书店为读者提供了可供直接查阅的基本数据，以及书籍特价特卖、排行榜、新书介绍、作家动态、读者推荐(特别推荐)、和作者聊天等，可帮助网友随时掌握书籍与作者的最新动态。

网络书店的经营方式有售书、信息服务、电子阅读、在线下载和按需印刷(POD)。

网络书店在售书的同时，还具有书籍类商品管理、购物车、订单管理、会员管理、网站内容和文章管理等功能。如用户注册会员功能等，会员类型有高级会员、金牌会员等。有的网上书店有会员积分设置，如达到一定积分时自动成为高级会员，而高级会员会有优惠和特别的服务。

网络书店正因为其能提供图书信息搜集功能、24小时服务、能配合个人作息、方便、节省时间、提供个性化服务、免除销售人员的压力、提供各项折扣优惠、种类丰富、提供专业人士的书评或推荐、找寻市面上少见的书籍、购买行为隐秘、可接触其他读者的意见等强大功能而吸引着越来越多的读者上网购书，其中网络书店提供的搜寻功能，以及网络购物时间上的便利性是读者上网购书的主要原因。

网络书店具有电子支付方式，一般网上书店都有3种类型的支付方式：汇款类支付、在线支付、其他支付方式。其中在线支付只要到支付平台开户后，将所获得的开户信息填入即可。在网上书店购书后，用户所购图书都在网站上有记录，方便用户查询。

3) 网络书店的优势和特点

网络书店的优势：①网络书店浓缩了图书的库存和陈列空间，可供选择的图书数量多、品种丰富、出版时间跨度大；②发达的网络直接疏通图书的发行渠道，缩短中间环节，成本较低，读者购买价格实惠；③网络书店提供多途径综合检索，如分类和自定义搜索方式，查找方便；④网络书店不受时间、地域限制，24小时向全球各地用户提供服务，随时选书、下单；⑤网络书店提供个性化服务、互动性强，如新书推荐、畅销书排行、读者评论、作者访谈、专家点评等栏目；⑥网络书店支付灵活，配送快捷。

网络书店优势相当明显，且越来越受到读者的欢迎，致使实体书店遭受到严重冲击。与实体书店相比，网络书店主要有以下几个特点。

(1) 交易场所"虚拟"。传统的实体书店都具有实体的交易场所，读者和销售人员通过面对面的形式购买与销售图书，同时实现信息流、资金流和物流的传递和转移。而网络书店虽然为"店"，但没有实体的交易场所，通过网络交易界面和后台服务器与读者实现信息流、资金流的传递，并借助物流配送力量实现物流的转移，其"三流"在一定程度上是分离的。网络书店属于无店铺营销的一种，但网络书店"虚拟"的只是书店外在形式，仍具备了实体书店内在的所有功能，并且比实体书店更加完善和个性化。一些网络书店在销售实体图书的同时介入数字出版，收集、编辑加工和销售数字出版物，实现了书店功能从流通领域向生产领域的拓展。

(2) 交易空间拓展。实体书店虽然有实物陈列的卖场，让读者能够直观、可信地选购图书，但它的陈列场所有限，所陈列的品种受区域内读者的文化、收入、阅读兴趣所限。实体书店门市的空间有限，新书上架之后难以保证库存书上架，造成有些不错的书没办法在实体书店买到；店面的辐射范围通常以实体店面为中心，向周围有限的特定区域的读者提供图书，交易空间有限。网络书店是在互联网上开设"店面"，陈列的品种无限，可供读者选择的品种范围广，只要在网络联通之处读者都可以获取图书信息和实现购买，交易空间不受区域、国界限制。

(3) 交易时间无间断。实体书店使用图书销售人员进行销售，有固定的营业时间。网络书店的前台订单作业与后台物流、财务、营销及管理均由计算机自动完成。网络书店建立在24小时运转的计算机服务器上，可以每天24小时连续经营，满足所有读者在不同时间的购买需求。

(4) 图书比价导购网站。由于网上书店的蓬勃发展，消费者通过网络购书的行为越来越多。网上书店的价格透明，使得消费者往往通过在各个网上书店查找需要购买的图书进行价格比较，挑选价格最便宜的网上书店进行购买。由此原因产生了许多图书比价网站(易购比价返现网http://egou.com/、图书比价购物搜索引擎特价王 http://www.tejiawang.com/等)，如图 1-1 所示。它们依附于主流网上书店，对各大网上书店的图书价格、缺货情况进行整合，提供给消费者一个清晰的价格比较，使得消费者能够迅速做出购买决策，如图 1-2 所示。

图 1-1 图书比价网

图 1-2 特价王 2014 年 9 月 5 日推出的各网络书店返利情况

2. 网络书店种类

近年来，由于电子信息技术和网络经营的广泛应用，网上购物成为时尚潮流，网上书店也顺势快速发展。

目前，我国网络书店的经营主体众多，经营内容各异，经营方式也各有千秋。

经营主体是指网络书店的建设和拥有者，其特点影响和决定着网络书店的运营战略和发展方向。尽管书业内的经营主体建立网络书店有较多有利条件，但实际上目前我国书业外的经营主体所建立的网络书店市场影响力更大，发展势头更快。如京东商城、苏宁易购开展网上售书业务，以低价竞争的方式在图书市场引起了广泛关注。经营内容是指网络书店的经营产品，涉及不同载体的阅读产品，包括图书、电子书或者数字阅读平台。经营方式是指网络书店经营的具体形式，主要是从出版商与消费者的渠道构成类型进行划分。

1) 按经营主体分类

按经营主体来划分，网络书店可分为由运营商、书业出版发行企业和信息提供商等建立的网络书店。

(1) 由运营商设立的网络书店。当当网、亚马逊中国、京东商城等属于由运营商设立的网络书店。这类网络书店以网络渠道作为销售推广平台，销售纸质图书和电子书，具有较大的市场影响力和品牌号召力。在多年的电子商务发展中，它们的结算体系、物流配送系统和信息管理系统相对成熟，其中当当网和亚马逊中国的读者认同度较高，是国内两大主要购书网站。

(2) 由书业出版发行企业(出版社和书店)设立的网络书店。博库书城网、北发图书网、九九读书人、新华书店九月网，以及其他各出版社和书城自办的网络书店等属于由书业出版发行企业(出版社和书店)设立的网络书店。这类网上书店以其自身出版或者经营的图书作为主要依托，以销售或者推广图书为主营业务。大部分出版社的网络书店也是自身形象宣传和展示的平台，有的出版社或者出版集团的网络书店还专门设有电子书阅读频道。

(3) 由信息提供商设立的网络书店(频道)。盛大文学的云中书城，方正出版的番薯网，新浪、搜狐和腾讯等门户网站的读书频道，中国移动阅读网，中国天翼阅读网等是由信息提供商设立的网络书店(频道)。这类网络书店以提供图书的网上阅读为主要内容，或者以发展数字图书的付费阅读业务作为经营方向。

2) 按经营内容分类

按经营内容划分，网络书店可分为纸质图书销售、电子类阅读器销售、数字出版阅读等类型的网络书店。

(1) 纸质图书销售书店。这是大多数网络书店主要的经营对象，特别是红泥巴网、孔夫子旧书网等经营专业性、个性化的图书内容的网络书店。此外，出版发行企业在淘宝网上开设的网店则是充分借助书业外专业平台，以低成本费用介入的方式宣传和促销图书。如四川、山东、江苏等省的新华书店在淘宝网上开设的网店。

(2) 电子类阅读器销售书店。这是网络书店应对数字出版实施经营转型而出现的产品形式。例如，湖南省新华书店的阅达网销售点读笔、盛大文学的云中书城销售锦书阅读器、汉王科技的汉王书城销售电子书等就是以电子类阅读器为主要经营业务。

(3) 数字出版阅读书店。该类型网络书店主要以数字出版免费或者付费阅读方式作为经营内容。这种阅读完全不依赖于书本，也不依赖于电子阅读器，而是直接以数字内容和信息作为阅读消费对象，以在网络上或者手机上进行免费或付费阅读方式作为经营内容，最终向网络阅读和数字出版产业链方向发展。

3) 按经营方式分类

按经营方式划分，网络书店可分为 B2B 型、B2C 型、C2C 型、B2B 和 B2C 混合型 4 种网络书店。

(1) B2B 型模式。该模式是从企业到企业(出版社到批发商、出版社到书店、批发商到书店等)的商务模式，又称为"图书交易平台""电子中盘"。例如，部分出版社(集团)建立的网上批发平台，主要实现新书与可供书目信息的适时发布、网上查书、网上订货、网上调剂等多种业务功能，从而有助于书业企业减少库存、降低成本、扩大市场、提高效益。

(2) B2C 型模式。该模式是从企业直接到消费者的商务模式，主要是为图书进行网上零售，为消费者提供科学的商品分类、直观的网站导航、智能的查询系统和便捷的流程，如当当网、亚马逊中国、书业出版发行企业的网上书店等。

(3) C2C 型模式。该模式是从消费者到消费者的商务模式，主要是个人所开设的小型网络书店，为消费者提供更有特色、专业门类的图书网上零售，如淘宝、拍拍网上的网络书店。

(4) B2B 和 B2C 混合型模式。该模式是整合了 B2B、B2C 模式后的出版社—批发商—书店—读者的全程电子商务模式，如博库书城网上书店兼具图书批发和零售业务。这种模式的网上书店作为交易的平台和交流的中心，通过信息化的集成方式，提供从出版到发行直至零售的各种服务，有利于经营者之间高度协作来实现信息与商业机会的共享，同时也能直接面对广大的终端消费者，从而有效地开展各项图书交易活动。

表 1-1 所示为几大主要网络书店链接地址。

表 1-1　几大主要网络书店链接网址

序　号	网店名称	网　址
1	当当网	http://www.dangdang.com
2	亚马逊中国	http://www.amazon.cn
3	博库书城	http://www.bookuu.com/
4	蔚蓝网络书店	http://www.wl.cn/
5	新华书店九月网	http://www.9yue.com/
6	99学生考试网	www.99kaoshi.com
7	北发图书网	http://www.beifabook.com/ http://www.beifabook.com.cn
8	中国图书网	http://www.bookschina.com/
9	蜘蛛网	http://www.spider.com.cn/
10	诚品网络书店	http://www.eslite.com/
11	社会科学文献出版社外网	http://www.ssap.com.cn/
12	云中书城	http://www.yuncheng.com/

3. 网络书店的网站业务流程

1) 吸引读者关注

通过各种网站推广途径(网络广告、搜索引擎、联盟网站)吸引浏览者登录网站，产生购书意向。

2) 网上购书

通过便捷的网络购书系统，使读者可以方便地选择要订购的图书，并提交到结算中心，进入配送环节。

目前中国网络书店的书款结算主要有4种方式：一是网上银行直接支付；二是网下银行汇款；三是邮局汇款；四是货到付款。其中，货到付款是深受读者喜欢的一种支付方式。

3) 物流配送

目前中国网络书店的配送方式有3种：一是平寄；二是普通包裹；三是快递。目前，中国的网络书店基本上都没有自己的配送体系，而是采用委托邮政或其他快递机构配送的方式，因为许多书籍选择货到付款的方式。

4) 售后服务和客户再开发

图书送达读者之后，也会遇到退换图书的情况，目前的中国网络书店都规定一定的时间内可以免费退换书，但是不会退附加费或运费。

书籍的消费者回头率较高，通过后续服务，让一个读者认可网络书店的服务，这是一个网络书店良性发展的关键。

二、网络书店的规划

确保投入回报和管理效益最大化，必须对网络书店主营范围、投资规模、营业目标以及整个网络书店设计与实现有一个清晰的认识，必须分清什么样定位、形式、规模和经营特色的网络书店才能在最短的时间内达到赢利。这就是网络书店的规划。

1. 网络书店的规划

1) 影响网络书店经营的主要因素

网络书店的最基本概念就是运用网络开拓了新的销售渠道，无须大量库存，就能以低成本提供24小时的便利服务。读者可以足不出户购买较低价格的书籍，用电子化的方式快速搜寻与比较相关书籍，观看其他读者的观点以及进行讨论。

网络书店具有众多的利益，也吸引了许多创业者的投入，但网络书店经营同样面临许多困境。影响网络书店经营的主要因素如下。

(1) 产品与定位。网络书店最初的定位是为那些在书店营业时间抽不出时间买书、居住地离书店远、买书不方便、在实体书店找不到需要的书以及对价格非常敏感的人。因此，网络书店为读者提供的产品包括书籍和服务：在书籍方面，为读者提供新书、畅销书、预购书、推荐书以及多媒体区、杂志区、套装书等丰富的商品信息(内容简介及内容详介、作者简介)，在互动性服务方面，为读者提供在线购物参考的增值信息，如书评、论坛、读书会、个人化书店，以及许多辅助购书和阅读的相关功能。

(2) 价格。由于网页浏览的方便性，读者可以在几秒钟的时间内比较不同的网络书店同一本书的销售价格，还有专门的比价网为读者提供价格、折扣及优惠参考。因此，几乎每一家网络书店都面临同业低价折扣促销的威胁。

(3) 书籍配送和物流服务能力。网络书店购书的读者通常希望能达到今天下单明天收书的境界。因此，经营网络书店考验着从业者的配送书籍的速度、运费以及物流服务能力。

(4) 技术。经营与管理网络书店，涉及系统数据维护、网站页面设计、快捷的选购、流畅的付费结算、内部系统联结等，这些都依赖于网络科技新技术。

(5) 竞争。在网络市场中，由于网站的触角可以延伸到世界任何网络可通的区域，而且每一家网络书店也有可能贩卖大部分出版商所出版的书，成熟和有实力的网络书店对市场形成主宰，使得后进入的网络书店面临的竞争愈加激烈，同时传统书店利用本身的物流优势、与出版商作者甚至读者已建立的长久关系跨入网络书店，势必会带给原生网络书店不小的冲击。网络书店的经营并不容易，除了虚拟中的竞争，也要面对实体书店的竞争。除了系统与网站、付费和物流模式的建置，更重要的是对网站、图书或商品的定位，如何善用网络优势为不同的读者群体提供不同的价值与服务，为社群与个人化发展提供交流与学习、差异化的服务，特别有助于网络书店的发展。

2) 如何成功运营网络书店

(1) 依靠技术"网"住读者。网络书店最重要的是依靠网络技术，让读者找书方便、快捷，并愿意下次再度光临进行交易，进而建立起信任和忠诚，锁定读者群。因此，在销售网页的制作方面，要发挥技术优势和网页的互动性，为读者提供方便搜书的各类信息，让读者更快捷地找到图书。

(2) 提供交易安全的保证机制。付款的安全性一直是读者所担心的，尤其对于默默无闻的网络书店。因此，提供交易安全的保证机制，应该是让读者放心大胆地在网络书店中下单买书最重要的因素。目前在网络书店交易的付款方式有许多种，如金融转账、支票、信用卡支付、第三方支付等。读者往往担心种种有关交易与信息安全的风险，如卡号被盗、商家是否诚信交易、内容是否被篡改及个人信息是否被泄露等问题。目前许多网络书店采用 SSL(Secure Sockets Layer)技术尽可能消除读者的顾忌，但尚未全部解决问题。这么多的付款方式，第三方支付最符合读者的安全性需求。

(3) 加强物流配送能力让读者快速取货。迅速交货是取得读者信赖的第一步，因此须尽速将商品送达读者手中，这也是电子商务快速、方便的特色。尤其是第一次上网购物的读者，在商品尚未拿到之前，难免担心是否买对商品，毕竟从商品的订购、送货管理都会影响客户再度上门的意愿。因此，让客户清楚地知道货何时送出、何时到达的服务相当重要。

(4) 具备完善的数据库。一个成功的网络书店通常必须提供一个完整的数据库，让客户可以自行检索、订购合意的商品，尤其是种类数量庞大繁多的商品，而商品推荐功能，是赢得客户的一种秘密武器，对于其营业额大幅提升帮助极大。此外，若能分析现有客户资料，找出具有同样嗜好的客户群特色，并提供相关信息，也会让客户觉得贴心。

(5) 良好的客户服务。无论是经营何种事业，良好的服务一直是成功的关键之一。若只是空有多元化的产品，而不从读者角度去提供其所需要的服务，也是无法持续经营下去的，故发展良好的服务是每个企业者应该注重的。

2. 制订网络书店规划方案

1) 制订网络书店规划方案的前期调研与分析

(1) 网络书店经营现状调研。要分析当前国内国外运作良好和销售规模较大的大型网上书店，如国内的当当、京东、中国书网网上书店等，美国的亚马逊、德国的贝塔斯曼和英国的因特网书店。分析它们的销售额、书店用户、货源和渠道优势，以及这些网络书店电子商务交易界面的友好、审美和交易的便捷性等。

(2) 网络书店市场环境分析。网络书店市场环境分析包括：网上人口环境如网民数量、网民结构、网民购书和获取信息方式等方面的调研和分析；经济环境如互联网发展态势、网络书店电子商务发展态势、人民生活水平和实际购买能力等调研与分析；技术环境如Internet引发的"网络效应"(加快产品生产的多样化、定制化和"一对一"的个性化服务、客户满意度指数上升等)、Internet在企业经营活动中的应用(电子商务、网络营销、客户及员工服务、预测虚拟结账、虚拟生产等)；社会环境如政府的关注、引导和支持，企业对网络书店经营活动的认识度普遍提升等。

(3) 主要竞争对手分析。目前各类网络书店以及具有类似售书业务的网上书店有很多，要分析与我们所要开设的网络书店所实施的系统业务类型重叠且规模较大的竞争对手有哪些，分析主要竞争对手网站的主要功能，如用户信息管理、图书搜索功能、购物车功能、订单查看功能。

(4) 网络书店市场定位。网络书店市场定位主要是指网络书店的读者定位，包括读者的年龄、学历结构、专业结构，即建立网络书店的主要目的是促进某类别还是全品种图书的销售。例如，分析购买某类图书的客户一般是工程技术人员、IT人员以及在校的大学生和研究生。从年龄结构上看，这一年龄段的客户群体对网上购物这一新兴事物的接受度普遍较高，网上购物这种购物手段给其带来了方便。同时，也正是基于以上原因，才使得网上购书成为当今图书销售的主要手段，这也正是实体书店近年来该类型图书销售业绩萎靡不振的主要原因。

根据定位分析网络书店发展前景，比如服务对象年龄范围、专业范围，所经营的图书种类以及服务内容，从而可以不断地向行业的上下游扩展以得到更大的利润。

2) 制订网络书店规划方案应包含的主要内容

一份完整的网络书店规划方案至少要包括目录、引言、目前的营销情况(主要来自网络书店企业现实状况的调研)、市场的需求分析(包括需求分析、网站的市场定位、竞争对手分析、技术的可行性分析等)、业务发展规划、网络书店系统规划、货源渠道、网站推广、人员的分工、实现功能、网络安全管理、成本预算等。

(1) 企业需求和业务发展规划。在现今的网络时代，网络营销与传统营销相比，优势在于互动性强、传播范围广、不受空间限制、广告更加翔实和灵活多样、实时性强、受众数量可统计性、低成本低效率。所以，为了降低成本、拓展市场、提高与客户互动性，使自己能顺应时代潮流，在激烈的市场竞争中保持优势，许多图书出版与发行企业要开展网络书店电子商务。那么企业在开展网络书店电子商务中，最大的需求是什么？

作为网络书店，其核心业务是图书销售，主要协作伙伴为各图书出版社和出版公司、图书发行企业、直接来自作者等。网络书店核心业务流程包括采购部、库存部、销售部、财务部、广告部、客户、客服部等，如图1-3所示。

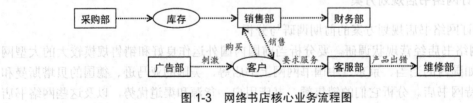

图1-3 网络书店核心业务流程图

(2) 企业的业务流程设置。电子商务对于传统书店经营者而言是一个全新的挑战，来自传统的柜台或超市型书店的思维模式和经验已远远无法适应网络书店业务流程设置的需要。实施网络书店业务流程如图 1-4 所示。

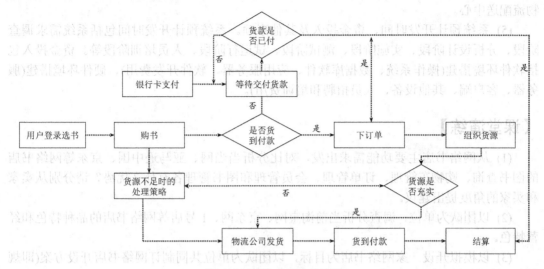

图 1-4　网络书店业务流程

(3) 拟开发系统主要功能模块。网上图书销售系统是一个复杂的电子商务系统，它必须提供接口以供用户登录并选择喜好的图书；同时还必须提供系统的管理接口以供管理员和一般的网站工作人员处理客户订单并维护网站正常运作。因此，网络书店系统主要功能模块可分为两个部分：一是客户接口模块，包括客户注册(实现用户的注册，得到用户的基本信息)、登录(实现用户登录此系统)、图书选购(实现注册用户的在线购书，包括查看图书列表、图书信息的查看)、购物车管理(实现用户对自己的购物车的管理)、查看订单(实现订单的增加、修改、删除管理)；二是管理员接口模块，包括管理员登录(实现管理员登录)、图书管理(实现图书管理，包括查看图书列表、图书信息增加、修改和删除等功能)、订单管理(实现订单管理，包括查看订单列表、订单查看、修改和删除等功能，销售情况查询)、客户信息管理。

(4) 网络书店系统规划与设计。网络书店系统开发的总体任务是实现图书销售与电子商务的有机结合，使整个系统符合操作简便、界面友好、灵活、实用、安全等特点。对网络书店系统的设计思想、设计目标与系统的整体结构进行明确规划。网络书店的主要功能包括实现网上订书、售书、浏览功能及会员优惠处理；网上图书查询功能，按图书分类、作者、出版社等及各种组合条件查询；新书介绍，包括内容简介、作者、出版社、出版日期、售价等；实现后台对网上商品的管理、维护功能。

在规划网络书店系统过程中，要充分考虑客户各层次的构成及作用，一是要了解系统基础平台，如采用 TCP/IP 协议；PC 服务器；以太网接入技术；屏蔽主机网关防火墙，提供安全保护的主机仅仅与内网相连，还有一台单独的过滤路由器。该防火墙系统提供的安全等级比包过滤防火墙系统要高。二是要了解系统服务平台，如平台结构、网页设计作为一个电子商务网站，其主页是整个网站的门面，此主页设计非常重要；在线支付系统，采用 SET 方式，SET 是基于信息卡支付安全而采用的电子支付协议，它提供了对持卡人、商家和银行的身份验证，同时使商家只能得到客户的订购信息，银行只能获得有关的支付信息；客服管理系统，包括客户问题的回答、在线销售、产品支持、设置、手册与演示、软件、保修与维修、联系我们等。三是要了解系统支付平台，包括产品展示、库存管理、购物车、物流配送中心。

(5) 系统预计开发时间、资金投入及其他事项。系统预计开发时间包括系统需求调查阶段、分析设计阶段、实施阶段、测试阶段、试运行阶段、人员培训阶段等。资金投入包括软件环境搭建(操作系统、数据库软件、应用服务器、软件开发费用)、硬件环境搭建(服务器、客户端、其他设备、人员招聘和培训费用)。

【课堂演练】

(1) 从网络书店主要功能需求出发，对比分析当当网、亚马逊中国、京东等网络书店的图书查询、购物车管理、订单管理、会员管理和图书管理各有什么优势？请分别从卖家和买家的角度提出建议。

(2) 以团队为单位，调查分析当前淘宝网、京东网、1号店等网络书店的品种特色和经营特色。

(3) 以模拟开设一家网络书店为目标，以团队为单位共同制订网络书店开设方案(即规划任务书)。

任务2　网络书店的注册、命名与信息完善

【教学准备】

(1) 具有互联网环境的实训教室。

(2) 指定可链接的网页如下。

- http://mall.jd.com/view_page-11286081.html(京东商场图书专营店——吴宇轩图书专营店：儿童图书)
- http://yjlsd.jd.com/(京东商场图书专营店——艺建联图书专营店：国家标准及行业标准)
- http://www.faisco.com/(凡科网)
- http://www.yilecms.com/ (以勒网)

【案例导入】

一个刚毕业的大学生能开网络书店？

互联网的快速发展为人们提供了一种方便快捷的网络销售平台。网络书店是电子商务的一种。目前开设网络书店的主体有哪些？传统的图书销售机构、出版社、非出版业资本、个人都可以按照国家相关法律规定开设网络书店。我们平时所能搜索到的网络书店有个体和公司两种性质，开设网络书店的同时如果还要经营实体书店的话，必须按国家相关法律法规注册公司。个人选择网上开店主要有两种方式：一是自建网站；二是在现有交易平台上注册开店。自建网站花费过大，并且需要强大的技术支持，这些是一个刚毕业的大学生

开网络书店所不具备的。作为一个大学毕业生，如果只开网络书店而不做实体店，可以先不考虑注册公司，只要完成网上平台的注册就行。

个人开设网络书店的平台比较多，主要有淘宝、有啊、拍拍或其他平台可以供我们选择。比较多见的是在淘宝网(网址是www.taobao.com)上开店。淘宝网上开设网络书店一般都是免费注册，也不需要审批手续和营业执照，只要注册成为淘宝卖家就可以了。阿里巴巴也可以没有营业执照，以个人身份卖书，但是如有营业执照的话，信誉度高，可以成为商铺。

在淘宝或阿里巴巴注册免费网络书店要做的准备：①申请卖家注册认证，需要提供身份证照片或者复印件传真或直接从电脑发到淘宝，要有固定电话以便工作人员确认身份，一般要7天左右即可以通过认证；②认证通过后，找个好点的数码相机，把书籍拍摄成照片上传，如果照片过大，可以在Photoshop里做小点，宝贝介绍一栏介绍书籍是什么类别、相关内容简介；③一般书籍可以以印刷品的门类邮寄，邮资可以让买家自理，平邮和快递费用可以参考同行卖家的邮资标准；④通常买家都是使用工行、农行等银行的卡号汇款的，卖家要做好准备。

开网络书店书源从哪儿找，怎么去购书？可以去当地图书批发市场找找，或者在网络上找，现在网络资源也是很多的。

除了淘宝和阿里巴巴，还可以在京东、百度、易趣、eBay、腾讯拍拍、亚马逊中国等网站上开网络书店。如图1-5所示，在亚马逊中国注册网络书店，其实也非常简单。

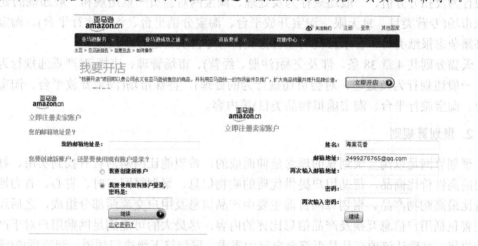

图1-5 在亚马逊中国网站注册成卖家

【知识嵌入】

一、淘宝、聚划算等平台的规则

1. 淘宝规则

淘宝规则发布在淘宝首页大图右侧，并在不断修改中。打算在淘宝上开店，务必先读懂并谨记此规则。

淘宝规则制定的目的是为促进开放、透明、分享、责任的新商业文明，保障淘宝用户的合法权益,维护淘宝正常的经营秩序。淘宝用户在适用规则上一律平等。违规行为的认定与处理,应基于淘宝认定的事实并严格依规执行。淘宝用户应遵守国家法律、行政法规、部门规章等规范性文件,对任何涉嫌违反国家法律、行政法规、部门规章等规范性文件的行为,淘宝有权酌情处理,但淘宝对用户的处理不免除其应尽的法律责任。用户在淘宝的任何行为,应同时遵守与淘宝及其关联公司所签订的各项协议。淘宝有权随时变更规则并在网站上予以公告,若用户不同意相关变更,应立即停止使用淘宝的相关服务或产品,淘宝有权对用户行为及应适用的规则进行单方认定,并据此处理。

淘宝规则分为总则(http://rule.taobao.com/detail-62.htm)、淘宝网分则(http://rule.taobao.com/detail-63.htm)和tmall.com(天猫)分则(http://rule.taobao.com/detail-64.htm)。

总则部分共5章63条,涉及淘宝规则制订目的与依据实施细则,淘宝规则定义实施细则,淘宝规则违规认定、处理与适用原则实施细则。淘宝规则对用户、会员、买家、卖家、拍下、绑定、商品发布数量、退货运费险、分销商品、节点处罚、店铺装修区、成交、下架、包邮等进行定义并规定了实施细则;对会员注册、经营、超时、评价等交易行为进行了规定;对淘宝账户与支付宝账户绑定、创建店铺、发布商品、商品如实描述、淘宝交易流程中的交易进行了规定;淘宝规则还对市场管理、违规行为及违规处理进行了规定。

淘宝网分则共4章42条,涉及交易(注册、经营)、淘宝网市场管理、违规(淘宝网严重违规行为及扣分分值、一般违规行为及处理、淘宝网对会员严重违规和一般违规的处理)、特殊市场(专营类目、良无限、淘宝开放平台、淘宝分销平台、淘宝旅行平台)。淘宝网还对书籍杂志报纸类目、音乐影视明星音像类目等专营类目进行了规定。

天猫分则共4章38条,涉及交易(注册、经营)、市场管理、违规(对严重违规行为及处理、一般违规行为及处理、对会员违规行为的处理)、特殊市场(淘宝开放平台、淘宝分销平台、淘宝旅行平台、淘宝虚拟物品类目)等内容。

2. 聚划算规则

聚划算网是以淘宝聚划算的理念延伸而成的,希望能让网购消费者找到实用、好用、能用的高性价比商品,帮助用户提供优质的购物信息。聚划算网省时、省心、省力地找到性价比最高购物产品。聚划算网目前主要由产品信息及用户交流两部分组成,之后还会逐渐完善包括用户信息互换及产品信息比评的内容,尽最大的可能满足网购用户对于产品信息的收集,来确认该项产品是否符合自己的需求。聚划算下级热门频道:潮流频道(满足用户对于潮流的感知,这里所点评的不一定是主流文化,却可以让用户感受到潮流时尚的冲击和活力)活动频道(汇聚最新、最好玩、最划算的活动信息,用户可以节省在网络翻阅网站的时间)、热搜频道(盘点近期最热门的新闻,给予事实真相最准确的还原,让用户感知这个世界)、杂谈频道(满足用户对网络或多或少的疑问,使用户很快地找到题目的解决答案,节省大家的时间,避免用户受到网络中各种虚假信息的蛊惑)。

聚划算规则(http://rule.taobao.com/search.htm?codes=555983262)涉及聚划算生活团规则、聚划算商品团规则、聚划算生活团规则实施细则、聚划算商品团规则实施细则。聚划算的规则总结如下。

(1) 初级商家认证流程以及规则(所有参加聚划算的商家要满足的最底层条件),涉及申请初级认证流程、商家标准、业务流程、初级认证时间。

(2) 聚划算招商规则，涉及商品规则、样品审核规则、店铺资质规则、价格规则、图片规则、商品优选条件和通过率低的规则、报名聚划算时应注意的事项。

(3) 保证金缴纳的规则，涉及保证金计算方法、冻结周期、缴纳时间等。

二、淘宝平台的操作流程

1. 主要流程

淘宝平台的主要操作流程的如下。

(1) 注册会员。

(2) 发布需求信息。

(3) 选择买(卖)家。

(4) 确定双方交易关系，以确保货物的发出。

(5) 物品的流动：相关物流系统的协助。

(6) 资金的流动：支付宝、相关银行。

(7) 交易的完成。

(8) 信息的反馈。

2. 淘宝卖家流程

淘宝卖家的操作流程如下。

(1) 登录淘宝网注册，填写账号—设置密码—设置邮箱(即支付宝账户)。

(2) 登录邮箱—激活—支付宝激活成功。

(3) 认证身份证。登录淘宝网—点击顶部"我要卖"—提示认证—输入相关信息—上传身份证扫描件—3个工作日认证成功。

(4) 认证银行卡。①用支付宝账户登录支付宝主页并选择进入"我的支付宝"；②选择"账户管理信息"；③选择"银行账号管理"；④准确填写表格，完成后单击"立即保存"(支付宝将告知账户信息已经保存，银行账号绑定完成。2天内到银行查看支付宝汇款)；⑤登录淘宝网—支付宝—认证—输入数字0.058、登录支付宝邮箱—点击激活—系统自动返回支付宝页面—成功激活。

(5) 上架宝贝。登录淘宝网—我要卖—输入宝贝昵称—输入销售方式(一口价) —输入价格—输入运输方式—宝贝详细描述—输入数量—选择7天自动上架—提交。

连续上架10件宝贝—我的淘宝—左侧"店铺管理"—创建店铺名称—写一下公告—单击"确定"—网店正式开张。如买家拍下宝贝—显示蓝色的"发货"—单击"详细"—按地址给买家发货—买家签收后—确认—付款到账户—评价买家—买家评价—完成交易。

3. 网上购物流程

(1) 登录淘宝网，选择宝贝，单击"我要购买"，登录淘宝银行页面，选择所开通的网上银行，买家将款项付给支付宝(注：卖家这时候拿不到钱)。

(2) 支付宝通知卖家：买家已付款，等待卖家发货。

(3) 卖家发货，并将发货凭证通知支付宝；支付宝会通知买家：卖家已发货，等待买家确认，并将发货凭证号码告诉买家。

(4) 买家收到货，确认无误，向支付宝确认收货，并同意支付宝将款项转给卖家。此时卖家收到货款。如果买家收不到货或者收到的商品跟描述不符，可以向支付宝申请退款，结束交易。

网上购物注意事项：①买家在购买商品之前可查看卖家的信用度和交易量，选择等级高、好评率高、交易量大的进行交易就比较安全，另外还可参考其他买家购物后的评价；②不要轻易购买低于市场价特别多的商品，谨防卖家以低价吸引消费者购买，提供的商品与宣传不符，甚至只收钱不发货；③网上购物有多种付款方式，通过交易平台提供的渠道付款较为安全，切记不要直接付款，或者登录卖家指定的网站下订单或付款。

三、国内主流网上支付工具简介

随着互联网的发展，现在网上支付范围越来越广，可供选择的第三方支付工具也越来越多。

1. 支付宝

支付宝(网址：www.alipay.com)是国内最流行的第三方网上支付工具之一。有意思的是，现在不仅去淘宝买东西可以用支付宝，缴纳水电费、电话费，甚至给房东付房租也可以用支付宝。只要拥有以下银行(工商银行、招商银行、建设银行、农业银行、民生银行、交通银行、浦发银行、广东发展银行、深圳发展银行、中国邮政和 VISA 等)的银行卡并开通网上支付功能，就可以方便地使用支付宝账户进行付款。

开通方法：登录支付宝首页(www.alipay.com)，免费注册后就可以正常使用。为确保账户的安全，支付宝需要登录密码和支付密码两个密码。支付宝除了在电脑上使用，还可以通过手机 WAP 支付宝进行支付。目前支付宝的安全保障措施也越来越完善，除了密码保护外，支付宝还提供使用数字证书和支付盾保护。

2. 贝宝

贝宝(paypal)(网址：https://www.paypal.com.cn)是由上海网付易与世界领先的网络支付公司——PayPal 公司合作为中国市场量身定做的网络支付工具，"PayPal"和"PayPal 贝宝"是有一些区别的：PayPal(www.paypal.com)允许你向 55 个国家和地区的用户发送和接收付款，你可以用多币种交易，包括美元、加元、欧元、英镑、澳元和日元；而 PayPal 贝宝(www.paypal.com.cn)只能向中国用户发送和接收付款，而且只可添加一个中国的银行账户，在贝宝账户和银行账户之间进行资金转账。贝宝的交易流程非常简单，只需要一个电子邮件就可以支付，不需要开通网上支付功能。贝宝与国内 15 家银行建立了合作关系，有 20 多种银行卡可以便利地通过贝宝进行支付。

开通方法：登录贝宝注册地址(https://www.paypal.com.cn)填写申请即可。注册高级账户能够获得更多的权限，申请认证可以进行大额交易。由于贝宝采取了 PayPal 的技术，业务开展建立在 PayPal 专有的反欺诈、风险控系统基础之上，具有国外成功的网上支付经验。

3. 财付通

财付通(网址：https://www.tenpay.com)适应 QQ 使用。针对个人用户，财付通提供了包括在线充值、提现、支付、交易管理、信用卡还款、手机充值及机票购买等非常实用的功能。除了在拍拍网购物须使用财付通支付外，目前有 20 多万家购物网站支持财付通支付。针对企业用户，财付通提供了支付清算服务和 QQ 营销资源支持。只要拥有中国银行、工商银行、招商银行、建设银行、农业银行、民生银行、交通银行、浦发银行、北京银行、广东发展银行、深圳发展银行、光大银行、温州商业银行、顺德信用社、中国银联、中国邮政等的银行卡并开通网上支付功能，就可以使用财付通账户进行付款。

开通方法：只要有一个 QQ 号，免费注册后就可以正常使用，注册密码与 QQ 密码是一样的，支付密码需要另外设置且不能与 QQ 密码一样，不然是无法设置成功的。

4. 快钱

快钱(网址：https://www.99bill.com)主要用于信用卡还款、手机充值以及其他公用事业缴费。目前用它进行信用卡还款免手续费，但相关的公用事业缴费功能只限在上海才能使用。人性化的功能设置算得上是快钱最大的特色，每次付完账后，快钱会自动生成一个成功付款账单，可截图保留以备查询。只要拥有工商银行、中国银行、建设银行、农业银行、交通银行、招商银行、中信银行、上海浦发银行、民生银行、兴业银行、光大银行、华夏银行、广东发展银行、深圳发展银行、上海银行、北京银行、宁波银行等银行卡并开通网上支付功能，就可以进行快钱支付。

开通方法：用邮箱地址或手机号进行注册，注册后进入自己的个人账单中心，信用卡还款、公用事业缴费、房租、房贷、保险账单、生活费、跨行转账等功能一目了然。

5. 信用卡

信用卡是除了 PayPal 之外最受欢迎的国际最流行的支付方式之一。不过信用卡申领是非常麻烦的，第一次申领必须提供收入资产证明。

信用卡有很多，有 visa(维萨)、mastercard(万事达)、AmericanExpress(美国运通卡)等国际使用，还有国内其他银联信用卡供国内使用。信用卡是用来付款的，不是用来存钱的，使用信用卡消费通常有一定时间的免息期，使用信用卡取现是要收手续费并还息的。

信用卡注意事项如下。

(1) 防骗。无论怎么样骗，网络上的骗子总逃不出域名。无论你通过什么途径进入支付页面的，如支付宝，那么网站域名肯定会有 alipay.com，如果不是与支付工具相一致的域名，就不要输入账号和付款，以免受骗。不过信用卡支付的时候不能按照这种方法防骗，因此，建议尽量少用信用卡支付。

(2) 注册支付宝和 PayPal 尽量认证，因为认证意味着更大的权限和更多的优惠。

四、淘宝开店流程

淘宝开店是很简单的，只要拿身份证开通网银，再按照提示一步步来即可。淘宝网开店流程图如图 1-6 所示。

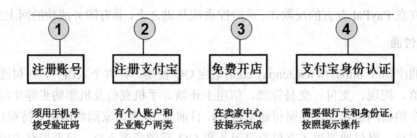

图1-6　淘宝网免费开店流程图

1. 淘宝店铺账号注册

对于第一次接触淘宝的新手来说,不知道怎么注册淘宝账号是很正常的。那么,新手该如何在淘宝网上注册会员账号呢?

(1) 进入淘宝官网(www.taobao.com)首页,在其右上部位可以看到"免费注册""免费开店"按钮。单击"免费开店"按钮(见图1-7),跳转新页面。

图1-7　淘宝网免费开店

(2) 注册方式选择有邮箱注册,也可以选择手机,包括设置登录名、填写账户信息两步,按网站提示完成,如图1-8所示。填写好账户信息后,单击"同意《淘宝服务协议》和《支付宝服务协议》"。设置登录名需要填写一个正确的手机号码,后台将校验码发到手机上,输入校验码注册成功,可继续填写邮箱。

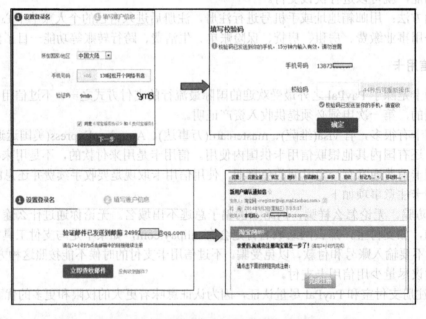

图1-8　淘宝网免费开店设置登录名步骤

(3) 单击"完成注册"按钮,跳转新页面,填写账户信息,如图1-9所示。填写账户信息时需要绑定手机,如图1-10所示。

项目一　网络书店的规划与注册

图 1-9　淘宝网免费开店填写账户信息　　　图 1-10　淘宝网免费开店绑定手机

(4) 注册成功，便可以在淘宝官网上登录了。邮箱登录必须绑定手机号码，手机号码登录必须获取验证码。注意：使用 QQ 邮箱有被盗的风险。

2. 申请支付宝实名认证

若需要在淘宝上开设店铺出售商品、享受 VIP 会员特权，都需要先进行实名认证。如何开通支付宝实名认证呢？登录淘宝账户，打开淘宝首页，单击顶部右侧的"我的淘宝"，如图 1-11 所示。按下面实名认证流程操作即可。

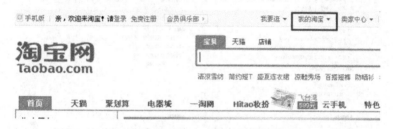

图 1-11　在淘宝网首页注册支付宝

(1) 进入"卖家中心"，单击"我要开店"或"免费开店"，在"开店认证"处单击"开始认证"，如图 1-12 所示。

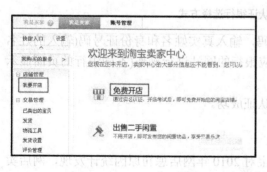 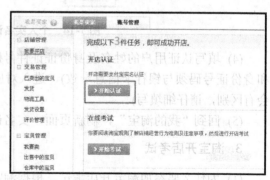

图 1-12　在卖家中心申请支付宝认证

(2) 单击"开通支付宝个人实名认证"，确认自己是否已经满 18 周岁，并同意《支付宝实名认证服务协议》，如图 1-13 所示。

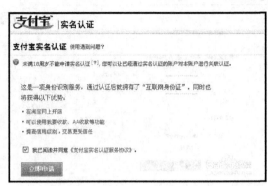

图 1-13 支付宝实名认证

(3) 个人实名认证有快捷认证和通过银行汇款认证两种方式，选择一家已经开户的银行，如图 1-14 所示。

图 1-14 个人实名认证银行选择方式

(4) 填写认证用户的姓名及身份证证件号码，输入真实姓名和身份证号码(输入的姓名和身份证号码须与银行卡信息一致)，进入对应银行的网站进行操作(不同银行的页面显示会有区别，请仔细填写)。

(5) 回到"我的淘宝"，刷新页面，实名认证成功。

3．淘宝开店考试

(1) 为什么要参加淘宝开店考试。根据淘宝对 2010 年网店惩罚原因统计发现，网店卖家违规受到处罚的一个重要原因就是：不熟悉淘宝规则。而且，很多卖家在被处罚后还不知道自己为什么被处罚。因此，淘宝开店规则中增加了开店需要考试的规定，目的是让准备开网店的卖家先熟悉在淘宝网上经营需要遵守的规则，以免在开店过程因为不熟悉规则而受到不必要的处罚,造成损失。

(2) 淘宝开店考试步骤。进入"我的淘宝",单击"我是卖家",在"店铺管理"单击"我要开店",进入淘宝开店考试系统。

(3) 进入考试系统单击"参加考试"。

4. 寻找店铺货源

淘宝网络书店进货来源主要是图书批发市场、出版单位、网络。

5. 店铺装修

装修是成功做好淘宝网络书店的前提,要对网络书店界面进行划分,了解你的店铺定位和类型,确定你可以装修哪些区域。淘宝店铺装修分为基础版和专业版两个版本,你可以根据自己实际情况选择,这两个版本之间也可以互相转换。

6. 发布商品

在淘宝上发布商品就是开店发布商品,以便销售。

(1) 发布一口价商品。发布一口价商品的流程为:进入"卖家中心"—"我要卖";默认显示"一口价"方式;选择商品所属类目后单击"我已阅读以下规则,现在发布宝贝";填写商品属性信息后单击"发布",商品就成功发布了。注意,在商品编辑页面如选择了宝贝的一些属性条件,必须填写相对应的数量,且数量之和必须等于宝贝数量。

(2) 发布拍卖商品。发布拍卖商品流程为:进入"卖家中心"—"我要卖";选择"拍卖"方式;选择商品所属类目后单击"我已阅读以下规则,现在发布宝贝";填写商品属性信息后单击"发布",商品就成功发布了。和一口价商品不同的是,拍卖的商品需要设置起拍价,即商品最低成交价格;同时卖家还需要设置加价幅度,既可以选择系统自动代理加价,也可以自己设置加价幅度。

(3) 发布闲置商品。发布闲置商品流程为:进入"卖家中心"—"我要卖";选择"个人闲置";填写商品属性信息,上传宝贝图片(*号项必填),然后单击"发布",商品就成功发布了。

💡 注意: 商品发布以后,发布方式不能相互转换,如无法将一口价修改成拍卖。

单个商品的发布对于淘宝用户是相当有帮助的,他们可能把自己闲置的商品通过这种方式卖给别人,方便了别人也方便了自己。

【课堂演练】

(1) 收集拍拍、京东、亚马逊等网络平台开设个人小书店的规则,并与全班同学分享。

(2) 以团队为单位,收集 C2C 网络书店,并对其进行市场营销分析。

(3) 以模拟开设一家网络书店为目标,完善团队所制订的网络书店开设方案(即规划任务书),包括网络书店店名规范、LOGO 设计与网站风格定位;受众与习惯分析、问卷调查;网络书店栏目设置、注册、栏目建设等。

项目实训实践 模拟开设一家网络书店

1. 实训名称
在以勒或凡科网平台上模拟开设一家网络书店。

2. 实训目的
(1) 能够制订网络书店开设方案。
(2) 熟悉建站平台的功能特点。
(3) 能够在建站平台模拟注册网络书店。
(4) 能够完善并搭建服务自己定位和规划的网络书店。

3. 实训内容
由于互联网的发达以及人们购买习惯的不断改变,开家网店正在激起许多年轻人创业的梦想,也成为一些年轻人丰富自己业余生活和人生经历的首选。今天我们依靠http://www.yilecms.com/(以勒)、http://www.faisco.com(凡科)这两个建站平台,来模拟开设一家网络书店,为大家今后能顺利在淘宝、拍拍、京东等平台上开设网络书店打下基础。

(1) 建站平台:http://www.yilecms.com/(以勒)、http://www.faisco.com(凡科)。
(2) 制订网络书店开设方案。
(3) 在http://www.yilecms.com/(以勒)或http://www.faisco.com(凡科)上模拟注册网络书店。
(4) 进行网络书店的基础性搭建:完善网络书店资料、熟悉控制面板、网络书店栏目及首页建设(针对开设方案进行栏目搭建、首页区域划分、广告活动区设置)。

4. 实训步骤(以http://www.faisco.com为例)
第一步:登录http://www.faisco.com首页,单击"立即体验",如图1-15所示,跳转到注册页面。

图1-15 单击"立即体验"

第二步:填写基本资料,单击"立即注册",如图1-16所示。

项目一　网络书店的规划与注册

图 1-16　填写基本资料

第三步：注册账号激活，如图 1-17 和图 1-18 所示。

图 1-17　激活账号的链接

图 1-18　激活成功

第四步：激活账号后，进入平台首页，单击"企业管理"，在跳转新页面里完成和修改企业资料，如图 1-19 所示。修改完成后保存即可。

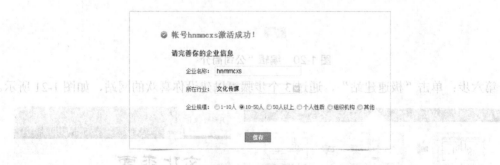

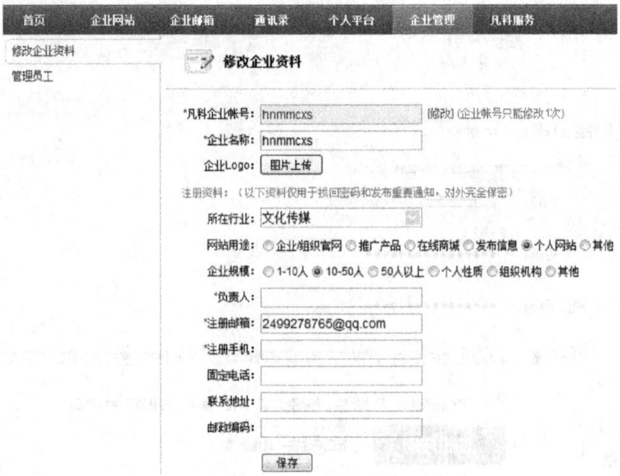

图 1-19 修改企业资料

第五步：进行网络书店的基础性搭建：完善网络书店资料、完善网站主题，选择符合网络书店定位的模板，针对开设方案编辑"公司简介"文字内容，并添加图片，完善首页，如图 1-20 所示。

图 1-20 编辑"公司简介"

第六步：单击"极速建站"，通过 3 个步骤可以建设你喜欢的网站，如图 1-21 所示。

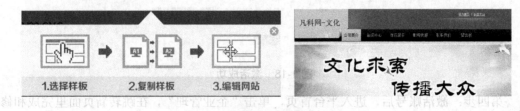

图 1-21 选择符合书店定位的模板

第七步：网络书店栏目及首页建设。

(1) 栏目设置。在网上可以进行新增一级栏目、添加二级栏目，如图1-22所示。

图1-22　栏目设置

(2) 编辑Logo。在网站上可以进行网络书店的LOGO编辑，请根据自己书店定位及所设计的LOGO进行编辑，如图1-23所示。

图1-23　编辑LOGO

5. 实训要求

(1) 以团队为单位上交一份网络书店开设方案。

(2) 以团队为单位进行网络书店的基础性搭建。要求"公司简介"文字内容精练、对书店定位描述准确、无错别字，并添加图片、完善首页。

(3) 以班级为单位上交在http://www.yilecms.com/(以勒)或http://www.faisco.com(凡科)上模拟注册成功的网络书店企业名称、登录账号统计表。

6. 考核标准

考核标准 (100 分制)	优秀(90～100分)	良好(80～90分)	合格(60～80分)
	网络书店定位思路清晰，对图书分类和归类准确；网络书店开设方案市场调研充分，主题明确，文本连贯，编校质量高	网络书店定位思路清晰，对图书分类和归类准确；网络书店开设方案要素齐全，主题明确，文本连贯，编校质量较高	网络书店开设方案要素齐全，符合网络书店定位要求；上交及时、工整，编辑无重大编校质量差错
自评分			
教师评分			

注：未参与实训项目，在本次实训成绩中计0分。

课后练习

1. 延伸阅读

杨红卫. 网络书店的前世今生. 出版广角[J]. 2011(3).

2. 思考题

(1) 网络书店赢在何处？
(2) 数字时代传统实体书店的核心竞争力是什么？
(3) 传统出版会不会被消解？

项目二　网络书店的设计与装修

【项目情境描述】

网络书店作为新型电子商务平台，既具有电子商务平台功能，同时作为书店又有着特殊的消费群体——读者。因此，网络书店电子商务平台系统设计既要满足读者选购图书的购买行为要求，网络书店网页风格又要符合读者的审美情趣。因此，网络书店的设计与装修是网络书店经营重要理论基础和工作环节，网络书店设计与装修是经营网络书店的基础，而且将会影响网络书店的经营业绩。

随着互联网的普及，越来越多的出版发行企业建立了自己的 WWW 网站，出版发行企业通过网站可以展示产品、发布最新动态、与用户进行交流和沟通、同合作伙伴建立联系开展电子商务等。一些出版发行企业想开设网上书店，属于 B2B、B2C 电子商务应用系统，这是时代的需要，也是出版发行企业在数字时代谋求自身发展的需要。我们应该积极地了解电子商务、参与电子商务，尽快适应飞速发展的信息社会的需要。网络书店不是一个简单的概念，它包含了许多内容，是由多个页面组成的一个整体的、主要是实现网上选书、购书、产生订单等功能的系统。一个典型的网上商城一般都要实现商品信息的动态展示、购物车管理、客户信息注册登录、订单处理等模块。网络书店作为电子商务平台，它必须具有电子商务功能，即什么样的网络书店系统设计更方便读者选购图书的流程。出版发行企业开设大型网络书店平台必须考虑系统框架结构，并对系统进行可行性分析、需求分析、总体设计、详细设计、编码与测试。随着个人在互联网时代创业热情的不断高涨，很多人开始在淘宝、拍拍、京东等网络平台上开设网络书店，什么样的网络书店页面装修更能吸引读者关注呢？

网络书店系统设计必须了解网络书店电子商务平台的构成，能够清楚地划分网络书店的各个组成模块，懂得其在整体框架中的地位和作用以及各自的特点、框架的概念、模块的概念、系统的概念；各模块的特点和作用。网络书店的装修必须熟悉建站电子商务平台装修模板，懂得寻找装修素材。因此，熟悉网络书店系统框架与模块组成、网络书店装修等相关知识和操作技能，是出版与发行专业学生的基本技能。

本项目以网络书店建设项目为载体，引导学生熟悉网络书店系统框架及功能模块设计、装修过程、装修方法，使学生具备网络书店的装修能力，培养遵守团队合作纪律、尊重团队成员、善于采纳团队成员建议的协作能力，在实践操作过程中理解他人，为将来在网络书店行业就业或创业打下基础。

【学习目标】

(1) 掌握网络书店系统各模块的功能、作用。
(2) 能制订网络书店装修方案，能应用装修工具、装修模板为网络书店进行装修。
(3) 尝试装修各相关元素的制作与组装，经历书店装修全过程。
(4) 能体会到创性思维、审美情趣、艺术修养在书店装修中的作用。

【学习任务】

任务1：网络书店的系统框架与模块组成(建议：4课时)
任务2：网络书店的装修(建议：6课时)
项目实训实践：给自己的网络书店进行装修(建议：4课时)

任务1　网络书店的系统框架与模块组成

【教学准备】

(1) 具有互联网环境的实训教室。
(2) 指定可链接的网页如下。
- http://www.dangdang.com(当当网)
- http://www.amazon.cn(亚马逊中国)
- http://book.tmall.com/(天猫书城)
- http://www.faisco.com/(凡科网)
- http://www.yilecms.com/ (以勒网)

【案例导入】

可以在网上商城免费自助建站吗？

网上商城与现实的实体商店相似，但网上商城是通过互联网进行各种商务活动的，是虚拟商店。商城通过网站建设进行网上商城的建立，利用互联网广阔的信息渠道扩展企业发展渠道，除此之外，还能满足消费者的购物要求。网上商城进行网站建设完善解决方案是不可或缺的，凡科网自助建站系统满足企业商城网站建设的需求。

网上商城能够为用户提供自由选购产品功能，为用户提供最新产品，还有完善的服务体系，除此之外，提供一个信息交流的平台，希望通过网站建设拓展宣传渠道，树立品牌形象。商城网站的基本功能有产品展示、会员中心、订单管理、产品管理、文章管理、网站统计分析、在线支付、站点管理、留言板等功能模块。网站建设是按照网站属性进行网页设计的，设计风格应符合用户浏览习惯。网站架构和整体布局影响产品展现效果，架构简洁、布局合理是网站建设要求之一，网站设计与网站整体风格相符合，要选择与设计相融合的配色方案。

商城网站建设是为了促进企业的发展，提高企业效益。网上商城为人们生活带来了巨大变化，提高了消费水平。但是，现在的网上商城还有很多地方是不尽如人意的，其中物流、产品质量、服务最引人争议。作为一体化的企业，有义务保证产业链正常运作，不影响消费者购物。网上商城要不断完善，保证产品与服务质量，尽可能做到让消费者百分百满意，是网上商城的最终目的。凡科网建站流程如图2-1所示。

项目二 网络书店的设计与装修

图 2-1　凡科网建站流程图

(本文改写自凡科网：http://www.faisco.com/)

【知识嵌入】

一、网络书店系统框架

网络书店不是一个简单的概念，它包含了许多内容，是由多个页面组成的一个整体的，主要是为用户实现网上选书、购书、产生订单等功能的系统，如图 2-2 所示。网络书店是一个网上购书系统，其基本功能是电子商务功能。网站的操作尽量简单，使它能够吸引更多的在线顾客，让读者足不出户方便轻松地选购到自己想要的书。网络书店系统就是为实现网络书店电子商务功能的一套软件。因此，网络书店系统的设计一方面要确定系统软件由哪些模块组成以及这些模块之间的动态调用关系；另一方面要考虑操作性方面，如何采用图形用户界面技术使系统能够有多重图形窗口和丰富便利的操作界面，为用户提供最简洁的使用方法。

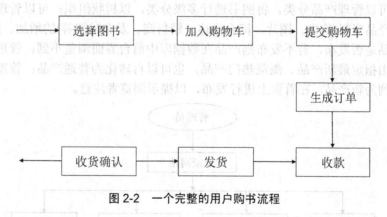

图 2-2　一个完整的用户购书流程

1. 网络书店系统框架划分

网络书店系统框架通常可以划分为前台购书系统和后台管理系统两部分。
1) 前台购书系统

前台购书系统包括用户信息部分(如用户注册、用户修改个人信息、用户登录/注销、顾客留言、用户添加/查看/修改自己购物车、用户查看订单、用户提交新订单)和用户货物查询部分(包括按类浏览货物、查看货物信息、全局搜索、查看特价商品信息等)，如图 2-3 所示。

在前台购书系统中，用户可通过页面浏览查询，用户可以根据系统提供的产品分类检索功能进行按主类、二级分类进行检索，快速定位、找到需要了解的产品；用户也可以根据系统提供的关键字查询功能选择按照产品名称、销售商、热门产品名称进行关键字模糊检索。

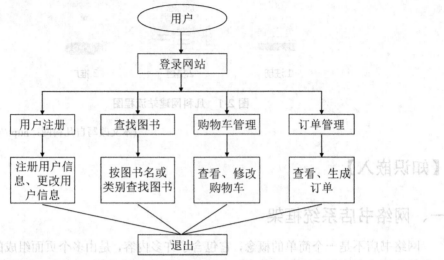

图 2-3　前台购书系统主要业务流程

2) 后台管理系统

后台管理系统包括管理员图书管理部分(如修改/增加图书分类、增加图书、修改删除图书、增加/修改产品库存数量、修改产品折扣等)、管理员订单管理部分(如查看/修改/删除未确认订单、查看/修改/删除未发货订单、查看/修改/删除已经确认过的订单、确认订单等)和会员管理部分3个部分，如图2-4所示。后台管理员可以管理产品价格、简介、样图等多类信息；可以管理产品分类，将图书进行多级分类，以树状组织；可以管理产品资料，完成产品或产品资料(价格、图片、简介描述、销售商、发布时间等)的增加、删除、修改；可以选择产品是否发布，若不发布则产品在数据库中前台界面浏览不到；管理员在添加产品时可以自由指定最新产品、浏览热门产品，也可以再转化为普通产品；管理员可以随时将某一产品列为新产品，在首页上进行发布，以提示浏览者注意。

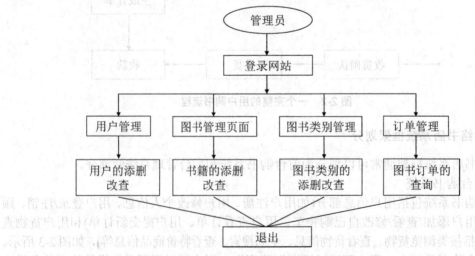

图 2-4　后台管理系统主要业务流程

2. 网络书店系统的需求

1) 功能需求

网络书店系统功能需求是指系统必须提供的服务，通过需求分析应该划分出系统必须完成的所有功能。

(1) 图书查询。当客户进入网上书店时，应该在主页面中分类显示最新的书目信息，以供客户选择所需的图书，同时也应该提供按照图书名称或者作者名称快速查询所需书目信息的功能。

(2) 购物车管理。当客户选择购买某图书产品时，应该能够将对应图书信息例如价格、数量记录到购物车中，并允许客户返回书目查询页面，选择其他商品，并添加到购物车中，当对购物订单生成后，应该能够自动清除已生成订单的购物车中的信息。

(3) 订单处理。对应客户购买图书商品信息的需求，在确定了所购图书商品价格、数量等信息后，提示用户选择对应的送货方式及付款方式，最终生成对应的订单记录，以便于网站配货人员依据订单信息进行后续的出货、送货和处理。

(4) 会员注册。为了能够实现图书商品的购买，需要管理客户相关的联系方式、送货地点等相关信息。

(5) 评论处理。提供用户和管理者对图书的评论以及对评论的处理。

2) 性能需求

网络书店系统性能需求是指系统必须满足的定时约束或容量约束，通常包括速度(响应时间)、信息量速率、主存容量、磁盘容量、安全性等方面的要求。

用户在客户端单击存在服务器中的主页时，系统能快速响应；在安全性方面，程序要保证登录客户传输信息的基本安全。

系统实现的主要功能包括：前台的用户注册登录、图书信息的查询和浏览、购物车、下订单等，后台的图书管理、用户管理、订单管理等。

3. 网络书店系统的框架设计

1) MVC 模式

当前网络书店的系统框架设计基本上是 MVC 模式，即系统包含 Model(模型)、View(视图)、Controller(控制器)3 个核心部分：模型封装了应用问题的核心数据、逻辑关系和业务规则，提供了业务逻辑处理过程；视图是该模式下用户看到的并与之交互的界面，视图从模型处获得数据，视图不包含任何业务逻辑的处理，它只是作为一种输出数据的方式；控制器主要起导航作用，它根据用户的输入调用相应的模式和视图去完成用户的请求，它本身不输出任何东西，它接受用户请求并决定调用哪个模型构件去处理，以及由哪个视图来显示模型处理之后返回的数据。MVC 模式强制性地将应用程序的输入、处理和输出分开划分为模型、视图和控制器 3 个核心部分，使其各司其职，其中任何一部分的修改都不影响其他两个部分。

MVC 的处理过程如下：对于每一个用户输入的请求，首先被控制器接收，并决定由哪个模型进行处理，然后模型通过业务处理逻辑处理用户的请求并返回数据，最后控制器用相应的视图格式化模式返回的数据并通过显示页面呈现给用户，如图 2-5 所示。

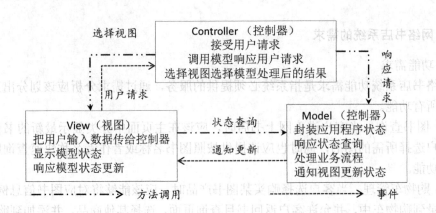

图 2-5 网络书店系统的 MVC 模式

根据 MVC 的设计思想，可以将网络书店系统框架设计为如下结构，如图 2-6 所示。

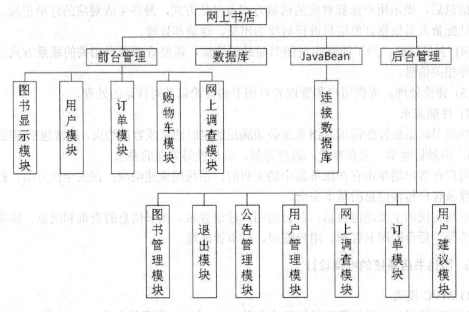

图 2-6 根据 MVC 设计思想设计的网络书店系统框架

2）网络书店框架层次结构

网络书店的系统通常为 3 层，浏览器为第 1 层，作为系统应用界面；应用逻辑服务为第 2 层；数据链接为第 3 层，作为系统的数据存取服务。

(1) 第 1 层。第 1 层为浏览器层。在第 1 层，未注册用户通过注册后可以登录到前台进行购书，管理员通过登录可以进入后台进行管理。系统第 1 层数据流如图 2-7 所示。

(2) 第 2 层。第 2 层为应用逻辑服务层，包括前台购书和后台管理两个部分。用户登录到前台购书系统后进行书籍浏览和查询，对书籍信息有了一定了解后可以根据自己的需要进行购书，购书后将所需图书放入购物车，最终确定要购买的图书并提交订单，等待订单的处理结果，其数据流如图 2-8(a) 所示。管理员登录到后台管理系统，查看相关的订单信息，修改订单的信息，主要是审核订单的有效性，其数据流如图 2-8(b) 所示。

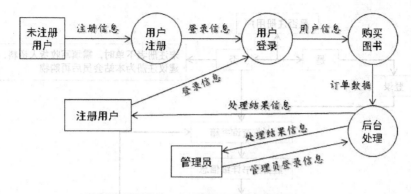

图 2-7 系统第一层数据流图

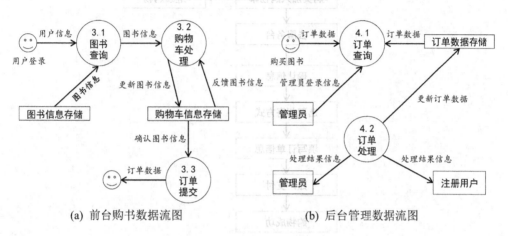

(a) 前台购书数据流图　　　　　　　(b) 后台管理数据流图

图 2-8 系统第二层数据流图

(3) 第 3 层。第 3 层为数据链层，为系统的数据存取服务。

二、网络书店系统模块划分与功能描述

1. 网络书店系统模块划分

网络书店系统包含了从用户登录首页到完成购物的全过程，如图 2-9 所示。

网络书店系统分为两个模块，即前台模块和后台模块。前台模块供各类用户(普通用户和注册用户)使用，普通用户能够查看图书信息、搜索图书和注册；注册用户能够查看图书信息、搜索图书，还能登录、购书、收藏、查看购买信息和处理订单；后台模块供管理员使用，包括对网站进行综合管理使其动态更新，添加、删除、修改图书信息，查看订单信息、修改订单属性等。

(1) 前台模块。前台的首页框架结构设计一般分为 4 个部分，即头部信息区、主功能区、辅助功能区、尾部信息区，如图 2-10 所示。

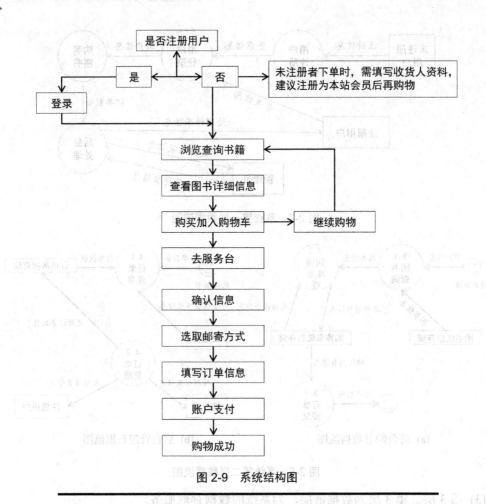

图 2-9　系统结构图

头部信息区：信息栏、系统信息等	
主功能区：具体功能实现	辅助功能区：图书分类、推荐图书等
尾部信息区：版权信息、管理员登录链接	

图 2-10　网络书店前台网页框架结构图

前台模块主功能区是网络书店具体功能实现的区域，能够实现会员注册和用户登录(不同类型用户输入用户名和密码进入前、后台)、图书查询功能(按照书名、作者查询)、选购图书(将选购的图书放在购物车中，而后填写订单购买)、查看订单最新状态(如是否已发货)、辅助工具功能，如用户单击 QQ 聊天服务或在线客服服务。

一个典型的网络书店一般都需要实现商品信息的动态展示、购物车管理、会员管理(包括会员信息注册)和订单处理等模块。前台模块又包含 4 个子模块：个人信息模块、购物管理模块、购物车管理模块及订单管理模块，如图 2-11 所示。

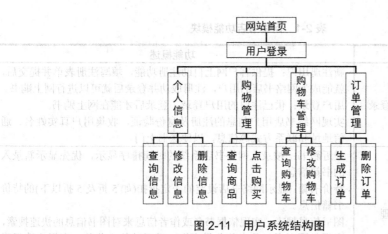

图 2-11 用户系统结构图

(2) 后台模块。后台功能设计包括：会员管理功能，管理员管理会员用户，可以加送积分等；管理员信息维护功能、图书基础信息管理功能(图书信息设置、管理员权限，添加图书的名称、价格、类别、库存、促销、购买所得积分、图书图片信息)、图书栏目管理功能(图书栏目的增加、删除、修改)、订单管理功能、图书预订功能(当图书售罄，会员用户要预订)。系统后台功能模块主要包括图书管理、订单处理、会员管理等子模块，如图 2-12 所示。

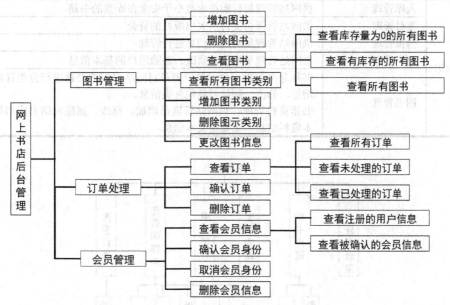

图 2-12 网络书店后台管理系统结构图

2. 网络系统模块功能描述

网络书店系统模块功能主要实现两个功能：一是客户在网上查书、选书、购书和产生订单等功能；二是管理员对图书种类和图书信息、客户信息和客户订单等的管理。详情如表 2-1、图 2-13 和图 2-14 所示。

表 2-1 网络书店功能模块

功能模块		功能概述
前台模块	用户注册与登录	新注册用户：提供客户网上自助注册功能，填写注册表单并提交后，就能成为网络书店的用户，注册成功并登录后就可以进行网上购书。 用户登录：供已注册的用户登录，登录后才能在网上购书。 实现网络书店用户信息的注册及身份验证，收集用户真实姓名、通信地址和联系方式等信息，以便送书上门
	图书信息管理	最近新书：按录入网络书店系统的时间排序显示，优先显示新录入的书籍信息。 特价书籍：显示网络书店设定的一定折扣(如5折及5折以下)的特价书籍信息。 图书信息搜索：实现依据书名或作者信息来对图书信息的快速搜索，也提供图书书目信息的分类查询、显示功能，此外，在用户选择了对应书目信息后，还可以显示出该图书的详细信息，以便用户更详细地了解所购买的图书
	购物车管理	用户维护每一个进入网络书店的用户对应的购物车，也就是将用户所选购的图书信息记录到对应的购物车里，以便于生成订单
	订单管理	实现根据用户购物车中的图书信息，以及用户所选择的送货方式和付款方式连同用户对应的个人信息一同生成订单，以便进行送货处理
	查看和发表评论	实现客户查看评论了解图书，并允许客户发表评论
后台模块	入库管理	供网站管理员订购在库数小于安全在库数的书籍
	支付管理	供网站管理员支付所欠出版社的资金
	情报管理	供网站管理员对网站信息进行管理
	用户管理	供网站管理员增加、修改、删除用户的基本信息
	图书管理	书籍分类管理：供网站管理员对网络书店的书籍进行分类管理，可增加、修改、删除书籍的分类信息。 书籍资料管理：供网站管理员增加、修改、删除网络书店书籍的基本资料信息，主要是文本信息

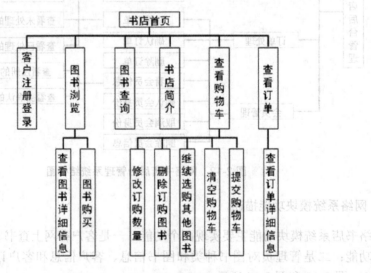

图 2-13 系统前台功能模块

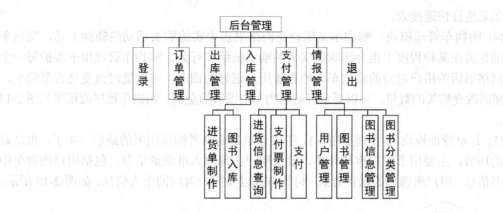

图 2-14 系统后台功能模块

(1) 用户注册模块。注册模块会出现在很多程序中，注册模块是向网络书店数据库中输入数据，并且数据不能重复。注册程序流程图如图 2-15 所示。

注册页面要求用户输入姓名、用户名、密码、性别、邮箱、真实姓名、邮编、详细住址。姓名栏以及用户名栏添加了空验证控件，如果用户未填入任何信息则给出提示，提示用户填入信息。当用户输入的信息全部符合规则后才可进行注册操作，把用户输入的信息全部装到一个实体类中，然后调用业务逻辑层的插入操作执行注册，注册会先判断是否已经存在该用户，如果存在则插入失败，如果不存在该用户才会注册成功。

(2) 用户登录模块。数据库中存放有用户的基本信息，用户在网站中输入相关信息，通过匹配检测，便可以知道数据的有效性。用户登录程序图如图 2-16 所示。用户登录时，需要填写会员名、密码和随机动态生成的验证码，这是为了防止恶意攻击而设置的。用户登录成功后显示的书籍列表信息是动态的，用户可以按书籍查找自己需要的图书，单击书籍可以进入书的详细页面。

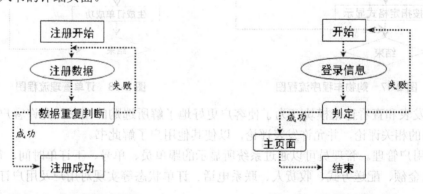

图 2-15 注册程序流程图 　　图 2-16 用户登录程序图

(3) 图书信息管理模块(非管理员用户)。该模块包括图书展示和查询两个部分。网络书店首页主要用于显示网络书店的一些更新，显示最新的图书，以及最热销的图书、推荐图书。首页最上面是一个导航条，可以方便地进行网站的导航，左上角是登录框，中间依次是网站推荐、新书上架、热销图书 3 个区域，它们的数据会根据数据库中相关数据的变动而变动，左面是一个图书分类列表，方便查找。图书查询可实现依据书名或作者信息来对图书信息进行快速搜索。

(4) 购物车管理模块。购物车是用户在网络书店中实施购买活动的辅助工具，购物车性能的优劣在某种程度上也会影响购买者的购买情绪和行为。购物车管理用于维护每一个进入网络书店的用户对应的购物车，能存放用户选好的图书，可以随时改变是否要购买，可以随时改变购买的数量，可以显示目前购物车中图书的金额。购物车程序流程图如图2-17所示。

(5) 订单管理模块(非管理员用户)。生成订单是购书者购买图书的最后一步了，也是最重要的环节，主要用于用户审核订单，要求用户必须输入准确的信息，包括用户购物车中的图书信息、用户所选择的送货方式、付款方式以及用户对应的个人信息，如图2-18所示。

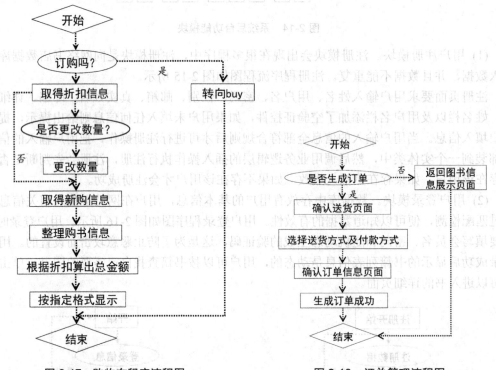

图2-17 购物车程序流程图　　　　图2-18 订单管理流程图

(6) 发表和查看评论模块：为了使客户更好地了解所选购的图书，允许客户在购买前查看图书的相关评论，并允许发表评论，以使其他用户了解此书。

(7) 用户管理。管理员可以通过系统所显示的跟单员、单号、下订单时间、货品总额、运费、总金额、配送方式、收货人、联系电话、订单状态等实现对用户及用户订单信息的管理。

(8) 图书管理。图书管理模块可实现管理员对图书详细信息的修改，对书籍的添加、分类、删除、修改等功能。在通过图书编号或者图书名选择了需要修改的图书以后，会出现相应的界面，只需要在界面中修改对应的选项，然后单击"确认"按钮即可对书籍详细信息进行修改。图书管理模块是后台管理模块，实现进入后台页面的身份验证，图书类型的添加、删除及对应类型下图书信息的发布、删除等功能，管理员在添加书籍时，页面的每一栏都设置了验证控件来验证用户输入的信息是否符合规则，添加时可以按封面、出版日期等上传图书，系统验证输入新书的全部信息符合规则后封装到一个书籍的实体类(分类)中执行插入操作；管理员可以添加公告信息等；对于已经明显显示出下滑趋势的图书，图书信息管理模块可以实现依据书名或作者的信息来对图书信息进行删除，删除之后用户便不能再看到该书的信息。该页面具有权限设置，只有管理员可以进入，普通客户没有此权限。图书管理流程图如图 2-19 所示。

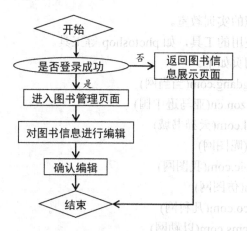

图 2-19　图书管理流程图

　　网络书店系统通过 7 个信息数据库来实现各模块的功能，这 7 个信息数据库分别介绍如下。

　　第一，买家表。存放网络书店用户的基本信息，如用户编号、用户名、密码、客户姓名、客户电话、客户地址、客户电子邮件地址等。

　　第二，图书基本信息表。存放网络书店所销售图书的基本信息，如图书编号、图书分类编号、图书名称、图书价格、销售价格、图书介绍、图书作者、图书目录、图书封面图片存放路径等。

　　第三，图书分类信息表。存放网络书店所提供图书分类的信息，如图书分类编号、图书分类名称等。

　　第四，订单信息表。存放与用户相关的订单的基本信息，如订单编号、订单对应用户名、产生订单的时间、订单对应的送货方式、订单对应的付款方式等。

　　第五，订单项表。存放订单中订单项的基本信息，如订单编号、图书编号、订购数量、该条目对应价格等。

　　第六，评论信息表。它包含所有对图书的评论信息，如订单编号、图书编号、图书评论、发表评论的时间等。

　　第七，时间信息表。这主要是指订单生成的时间，包括订单编号、产生订单的时间。

【课堂演练】

　　(1) 从网络书店主要功能需求出发，对比分析当当网、亚马逊中国、京东商城等网络书店图书查询、购物车管理、订单管理、会员管理和图书管理各模块有何优势？请分别从卖家和买家的角度提出建议。

　　(2) 以团队为单位，对所开设的网络书店划分出区域模块，并上交 1 份区域模块划分的方案。

任务2 网络书店的装修

【教学准备】

(1) 具有互联网环境的实训教室。

(2) 装修时所需要使用的工具，如 photoshop 等工具。

(3) 指定可链接的网页如下。

- http://www.dangdang.com(当当网)
- http://www.amazon.cn(亚马逊中国)
- http://book.tmall.com(天猫书城)
- http://nipic.com(昵图网)
- http://weili.ooopic.com(我图网)
- www.35pic.com(仿图网)
- http://www.faisco.com(凡科网)
- http://www.yilecms.com(以勒网)

【案例导入】

网络书店装修的模板与素材库

很多新手对于装修网络书店一头雾水，不知从何下手。装修网络书店最关键是要解决两个问题：一是模板问题；二是图片问题。获得网络书店模板的方式有：淘宝装修市场模板、代码模板、350超级模板，如图2-20所示。淘宝装修市场(http://zx.taobao.com/index.htm)专门为小卖家装修店铺提供基础版模板和专业版模板。有很多软件公司都可以提供代码(http://www.taoqao.com/tbdaima/)，以供卖家装修，用户手动复制模块代码到自定义区即可。350超级模板(http://zx.350.net/12545)为淘宝店家提供一次购买终身免费的装修模板。上述3家模板均需要购买。

也许你对模板装修风格不喜欢，或者说想按照自己的思路来装修自己的网店，但是又因为技术上的缺乏而不能达到理想的目的，或者装修图片自己不能制作，有必要到网上收集符合自己风格的素材，从相关的素材库来解决网店装修的图片来源问题。在阿里妈妈网站(http://www.alimama.com)，你可以随意设置自己的店铺装修图片。我图网(http://www.ooopic.com/sucai/shiliangtushijie)是一个不错的素材网站，它是中国最大的设计交易平台，有大量图片素材可供选择，只要简单的注册就可以直接下载，如图2-21所示。昵图网(http://www.nipic.com/index.html)是一个图片分享交流平台，能够找到你满意的图片需求，如图2-22所示。淘宝店主之家(http://www.tbdz.net/)论坛是一个默默为淘宝卖家提供免费服务的网站，上面有许多图片可供选择。

项目二　网络书店的设计与装修

图 2-20　装修模板网站首页截图

图 2-21　网络书店装修素材库

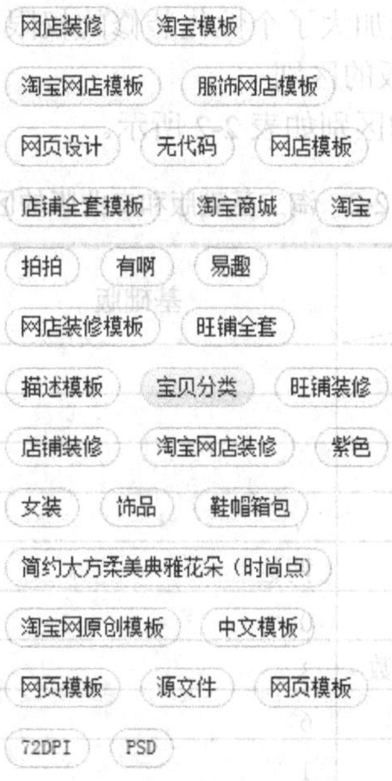

图 2-22　昵图网提供的装修素材类别

【知识嵌入】

本任务以淘宝网络书店装修为例，介绍网络书店的装修过程和注意事项。

一、淘宝网店装修

网店装修就像房子装修一样，是指网店的页面装饰和产品分类布置。漂亮的页面和整洁清晰的分类能更好地吸引用户。

每一个网络书店店铺都有自己的主营商品定位，如儿童图书、考试图书、教材、文学等，根据不同的书店定位选择合适的装修类型。也就是要事先依照产品的特性和消费人群的习性来确定店铺的风格，根据风格确定店铺的主体颜色范围。

对于企业网络书店，在设计好系统之后，便可对网络书店进行装修；对于个体网络书店，在注册网络书店并完成支付宝实名认证后就可以开店了。

本任务以淘宝网络小书店为例，探讨网络书店的装修，能够有针对性地对模块进行内容设计、图片选择和装修。涉及使用素材准备、上传、按模块装修等流程，装修素材可以使用 Photoshop 软件和方正飞腾排版软件制作图片，也可以通过截图等方式获取；装修的图片必须先上传到图片空间，然后按网店模块将图片空间的图片放到合适的模块位置，流程很简单，进入后台单击店铺装修。

1. 淘宝店铺装修版本

作为新手的卖家可能一时并不清楚自己店铺是什么版本。在装修市场购买模板时一定要选用和自己店铺版本配套的，否则将无法购买。购买后如果变更了店铺版本，那么已经购买的模板将无法使用到店铺里面了，因此识别店铺版本是一个非常重要的知识。

淘宝店铺装修有 3 个版本：基础版、专业版、天猫版。这些版本的装修模板排版不同。基础版本支持的功能少，专业版加大了个性化装修的权限、提供精准的商品推荐。

1) 淘宝店铺基本版和专业版的区别

淘宝店铺基础版和专业版的区别如表 2-2 所示。

表 2-2 淘宝基础版和专业版的区别

项目	版本	基础版	专业版
店铺装修	设置页头背景		√
	设置页面背景		√
	页尾自定义装修		√
	页面布局管理	√	√
	布局结构(首页)	两栏	通栏/两栏/三栏
	列表页面模板数	0	15
	详情页宝贝描述模板数	3	25
	可添加自定义页面数	6	50
	免费提供系统模板数	1	3
	系统模板配色套数	5	24

续表

项目	版本	基础版	专业版
店铺装修	系统自动备份装修个数	10	10
	手动备份装修个数	15	15
	首页可添加模块数	40	40
	列表页可添加模板数	15	15
	详情页可添加模板数	15	15
	自定义页可添加模块数	40	40
功能/模块	店招导航(新)	√	√
	图片轮播	√	√
	宝贝推荐(新)	√	√
	宝贝分类管理(新)	√	√
	宝贝列表	√	√
	宝贝排行榜	√	√
	搜索店内宝贝	√	√
	关联推荐(新)	√	√
	自定义内容区	√	√
	友情链接(新)	√	√
	店铺动态(新)	√	√
	悬浮旺旺(新)	√	√
	宝贝图片尺寸展示(新)	310/250/240/230/180/130px	310/250/240/230/180/130px
	客服中心	√	√
	二级域名		√(付费用户)
	店铺公告	×	√
	手机版店铺		
最新功能	营销中心		
	装修分析	×	√
	模块管理	×	√
	支持 JS 模板	×	√
	支持旺铺 css	×	√
	价格	永久免费	1 钻以下免费；1 钻以上 50/月

怎么识别自己店铺的版本？有 3 种方法可以加以识别。

一是打开自己的店铺，将页面拖到最底部，看店铺版本，如图 2-23 所示。

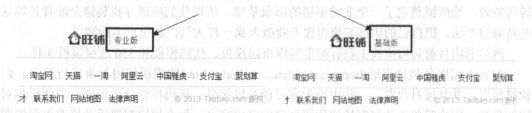

图 2-23　在店铺页面底部可区别店铺版本

二是进入装修页面(http://siteadmin.taobao.com)，看左上角标志，如图2-24所示。

三是在购买模板的时候，市场会根据店铺版本来识别，版本不对应的时候，就会出现提示，如图2-25所示。

图2-24 店铺装修页面左上角可区别版本　　图2-25 购买装修模板时通过提醒可区别版本

2) 淘宝店铺与天猫店铺的区别

淘宝与天猫有何区别呢？简单地说，它们的主要区别就是天猫是一个品牌集合商城；而淘宝店铺只是一个集市，如果要说清楚二者的区别，其实有很多不同的地方，这里就列举几点比较基础的方面。

第一，淘宝网店铺是任何人都可以开的，而天猫(也就是商城)需要公司进行注册。而且开一个淘宝店，不需要缴纳什么，随便一个人就可以开；而入驻天猫商城则至少需要缴纳一万元的保证金(当然了，淘宝店也可以自愿加入消费者保障，缴纳保证金)，如图2-26所示。

第二，天猫里所有的商品都有7天退换货保障，而淘宝则没有，除非已经加入7天退换货服务(目前还有很多人没有加入，消费者的权益很难得到保障)。

第三，天猫里是可以买运费险的，也就是说，无理由退货也可以理赔；淘宝网则不可以。

第四，淘宝网上的所有保障，天猫上都必须有，但淘宝网上面的保障都是得开店者自愿加入的。

第五，天猫是一个商场，淘宝好比一个乱哄哄的集市；天猫在商场里卖出东西，需要向淘宝网交佣金，淘宝店则不需要。所以，在淘宝网里，它是主推天猫品牌，而淘宝店铺则不是这样。

第六，天猫商城还可以进行分销管理，扩大品牌知名度；而淘宝店则不可以。

第七，天猫后台还可以有数据魔方服务，进行数据分析；淘宝店铺则没有。

3) 淘宝网店装修模板

网络书店因其特殊性，其实质售卖的就是网站图片，所以店铺装修很重要。那么，如何获取免费装修店铺的模板？又如何把店铺装修得漂亮、具有个性和特色呢？

一些大卖家或者天猫店铺首页的全屏背景、通栏店招、全屏轮番、全屏滚动、图片翻转等特效，给店铺奠定了一个非常不错的形象基础，所以我们应该寻找装修全屏背景等这些特效的办法，把自己的店铺装修得像专业版天猫一样大气，吸引更多顾客。

网络书店目前装修模板主要有淘宝装修市场模板、代码模板和350超级模板3种。

淘宝卖家服务装修市场(http://zxn.taobao.com/index.htm)的模板使用起来比较简单，但价格昂贵，并且按月收费，一些中小卖家可能难以接受；代码模板价格便宜，但使用相对比较复杂，用户需要手动复制模块代码到自定义内容区，每个模块都要手动修改里面的图片地址和链接地址,如果修改错一个地方就会导致模块变形,无法达到想要的装修效果,这对于原本就不了解代码的用户来说比较困难,要花费许多时间去了解和学习。

除此之外,还有 350 超级模板(http://www.c350.cn),这是专门为淘宝开店装修的智能装修模板,店家可以通过购买该网站模板获得永久使用权装修模板。

2. 店铺装修及装修区域

下面我们以旺铺基础版为例,来介绍淘宝网络书店装修。在装修网络书店之前,需要下载最新版本的卖家用户入口千牛工作平台。其具体操作步骤如下。

第一步,用账号登录淘宝网首页。

第二步,登录阿里旺旺。右上角有一个"网站导航",单击"网站导航"—"阿里旺旺",进去下载最新版的卖家用户入口,如图 2-27 所示。

图 2-26 天猫店铺服务

图 2-27 阿里旺旺的卖家用户入口工作平台界面

第三步,下载千牛工作平台。在卖家用户入口单击进去,便可下载最新版卖家版千牛工作平台,如图 2-28 所示。

图 2-28 千牛工作平台下载界面

第四步,安装。下载安装完毕后,在电脑桌面上生成图标。双击桌面图标,打开登录界面,如图 2-29 所示。

很多下载了网店装修模板的用户,不知道如何使用,也不知道哪些模块是可以装修的,哪些模块是固定的。网店装修分为 3 个页面,如图 2-30 所示,包括了店铺招牌、店铺公告、宝贝分类、本店搜索、店铺收藏、店铺介绍等几个部分。

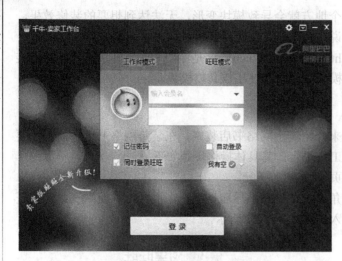

图 2-29 千牛工作平台登录界面

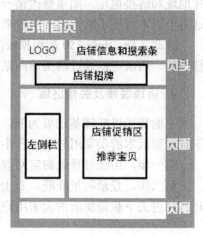

图 2-30 淘宝网店装修部分

店铺招牌作为店铺的标志，必须要能体现店铺个性、店铺经营的内容，并能够给人以深刻的印象。

店铺促销区包括了店铺公告、推荐宝贝、产品描述等区。店铺公告主要用于放本店最新产品、最近优惠、好书推荐等，这里的内容会被大部分人第一时间注意到。它放在店铺的右上角，类似报纸的报眼位置，是滚动显示的。

产品描述模板是在别人单击浏览书店产品时才能看到的，这里支持较大篇幅的 HTML 代码，可以详细介绍产品、说明交易约定和价格、物流等问题，并展示多幅产品图片让读者详细全面地了解产品。

店铺介绍有一个专页，整页介绍店铺，充分展示自己的形象，可以使用文字图片和一些 HTML 代码做成的效果。

本店搜索和宝贝分类标签位于店铺左侧。分类可以用文字描述分类，也可以用图片形式表示产品分类，看上去很有特色。

此外，还有心情故事、店主留言等能充分展示自己个性、与顾客建立良好界面的工具，这种文字的信息往往可以拉近店家与顾客的距离，建立客户对店主的良好印象。

论坛形象包括论坛头像和签名。论坛头像是显示在店家所发的帖子的左上角，代表个人形象，当然可以是店标、照片或者广告性的图文。签名是店家可以充分用来做广告的最有效资源，它显示在发的帖子的下方，有规定的大小限制，它是最容易被人注意到的，也是唯一的可以在"公共场所"免费发布的广告。下面主要介绍网络书店最基本的装修方法，包括店铺招牌、左边的收藏模块、宝贝的分类、右侧的公告区，如图 2-31 所示。

装修前应该事先准备好装修素材。素材可以是自己使用相关软件制作，也可以到网上收集符合自己风格的素材。

1) 店招 Banner

装修店铺招牌是网络书店装修最重要、最必要的准备工作之一。店招 Banner 设计是网店中很重要的一部分，不同的节日、不同的促销活动，配以不同的店招，可以达到明显的宣传效果。店招 Banner 可以自己设计制作，也可以在线购买，只不过在线购买往往会受到限制，任何一次修改都可能会产生费用。

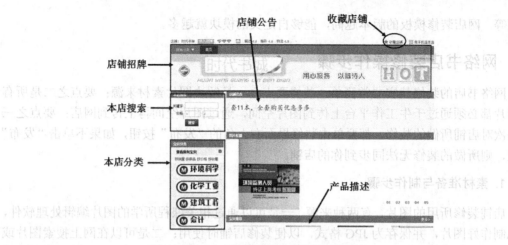

图 2-31 某网络书店首页分区截图

Banner 店招就是店铺招牌+导航栏，淘宝店招标准尺寸为 950 像素×150 像素。

Banner 包含 LOGO、图片、文字，要体现自己网店与众不同，可以运用在《数字出版基础》课程中所学习的图片处理、排版设计软件制作出包含精美图片、醒目字体、具有动画效果的店招。

店铺招牌装修过程包含以下几步：准备素材(自己制作、网上收藏)、上传图片到图片空间、上传图片到网店、发布(同步到网店)。

2) 装修左侧栏目

网络书店左侧栏目包括本店搜索、宝贝分类等模块，如图 2-32 所示。

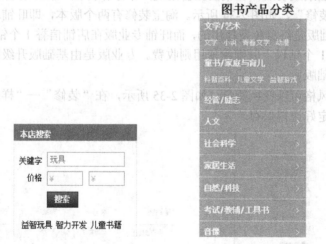

图 2-32 网络书店左侧栏的本店搜索和图书产品分类

产品分类是电子商务网站的逻辑思路的体现，关系到后期商品上架，也便于消费者查询，起到索引作用。

3) 装修店铺促销区

可以添加自定义内容区/宝贝推广区/掌柜推荐宝贝/搜索条图片轮播/店铺交流区/店铺

帮派等。网店装修模板的版本越高，能够自定义的模块就越多。

二、网络书店装修操作步骤

网络书店的装修其实非常简单，装修要点之一是解决图片素材来源；要点之二是所有的图片都必须通过千牛工作平台上传到图片空间，通过图片空间再上传到网店；要点之三是每次对店铺所做的装修，都要单击装修界面右上角的"发布"按钮，如果不单击"发布"按钮，则所做的装修无法同步到你的店铺。

1. 素材准备与制作步骤

店铺装修所用的图片，有两种来源，一是可以通过相关课程所学的图片编辑处理软件，自己制作好图片，并保存为 JPG 格式，以便装修店铺时使用；二是可以在网上搜索图片或截图进行处理后保存为 JPG 格式，以便装修店铺时使用。如图 2-33 所示是为某儿童书店准备的装修素材。

图 2-33 为某儿童书店准备的装修素材

2. 店铺各区域装修步骤

用旺旺模式登录成功后，在桌面上会出现一个工作界面。在工作界面上，单击"常用入口"—"店铺装修"，如图 2-34 所示。淘宝装修有两个版本，即旺铺基础版和旺铺专业版，其中旺铺基础版是终身免费使用的，而旺铺专业版在店铺信誉 1 个钻时是免费使用的，当店铺信誉达到 1 个钻以上时继续使用则收费。专业版是由基础版升级而来的，也可以由专业版回退到基础版。

店铺的整体风格可以变换颜色，如图 2-35 所示，在"装修"—"样式管理"里选择你喜欢的颜色，选定好记得保存。

图 2-34 从常用入口进行店铺装修

图 2-35 旺铺基础版装修样式管理

(1) 店铺招牌。店铺招牌的宽度为 950，高度为 120，如图 2-36 所示。

图 2-36 某网络书店的店铺招牌

第一步：选择合适的店铺招牌图片。店铺招牌装修所用的图片，可以自己使用相关图片制作与编辑软件制作完成，也可以在淘宝模板里复制。

如果在网上复制，打开 zxn.taobao.com 网页，单击 BannerMaker 按钮，如图 2-37 所示，在店铺招牌市场购买你所需要的图片，如图 2-38 所示，图片保存为 JPG 格式。保存好之后，可以关闭网页界面。

图 2-37 装修市场的 BannerMaker 按钮

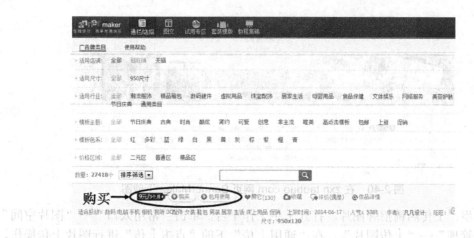

图 2-38 在 zxn.taobao.com 网页 BannerMaker 购买

单击"购买"按钮，使用账号登录，购买你所喜欢的图片，购买明细如图 2-39 所示。

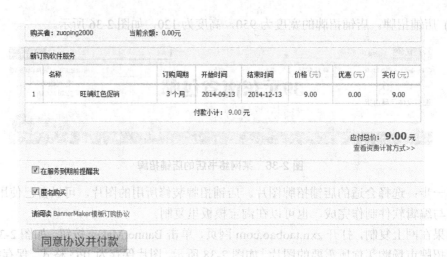

图 2-39 购买明细

在教学过程中,这是不以营利为目的的网络书店,为了节省成本也可以直接截图。截图的方式有 QQ 界面截图和 Windows 自带截图工具截图。截图大小为 950 像素×120 像素,如图 2-40 所示,保存为 JPG 格式。保存好之后,可以关闭网页界面。

图 2-40 在 zxn.taobao.com 网页 BannerMaker 下截图

第二步:上传店铺招牌图片。打开千牛工作平台,单击"常用入口"—"图片空间"—"图片管理"—"上传图片",在"通用上传"下的"点击上传"进行图片上传操作。按图片路径找到所选择图片存放的地方。打开图片,显示上传成功后,不要关闭界面。然后打开装修界面,单击店铺招牌的"编辑"按钮,在弹出的窗口中单击"选择文件"按钮,会看到刚才上传的店铺招牌图片。单击你所需要的店铺招牌图片,图片则上传到店铺招牌位置,再单击"保存"按钮。

第三步:去掉店铺招牌上的店铺名。单击店招上的"编辑"按钮,出现一个窗口,在招牌内容下显示店铺名称中进行修改,将"是否显示店铺名称中"的钩去掉,如图 2-41 所示。单击"发布"按钮,再登录店铺,检查图片是否已同步到店铺了,如图 2-42 所示。

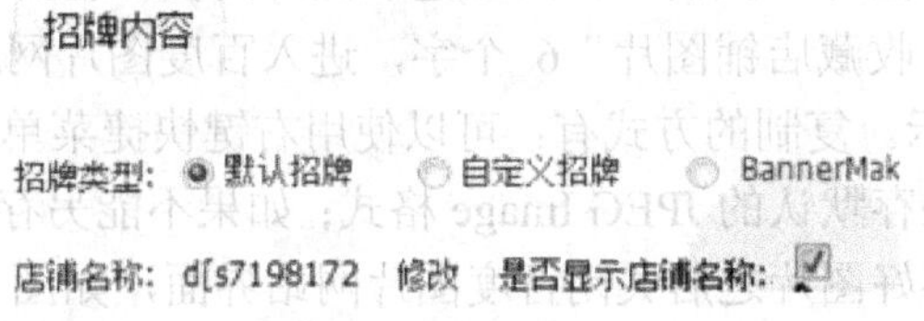

图 2-41　取消"是否显示店铺名称"后的钩

图 2-42　上传成功的淘宝某书店的店铺招牌

(2) 添加店铺收藏模块。店铺收藏模块主要方便用户收藏,并积聚人气,收藏的人越多,在淘宝搜索排名就会靠前。装修店铺收藏模块的操作步骤如下。

第一步:获取模块。将鼠标放在店铺左侧"本店搜索"任一模块上单击"添加模块"按钮,如图 2-43 所示,我们看到"获取模块成功"。

图 2-43　在"本店搜索"上单击"添加模块"按钮

第二步:添加自定义内容。在获取模块成功之后,在空白处单击鼠标右键刷新界面。将鼠标放在装修界面左侧"本店搜索"任一模块上单击"添加模块"按钮,在打开的窗口中选择添加一个"自定义内容区",如图 2-44 所示,单击"添加"按钮。添加好之后在模块选择区选择向上的箭头把它移到上面,如图 2-45 所示。

图 2-44　添加"自定义内容区"　　　　图 2-45　把自定义内容区向上移动

第三步：图片准备。图片准备有两种方式，一种是自己运用图片编辑软件制作好图片；另一种是在网络上选择图片。我们以在网上选取图片为例。打开百度首页单击"图片"按钮，在搜索栏中输入"收藏店铺图片"6个字，进入百度图片网站之后有大量图片供你选择复制，如图2-46所示。复制的方式有：可以使用右键快捷菜单中的"图片另存为"命令选择保存路径将图片保存默认的 JPEG Image 格式；如果不能另存图片，则可以采取截图方式保存图片。复制保存好图片之后关闭百度图片网站界面，如图2-47所示。

图 2-46　百度图片库提供的本店收藏图片

图 2-47　在百度上搜索保存的本店收藏图片

第四步：添加图片。打开千牛工作平台，单击"常用入口"—"图片空间"—"图片管理"—"上传图片"，单击"添加图片"按钮进行图片上传操作。在电脑保存图片路径中找到你所收藏的图片或事先制作好的图片，单击"打开"按钮。如果不能显示上传成功的话，可以把鼠标放在空白处单击右键刷新，并重新上传图片，在"通用上传"下的"点击上传"进行图片上传操作，直到显示上传成功后。此时，不要关闭界面。然后打开装修界面，把鼠标放在"自定义内容区"上，单击"修改"按钮，如图2-48所示。在弹出的对话框中单击"插入图片空间图片"按钮，如图2-49所示。

 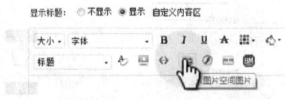

图 2-48　单击"修改"按钮　　　　　图 2-49　单击"插入图片空间图片"按钮

在打开的界面中单击事先准备好的图片，此时图片上会显示打钩，往下拖动界面，单击"插入"按钮,此时图片已插入到自定义内容区中,如图2-50所示。在图片上双击,弹出一个图片窗口,下面有一个"链接网址",如图2-51所示。

图2-50 图片上传到自定义内容区　　　　图2-51 在"链接网址"中输入

这个网址是从哪里来的呢?打开店铺首页,单击"常用入口"—"我的店铺",把鼠标放在店铺右上角的"收藏店铺",选择右键快捷菜单中的"复制链接地址"命令,回到装修界面,把鼠标放在"链接网址"输入框中,选择右键快捷菜单中的"粘贴"命令,然后单击"确定"按钮,再把鼠标拉到界面下端,单击"确定"按钮。此时,收藏店铺的图片就上传到店铺中了。

(3) 宝贝分类。给自己的出版物产品归类,目的是方便用户选购。在给自己网络书店店铺分类之前,可以先到其他的网络书店看看,学习人家的分类,取长补短,也可以结合自己所学的出版、营销等专业知识和开店前的市场调研进行分类。

打开店铺首页装修,把鼠标放在宝贝分类,单击"一支笔"的图标,在"添加手工分类"中添加,在"分类名称"中输入一级分类名称,比如"小说""文艺""青春";在其下面添加子分类名称中输入二级分类名称,比如在"文艺"下再分"文学""传记""艺术""摄影",如图2-52所示,按此方法完成书店分类。添加完毕单击右上角的"保存"按钮。保存好后暂时不关闭界面。单击装修首页刷新,检查分类是否分好。

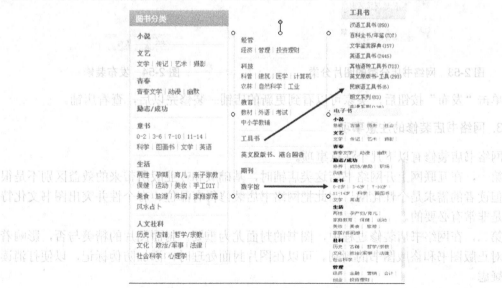

图2-52 某网络书店分类

也可以将文字变成图片，方法如下。

首先保存好分类图片，然后在图片空间中上传，把某个分类的图片上传到图片空间。显示图片上传成功之后，再在宝贝分类界面上，在某个"分类名称"后有一个"分类图片"，单击"添加图片"—"插入图片空间图片"，找到相应的图片，单击它，单击界面右上角的"保存更改"按钮。同样在装修首页刷新检查是否上传图片成功，如图 2-53 所示。

(4) 海报区。海报区的图片位置宽度是 750 像素，高度不限。图片可以自己使用 Photoshop 做好后上传，也可以到网上搜索找到合适的图片进行修改处理，将制作好的图片上传到图片空间。上传的方法如下。

① 在海报区任一模块单击右侧的"添加"按钮，在弹出的对话框中添加一个"自定义内容区"，然后单击"编辑"按钮，与上传收藏图片操作步骤一样，单击"插入图片空间图片"按钮。

② 在打开的界面中单击事先准备好的图片，此时图片上会显示打钩，往下拖动界面，单击"插入"按钮，此时图片已插入到自定义内容区中。

③ 在图片上双击，弹出一个图片窗口，下面有一个"链接网址"，复制、粘贴"我的店铺"图片地址到"链接网址"输入框中。

不同的是，在链接地址时，要看这个海报是要宣传哪一本(套)图书或哪一家出版社的图书，则这个链接地址栏应该填写所宣传对象产品的网络地址。

当店铺招牌、收藏、分类和海报都做好之后，要单击店名界面右上角的"发布"按钮。只有单击"发布"按钮，以上所做的才能同步发布到你的店铺，如图 2-54 所示。

图 2-53　网络书店分类的图片分类

图 2-54　发布装修

单击"发布"按钮后，买家可以看到更新的店铺。装修完以后，查看店铺。

3. 网络书店装修的注意事项

网络书店装修有以下几个注意事项。

第一，在互联网上开网络书店这类店铺时，基础版和专业版所带来的效益区别不是很大，但读者的需求是个性化的，因此把网络书店装修得有品位、有个性并突出图书文化特色，是非常有必要的。

第二，在网络书店装修过程中，图书的封面尤为重要。封面图片的精美与否，影响着读者对正版图书和盗版图书的判别。可以在图片封面处理时，添加防伪标记，以便打消读者的疑虑。

第三，网络书店装修页面透露着书香的气息和对知识忠诚的态度。很多知识分子就对这种氛围非常珍爱。

第四，宝贝展示区图片要丰富，图书的数量和种类越多越好。

【课堂演练】

(1) 从网络书店主要功能需求出发，对比分析当当网、亚马逊中国、京东商城等网络书店的装修特色。请分别从卖家和买家的角度提出建议。

(2) 网络书店模块美工和内容设计，以团队为单位上交网络书店装修方案 1 份。

(3) 使用方正飞腾排版软件和 Photoshop 图片处理软件，为自己团队书店制作 1 条 Banner。要求如下。

① 仿照图 2-55(a)策划本店"双 12 促销"广告。

② 为月度销售图书排行榜榜单设计一个广告。

③ 仿照图 2-55(b)设计限时抢购商品广告。

(a)

(b)

图 2-55 某网络书店的活动广告

项目实训实践 给自己的网络书店装修

1. 实训名称
为以勒网或凡科网模拟开设的网络书店装修。

2. 实训目的
(1) 制订自己的网络书店装修方案，确定装修风格和装修目标。

(2) 能够通过制作或网上收集的方式准备装修素材。

(3) 能够为模拟注册的网络书店进行各模块的装修。

3. 实训内容
网络书店与其说出售图书，不如说出售的是服务和图片。因此，把自己的网络书店装修成独具特色的、吸引读者注意的个性化书店，是每个网络书店开办者的愿望。今天我们依靠上一个实训在 http://www.yilecms.com/(以勒)或http://www.faisco.com(凡科)这两个建站平台上模拟开设的网络书店，为其进行装修，为大家今后能顺利地在淘宝、拍拍、京东等平台上的网店装修打下基础。

(1) 制定网络书店装修方案。

(2) 以团队为单位，确定装修风格和装修模板，并进行分工。

(3) 准备网络书店装修的素材。

(4) 完成网络书店的装修，主要包括"网站横幅""页面版式""网站设置"3部分。

4. 实训步骤(以http://www.faisco.com为例)

第一步，在http://www.faisco.com首页，单击"登录"按钮，以注册的名称进行登录，如图2-56所示。

图2-56 在凡科首页登录

第二步：在首页单击"企业网站"或"管理企业网站"，在跳转新页面里可以进行"网站主题""网站横幅""页面版式""网站设置""百度优化"的设计、管理等，如图2-57、图2-58所示。

图2-57 管理企业网站入口

图2-58 管理企业网站的强大功能

第三步：网站横幅（即店铺招牌）装修。把鼠标放在企业网站首页店铺招牌上，将自动弹出"编辑横幅""设置样式""设置特效"等链接入口，如图2-59所示。在此可以对店铺招牌进行图片编辑、样式及特效装修。

(1) 单击"编辑横幅"，在跳转的页面有许多横幅可供选择，如图2-60所示。可以根据自己网络书店的需要勾选图片作为横幅；也可以单击"添加图片"按钮，上传事先制作好的图片为网络书店店铺进行装修，如图2-61所示。选择或上传图片之后单击"保存"按钮。

图 2-59　企业网站首页"编辑横幅"等入口

图 2-60　可供选择的横幅

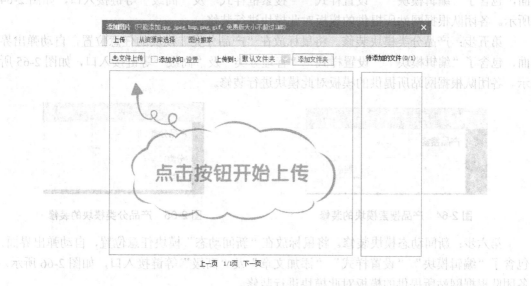

图 2-61　添加图片为店铺招牌进行装修

(2) 单击"设置样式"按钮，有"常规""高级"两个选项，如图2-62所示。

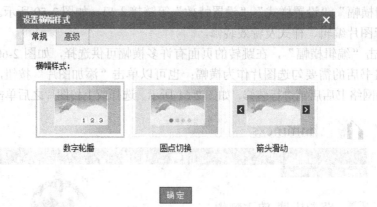

图 2-62　设置店铺招牌横幅的样式

(3) 单击"特效"按钮，有多种特效供选择，如图2-63所示。

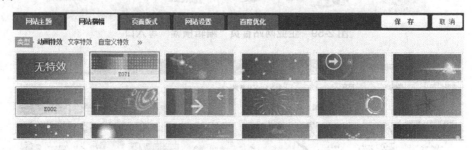

图 2-63　可供选择的特效模板

第四步：产品搜索模块装修。将鼠标放在"产品搜索"模块的任意位置，自动弹出界面，包含了"编辑模块""设置样式""搜索框样式"及"高级"等链接入口，如图2-64所示。各团队根据网站所提供的模板对此模块进行装修。

第五步：产品分类模块装修。将鼠标放在"产品分类"模块的任意位置，自动弹出界面，包含了"编辑模块""设置样式""管理分类"及"高级"等链接入口，如图2-65所示。各团队根据网站所提供的模板对此模块进行装修。

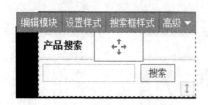

图 2-64　产品搜索模块的装修

图 2-65　产品分类模块的装修

第六步：新闻动态模块装修。将鼠标放在"新闻动态"模块任意位置，自动弹出界面，包含了"编辑模块""设置样式""添加文章"及"高级"等链接入口，如图2-66所示。各团队根据网站所提供的模板对此模块进行装修。

图 2-66　新闻动态模块的装修

第七步：热销产品模块装修。将鼠标放在"热销产品"模块任意位置，自动弹出界面，包含了"编辑模块""设置样式""添加产品"及"高级"等链接入口，如图 2-67 所示。各团队根据网站所提供的模板对此模块进行装修。

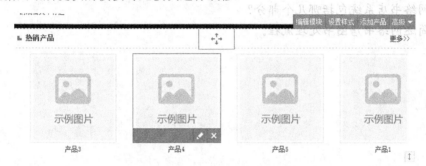

图 2-67　热销产品模块的装修

5. 实训要求

(1) 以团队为单位上交 1 份网络书店装修方案。

(2) 上交 1 份自己制作的网络书店装修素材文件，包括 Banner 条。

(3) 以团队为单位进行网络书店的装修，至少完成对网络书店店铺招牌、产品搜索、产品分类、热销产品的装修。

(4) 上交 1 份装修首页效果图，以班级为单位统计已装修好的网络书店网址。

5. 考核标准

考核标准 (100 分制)	优秀(90~100 分)	良好(80~90 分)	合格(60~80 分)
	网络书店装修方案详细，主题明确，文本连贯，编校质量高；网络书店装修完成出色，装修风格与书店定位相吻合	网络书店装修方案要素齐全，主题明确，文本连贯，编校质量较高；网络书店装修完成较好，装修风格与书店定位较相吻合	网络书店装修方案要素齐全，网络书店装修符合网络书店定位要求；上交及时、工整
自评分			
教师评分			

注：未参与实训项目，在本次实训成绩中计 0 分。

课 后 练 习

1. 判断题(正确画"√",错误画"×")

(1) 网络商务的核心是人。(　　)

(2) 网络书店是一种以消费者为导向,强调个性化的营销方式。(　　)

(3) 网络书店实质上形成了一个在线实时、虚拟、全球性、网上真实的图书市场交换场所。(　　)

2. 思考题

(1) 网络书店网页、主页和网站是什么关系?

(2) 网络书店系统包括哪几个部分?

(3) 简述网络书店图书处理流程。

项目三　网络书店经营

【项目情境描述】

当你通过搜索链接到某网络书店时，如果图书封面图片不清晰、无法放大查看，你会不会瞬间关闭并退出？如果图书内容简介不完整，作者姓名、出版单位、出版日期、定价、书号信息等不完全，你会不会感到特别遗憾？一般来说，网络书店的图书信息越丰富越有助于读者选购图书，广告越有冲击力越能吸引读者点击广告，网络书店有图书促销的相关活动更能吸引读者。换个角度，如果我们是网络书店的经营者，当读者想要买某本图书或某类图书时，或者知道书名，或者只知道大概范围，他们能否在我们开设的网络书店上查找到自己想要的图书信息呢？怎样才能采集、上传丰富而清晰的图书信息呢？网络书店所设计的广告怎样吸引读者眼球？如何将网络书店的活动与实体活动相结合？这些都是经营一家网络书店所应该考虑的问题。

注册、装修好书店，最终要靠经营来实现开设网络书店的目标。随着个人网络书店、书商和出版社网络书店竞争日益激烈，网络书店图书信息的全面、完整和对用户的友好，逐步成为经营网络书店必须注意的技巧。掌握图书信息的采集、图书信息的处理、图书信息的组织与上传、广告设计与活动策划，成为网络书店经营的基本技能。因此，熟悉网络书店信息采集、信息组织与上传、广告设计和活动策划等相关知识和操作技能，是出版与发行专业学生的基本技能。

本项目引导大家学习使用扫描仪、数码相机、网络搜索和相关软件等工具采集来自传统纸质图书、出版发行单位网站、其他网络书店的完整的图书信息；并能使用 Photoshop 和办公软件对所采集的图书信息进行加工和完善；使用网络平台及其所提供的软件对图书信息进行分类和组织，使用软件工具批量上传图书信息；能根据书店定位和界面来制作和策划广告；能根据网络书店定位开展活动策划和实施。

【学习目标】

(1) 熟悉多种采集图书信息的途径，能够规范地采集完整的图书信息。

(2) 能够对相关图片进行制作、加工和完善处理，根据平台特点对图书信息进行分类组织并快速上传发布。

(3) 能规划网店广告；掌握广告策划的要点和技巧；能运用 PS 技术简单制作网络书店广告。

(4) 能够进行网络书店活动策划。

【学习任务】

任务1：图书信息采集(建议：4课时)

任务2：图书信息组织与上传(建议：4课时)

任务3：网络书店广告经营(建议：4课时)

任务4：网络书店活动策划(建议：4课时)

项目实训实践：模拟经营网络书店(建议：2课时)

任务1　图书信息采集

【教学准备】

(1) 具有互联网环境的实训教室。

(2) 指定可链接的网页如下。

- http://www.dangdang.com(当当网)
- http://www.bookuu.com(博库书城)
- http://www.9yue.com(新华书店九月网)
- http://www.eslite.com(诚品网络书店)
- http://book.tmall.com(天猫书城)
- http://www.faisco.com(凡科网)
- http://www.yilecms.com(以勒网)

【案例导入】

网络书店中的信息流对图书宣传销售的意义

网络书店的信息流是指通过网络系统传输与图书销售有关的各种信息的集合，包括图书的内容信息、作者信息、出版商信息、读者信息、管理信息等。网络书店必须深刻地认识到从"单一商品销售"到"多方信息服务"的价值，网络书店实际上扮演了一个"信息经纪商"的角色：网络书店的上游有许多图书产品，其下游又有许多读者，网络书店通过信息流将出版商、发行商、作者、读者及其他相关环节(诸如银行、仓储、物流等)有机地结合在一起，扩大了图书的影响力，增强了宣传效果，提高了销售业绩，从而也树立了网络书店的自身品牌。传统书店的图书销售是钱与图书的交换，网络书店上则是信息的交换，网络书店可以实现图书销售信息的自动化、网络化、信息化、数字化，使相对封闭、功能单一、贮存印刷品为主的传统书店向开放、多功能、存储载体多样化的虚拟网络方向发展，而图书信息数据库资源建设是网络书店建设的核心和基础。

网络书店的信息包括书目数据库、出版商数据库、书评数据库和用户数据库等几个重要的数据库。书目数据库主要提供图书的外部信息(如封面、页数、尺寸、重量、装订形式等)、图书的出版信息(如书名、作者、出版者、出版日期、ISBN、CIP图书分类等)、图书的销售信息(如定价、网络书店优惠价及其他供价、不同装订形式及版本的价格、销售组合价、销售排名等)、图书的内容信息(如内容提要、摘要、书评、引用和被引用；书中的第一句话、文本统计、关键词、样页浏览等)。数量规模大、不断更新扩展的图书新书目是网络书店战胜对手确立竞争优势的基础。如亚马逊网络书店自创始之日起就决定要提供100万种以上的图书书目供读者挑选。书评数据库主要是对图书的评论信息，从不同角度以不同方式来撰写书评，以便对一本书提供多角度的分析与评介，对消费者购买图书具有导向作用。一般有编者评论和读者评论两类，一些有出处、权威性和代表性的书评能很好地帮助读者做出选择，它们既是图书相关信息的一部分，也是对读者强大的"影响力"，同时也是书目数据库中图书内容信息重要的组成部分。用户数据库主要记录用户(即读者)的有关信息，这些都是由网络书店系统自动跟踪完成的。这些重要信息包括背景信息(如用户的年龄、性别、地理位置、家庭情况、收入情况等)、账目信息(如历史交易记录，用户订购的每一本书的价格、邮寄对象、邮寄时间、邮寄地址到信用卡信息等都一一保留下来)。网络书店可以利用这些信息向用户推荐图书，向用户提供更具有诱惑力和个性化的选择，着重吸引回头客。用户也可以访问账目文件查询订购记录。出版商数据库记录各书商和出版社本身的信息、图书存货、营销策略和销售信息等，主要用于网络书店自身的业务，不对读者开放。

【知识嵌入】

一、网络书店图书信息的特征与来源

网络书店的优势归根到底是信息优势。因此，各种相关信息的制作、发布、反馈处理是网络书店日常运作中最基本、最重要的环节，而图书信息的采集又是其中的首要工作。这是因为图书信息是读者了解图书并最终产生购买动机的必要条件。网络书店往往采用图书信息表来记录每本图书的详细信息，网络书店所采集的图书信息要在准确的前提下，尽可能地丰富、翔实，应包括书名、书号、作者、版别、版次、定价、优惠价、简介、书评、封面甚至精彩章节等各种相关信息，以便为其后续的多标准分类、多角度检索以及个性化服务提供必要的基础资料。这一先期工作对于全方位展示图书，进而推动销售至关重要。

1. 网络书店图书信息的特征

从信息检索的角度，信息的特征一般分为外部特征和内部特征，而图书信息的外部特征主要有书名、作者、出版者、出版日期、出版地、卷期等，内部特征主要有关键词、摘要、内容简介、目录等。这些信息我们都可以直观地在纸质图书上找到，正是这些信息组成了图书的基本信息。消费者则可以根据这些信息来挑选自己喜欢的图书。

2. 网络书店图书信息的来源

网络书店图书信息的来源主要有传统纸质图书、来自其他网站的图书信息、出版发行单位提供的数字化图书等。

1) 传统纸质图书

大多数网络书店主要销售实体图书。对于早期出版的图书，网络书店的信息采集主要来自纸质版本的图书，将这些纸质图书进行信息化处理、构建网络图书书目是网络书店经营的重要环节。通过将纸质图书信息进行数字处理，建立纸质图书数据库，为实现纸质图书网上检索、网上销售打下了坚实基础。

2) 来自网站的图书

来自图书出版、发行企业以及其他网络书店的图书信息，是当前网络书店图书信息的重要来源。如京东商城、亚马逊、当当网等综合性网络书店，大型出版发行企业网络书店，以及各出版集团、出版社的官网，都是采集图书信息的重要来源。

3) 电子版图书信息

一些网络书店与出版商、作者达成协商，在图书编辑加工环节获得图书信息相关电子版资料，使得网络书店图书信息采集与图书编辑出版环节同步进行，如图 3-1 所示。

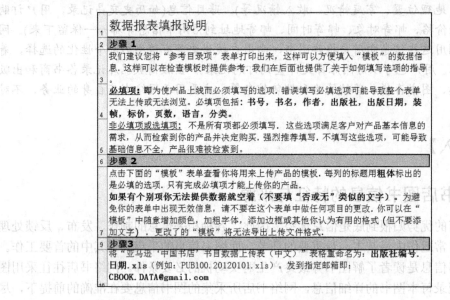

图 3-1　某网络书店数据库采集表的填写说明

二、图书信息的采集方法

1. 图书信息采集主要工作环节

图书信息采集一般由网络书店来完成。图书信息采集主要是利于用户可以按图书类别、书名、作者、出版社等不同搜索的方式查看书籍信息，每本书都要显示图书封面、书名、作者、定价、特价、书籍描述、内容简介等信息。特别是图书的封面要吸引读者。网络书店的图书信息采集是否全面，直接影响图书的销售。

1) 纸质图书信息采集的主要环节

(1) 图书校验。确定所选购的图书为网络书店所需要的图书，仔细核查书名、版本、定价、作者等信息。

(2) 图书编目。将纸质图书的相关信息数据通过事先设计好的模板录入电脑，按批次建立纸质图书信息库；如果一次性采购量大，也可以采用图书信息采集器进行采集。

(3) 将编目后的数据导入数据库软件。通过专业软件解决方案如 OCR 技术，将纸质图书批量扫描、图像纠错、条码识别。

(4) 对导入数据库的纸质图书数据进行分类和归类，自动上载、发布，方便读者查找。

2) 电子图书信息采集的主要环节

(1) 制作图书信息采集表。根据网络书店的需要，将要收集的信息要素制成相应的电子表格，以便按信息采集表的要求去采集信息。

(2) 搜索相关图书。根据网络书店定位、经营品种等，去 B2B、B2C 商务网站以及出版发行企业官网搜索所要的图书。

(3) 核实信息来源准确性。对于采集的图书书名、作者、出版日期、定价等相关信息，必须核实其来源的准确性，以免造成不必要的麻烦。

(4) 完善图书信息采集表。根据核实的信息，修改和完善图书信息采集表。

2. 图书信息的采集方法

1) 纸质图书信息采集

对于纸质图书信息采集有 3 种方法：一是扫描+拍摄+OCR；二是书号条形码采集；三是手工录入。

(1) 扫描+拍摄+OCR。OCR 技术是光学字符识别的缩写(Optical Character Recognition)，是通过扫描等光学输入方式将各种报刊、书籍等纸质文字转化为图像信息，再利用文字识别技术将图像信息转化为可以使用的计算机输入技术。它融合了高速扫描、OCR 识别和全文检索 3 项技术，可以将数以万计的纸质图书快速、自动地转换成数字化文本、影像，并实现海量信息高速检索、查询。因此，可应用于大批量图书文字资料的采集处理，通过专业化的解决方案，加工成 PDF、Html、Txt、Doc、Xls 等多种可编辑的电子文件格式，通过信息管理系统，可任意检索、核对和网上查阅、调阅、打印。

第一步：准备扫描仪、相机。通过扫描仪将纸质图书扫进电脑，或用数码相机将纸质图书拍成图片放到 Word 里。

第二步：安装 Word 自带组件。点击"开始—程序—控制面板—添加/删除"程序，找到"Office-修改"，找到"Microsoft Office Document Imaging"这个组件，Microsoft Office Document Imaging Writer 点"在本机上运行"，安装就可以了。执行"开始"菜单，启动"Microsoft Office/Microsoft Office 工具/Microsoft Office Document Scanning"即可开始扫描。

> **提示：** Office 2003 默认安装中并没有这个组件，如果你第一次使用这个功能可能会要求你插入 Office 2003 的光盘进行安装。

第三步：将文档存为 TIFF 格式图片。使用扫描仪或数码相机等设备将文档扫描或是拍摄成图片，保存成 TIFF 格式。

第四步：单击工具栏中的"使用 OCR 识别文字"按钮，就开始对刚才扫描的文件进行识别了。按下"将文本发送到 Word"按钮即可将识别出来的文字转换到 Word 中去了。如果你要获取部分文字，只需要用鼠标框选所需文字，然后选择右键快捷菜单中的"将文本发送到 Word"命令，就可以将选中区域的文字发送到 Word 中了。

也可以到网上下载一个 OCR 文字识别软件安装。执行"文件"|"打开图像页"菜单命令，在弹出的对话框中选择扫描或拍摄好的图片，单击"打开"按钮，选择需要提取文字的图片范围，单击"识别"菜单，即可开始识别图片上的文字，并保存为 Word 文件格式。

(2) 书号条形码采集。用图书信息采集器对纸质图书进行书号扫描，图书的一般信息(ISBN、书名、出版社、价格等)会自动采集到采集器中，并可通过无线传输的方式完成数据的自动录入。如图 3-2、图 3-3 所示为某款图书采集器的采集方式及采集效果。

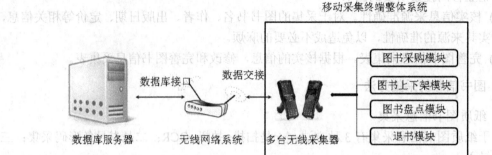

图 3-2　图书信息采集流程

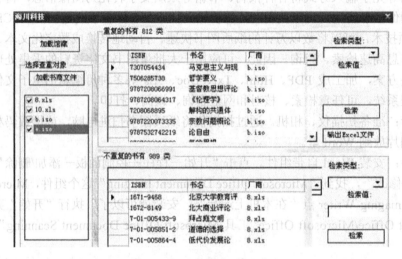

图 3-3　图书信息采集效果

(3) 手工录入。这种方法较为原始，对照翻阅实体图书，查找相关信息，利用表格软件对图书信息进行手工录入和整合。手工录入只能作为纸质图书信息的补充，不适合大批量的图书信息采集。

2) 网络图书信息采集

借助大型图书 B2C 电子商务网站、门户网站图书频道、出版发行企业的官网等所提供的大量图书信息，采集本网络书店的图书信息。

这种方法适用于畅销书和常销书信息的采集。一般而言，对于畅销书，各大电子商务平台都会有相关信息。网络书店运营者可根据自己书店的图书上架要求，提取这些电子商务平台所提供的图书信息作为自己书店图书的基础信息，再根据这些信息进行二次编辑以符合不同平台的不同上架要求。如图 3-4 所示为亚马逊某本图书的信息详情页面。

3) 软件提取

软件提取的方法，要求网络书店运营人员懂得基本的检索规则和知识，通过灵活的配置，可以很轻松迅速地从网页上抓取结构化的文本、图片、文件等资源信息，可编辑筛选处理后选择发布到网站后台、各类文件或其他数据库系统中，能快速地将多页面、多信息进行完整的提取。如图 3-5 所示是某款图书信息采集软件界面。这种方法适用于对大批量的上架图书进行图书的采集。

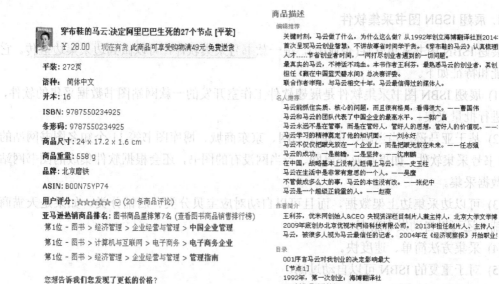

图 3-4 亚马逊某本图书的信息详情页面

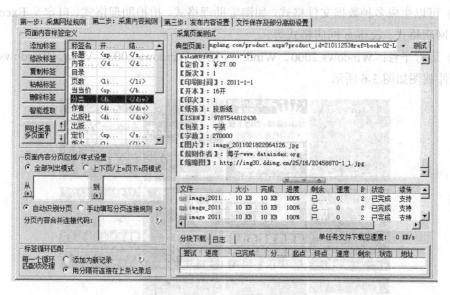

图 3-5 某款图书信息采集软件界面

三、常用图书信息采集软件

由于图书品种非常庞大，网络书店卖家发布图书信息时遇到相当大的麻烦，不但要收集图书的基本信息(书名、书号、价格、出版社、版次、出版日期、目录、内容介绍)，还要拍摄图书封面。假如这些信息全部采用手工方式，一个小时制作 12 条数据，一天工作 8 小时，最多也就发布 100 条左右的图书信息。为了解决这个问题，目前市场上有几款图书信息的采集软件，能够从知名的当当网、亚马逊、京东商城等网站收集图书信息。下面主要介绍两种知名淘宝图书采集软件。

1. 展翅 ISBN 图书采集软件

展翅 ISBN 图书采集软件(企业版)，是一款书号采集软件，可以做到边采集边上传。它的功能和特征如下。

(1) 展翅 ISBN 图书采集软件是展翅软件工作室开发的一款网站图书数据采集的软件，可以进行批量采集。

(2) 基于亚马逊、当当网、中国图书网、京东商城、博库图书等 11 个知名图书网站的 ISBN 书号采集软件，如果是亚马逊网、当当网没有的图书，还会根据软件集成的图书网站进行数据采集。

(3) 可以边采集边上架数据，而且可以自动对应宝贝分类、店铺分类。如果是天猫商城店铺，还可以自动发布新书。

(4) 采集方法简单、速度快。

(5) 对于重复的 ISBN 可以自动过滤。

(6) 可以设置网站优先采集顺序。

(7) 不允许销售的图书、作者或者关键词，可以自动过滤。

(8) 可以生成多种数据文件格式，如淘宝助理格式、拍拍助理格式、自定义 Excel 格式、shopex 网店格式、ecshop 网店格式等。

(9) 运行平台：Windows 2000、Windows XP、Windows 2003、Vista、Windows7。

软件截图如图 3-6 所示。

图 3-6　展翅 ISBN 图书采集软件

2. ISBN 图书信息快速录入 V1.0 版

本软件适合对大量图书基本信息的录入，减少了手工录入的麻烦，只需要在软件中输入每本书背面的 ISBN 编码，快速接入各个国家图书馆电脑数据库读取图书基本信息即可生成包含 ISBN、书名、作者、出版日期、价格、出版社、内容简介等列的 Excel 可编辑文档，便于编辑成各种格式的表格打印装订成册。下载操作步骤如下。

第一步：到http://pan.baidu.com/share/link?shareid=1156511029&uk=1428446834#dir去下载图书 ISBN 快速扫描软件。打开后的界面如图 3-7 所示。

图 3-7　下载软件界面图

第二步：单击 isbnsearch 文件夹看到如图 3-8 所示的 rar 压缩包，鼠标移到 rar 文件所在行看到下载图标后单击下载。

图 3-8　下载 rar 文件

第三步：下载到本地后得到 ISBN 图书信息快速录入 V1.0.rar 压缩包，解压，双击其中的【安装.exe】文件，开始安装，如图 3-9 所示。

安装步骤可能需要点时间。安装完成后会在桌面上看到两个图标【ISBN 扫描】和【ISBN 数据】，如图 3-10 所示。

第四步：双击【ISBN 扫描】启动主程序后按 Y 键后回车，如图 3-11 所示。

第五步：在窗口中输入图书 ISBN 编码，将会查询到该书的详细信息。双击打开桌面【ISBN 数据】图标，图书数据已经被保存到了 Excel 中了，可以进行编辑。

图 3-9 解压，双击安装文件进行安装

图 3-10 自动生成桌面图标

图 3-11 按 Y 键后回车

四、利用软件采集电子商务平台上的图书信息

图书信息采集软件较多，我们选用一款名叫"火车头采集器"的软件来带领大家完成一次任意图书电子商务平台图书的信息采集任务。它采集的基本流程是：系统设置→新建站点→新建任务→采集网址→采集内容→发布内容→抓数据。

1. 新建站点

根据自己的需求为任务建立统一的站点，以方便管理。选择"站点"|"新建站点"菜单命令，可以在此标签页中填写站点名、站点地址、网址深度(0 代表根据地址直接采内容，1 代表根据地址采内容地址，然后根据内容地址采内容，2 代表根据地址采列表地址，然后根据列表地址采内容地址，再根据内容地址采内容)及站点描述，如图 3-12 所示。

2. 新建任务

任务是采集器采集数据时的基本工作单元，它一定是建立在站点中的。采集器通过运行任务来采集发布数据。任务工作的步骤总体可以分为三步：采网址、采内容、发内容。一个任务的运行可以任意选择哪几步，而采集器又可以同时运行多个任务。

选择站点，选择右键快捷菜单中的"从该站点新建任务"命令。任务的编辑界面如图 3-13 所示。采集器的使用最主要的就是对任务的设置。

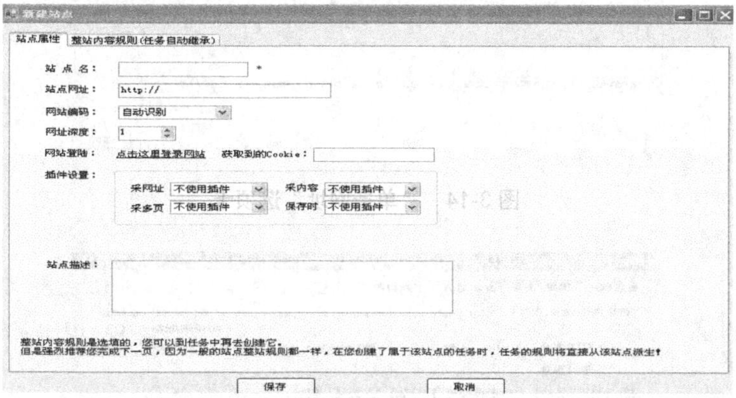

图 3-12　站点属性设置

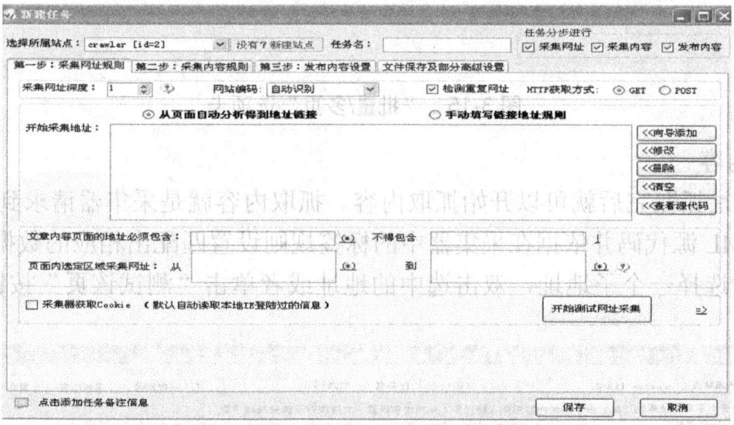

图 3-13　新建任务编辑界面

3. 采集数据

采集数据可以分为两步：第一步是采集网址；第二步是采集内容。

1）采集网址

采集网址就是从列表页中提取出内容页的地址。从页面自动分析得到地址链接：以 http://category.dangdang.com/pg2-cp01.01.01.00.00.00.html 页面为例。我们来采集这个网址上的图书信息。这个页面中有很多图书信息的链接，要采集每个链接中书的内容。

第一步：抓取每个图书信息的链接地址，也就是抓取内容页的地址。先将该列表页地址添加到采集器里。单击"向导添加"按钮后弹出"添加开始采集地址"对话框。我们选择"单条网址",如图 3-14 所示。

第二步:增加列表地址。单击"添加"按钮,把 http://category.dangdang.com/pg2-cp01.01.01.00.00.00.html 地址添加到下面框中,单击"完成"按钮即实现增加列表地址。如果我们选择"批量/多页",如图 3-15 所示。

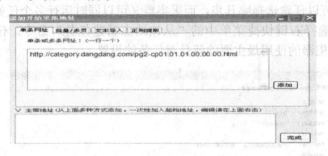

图 3-14 "单条网址"选项卡

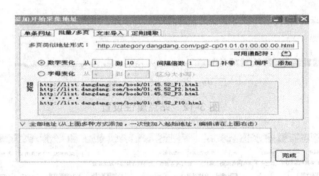

图 3-15 "批量/多页"选项卡

2) 采集内容

当所有网址抓取完后就可以开始抓取内容。抓取内容就是采集器请求到内容页后分析内容页的 HTML 源代码并依据在采集器中的标签规则设置匹配出相应的数据。在测试到的地址中,任意选择一个子地址,双击选中的地址或者单击"测试该页"按钮,如图 3-16 所示。

图 3-16 测试该页界面

将会跳转到任务中的"第二步：采集内容规则"选项卡，在该步骤中我们可以定义我们的采集规则，如图3-17所示。

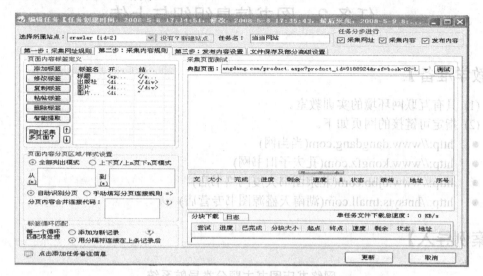

图3-17 "第二步：采集内容规则"选项卡

为了防止同一目录下保存太多的文件，采集器支持随机目录保存方式，默认按时间按一定的规则生成目录保存文件。可导出采集数据为txt，csv，sql格式。

4. 抓取数据

单击该站点下要执行的任务，右击选择"开始任务采集"命令便出现如图3-18所示的窗口。当运行完之后便产生一个文件，打开文件便是抓取下来的内容。

图3-18 任务采集过程窗口

【课堂演练】

利用学习到的图书信息的采集方式，为自己的网络书店采集10个完整的图书信息；使用 Photoshop 或办公软件处理不少于 1 本图书封面图片。

任务 2 图书信息组织与上传

【教学准备】

(1) 具有互联网环境的实训教室。

(2) 指定可链接的网页如下。

- http://www.dangdang.com(当当网)
- http://www.kongfz.com(孔夫子旧书网)
- http://www.bjbb.com(北京图书大厦网络书店)
- http://hntsyts.tmall.com(湖南天盛源图书专营店)

【案例导入】

网络书店图书主题分类导航系统

　　分类导航是一种常见的信息获取方式，在网络信息导航中已得到了广泛的应用，用户通过分类导航系统对信息进行浏览并从中获取有用信息。网络书店的书目分类导航系统是用户检索的重要交互工具，目前网络书店分类普遍采用主题分类导航，如 Amazon、当当网等都按主题来提供书目信息分类导航服务。主题分类法以概括凝练的主题标示出来，接近读者阅读生活中的认知，类名设置通俗易懂，易于广大用户接受和理解，通常能对大众读者提供非常便捷的信息导航作用。网络书店的书目主题分类导航模式对普通读者获得信息、理解信息来说具有巨大的心理认知优势。

　　目前网络书店的主题分类导航并没有统一的主题分类标准，就当当网、亚马逊中国等国内门户网站的图书主题分类来说，大多数是在参考《中国分类主题词表》的基础上，根据各自的理解与用户的实际需求来设计网站图书主题分类体系，更多的是从用户的使用角度来进行设计。以具有代表性的当当网、亚马逊中国图书主题分类导航为例，当当网图书主题分类一级有效类目有 41 种，亚马逊中国图书主题分类一级有效类目有 45 种，这两个主题分类体系中有相当部分类目是相同或相似的。大部分图书网站所使用的主题分类体系尽管有所不同，但基本上都是以用户的使用直观性、易用性为基础而建立的。

【知识嵌入】

一、网络书店的图书信息分类

　　网络书店是书店与网络技术相结合的产物，它利用互联网从事图书交易，它最大的优势就是不仅能够向用户提供所有销售图书的信息，而且还能够让用户通过网络进行即时订购。

1. 图书分类的含义

图书分类是根据图书的内容属性(本质属性)和其他属性(非本质属性)，依据一定的图书分类方法，分门别类地将图书组织起来，方便人们管理和利用图书的一门技术。具体来说，图书分类包括两个方面的含义——分类和归类。

1) 分类

分类是指将大量图书根据一定的分类标准，分析每一种书的属性，把相同的属性集中起来，不同的予以区分。图书分类主要是方便读者选书、购书。网络书店图书分类涉及图书分类、网络书店以及网站设计，它是这三者的交集。网络书店的图书分类应综合考虑读者的查询习惯与出版社的图书分类、学科分类的关系，制定出一种科学实用的网络书店图书分类体系。

(1) 分类标准。分类标准是指网络书店图书分类系统中图书大类(即一级类目)类分的科学依据因素，包括学科、主题、专题、体裁、时间。一级类目的设置和排列是向用户展示网络书店图书分类系统整体框架，方便用户在屏幕上迅速把握分类系统的总体架构，选择浏览入口。网络书店图书分类系统的大类排列既要较好地反映各个大类之间的学科联系，又要兼顾到大类之间的主题联系，便于用户查找；大类的设置既要考虑到类目图书量的均衡，还要考虑各个大类的图书量之间的差别是否悬殊。分类体系的细分层次决定着分类的详略程度，层次越多，图书信息被组织得越细，每一个类目下的图书相关程度越高，但同时也会使较低层次的图书不易被查找到，削弱了分类的直观浏览功能。从表3-1可以看出，所有网络书店都是采用自编分类法，自己制定的图书分类系统，没有统一的标准。

表 3-1　网络书店图书分类方法和分类标准调查表

网络书店名称	分类依据	分类层次
当当网	主题、专业	2层
亚马逊中国	主题、专业	2层
北京图书大厦	以专题、主题为主；学科、体裁为辅	2层
龙源图书网	以学科为主，体裁、主题为辅	3层
新华文轩网络书店	主题、专题、专业	2层
孔夫子旧书网	以学科为主，体裁为辅	3层

(2) 分类结构：网络书店的分类结构主要有 2 种形式，单层网页结构和多层网页线性结构。单层网页结构就是在一个网页上显示全部的类目。多层网页线性结构有 3 种表现形式：一是网络书店的主页上只列出一级类目，子类按照级别分别列在相应的页面上，用户需层层点击进入相关类目查找所需的图书信息，如图 3-19(a)所示；二是网络书店的主页上列出全部一级类目和部分或全部二级类目，用户查询不必先点出一级类目就可以直接点击二级类目，可以减少用户点击的次数，如图 3-19(b)所示；三是网络书店的主页上没有列出全部一级类目，只列出部分推荐类目，在专门的图书分类网页上才列出全部一级类目，子类按照级别分别列在相应的页面，如图 3-19(c)所示。

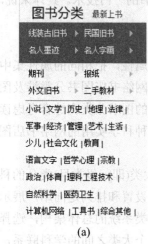  

(a)　　　　　　　　　(b)　　　　　　　　　(c)

图 3-19　某网络书店首页所列出的书目

2) 归类

归类是针对具体的图书来说的，将每一本书，先分析其各种属性，再根据既定的分类体系，将它归到与其属性相同的一组图书中去，实际上就是运用一定的图书分类体系类分具体的图书。

(1) 子类的设置和排列。子类是采用一定的分类标准在上位类下所进行划分而成，子类划分出来以后，每一子类所收录的图书信息的数量要均衡；同一大类下的子类(同位类)的排列要具有规律性，子类命名的规律，要能够提高用户查找的准确率。

(2) 图书的呈现方式。图书的呈现方式包括图书的排列和每一网页呈现的图书数量，各个网络书店对图书陈列的方式不一样。有的网络书店采取多重陈列方式，在每一级类目下都会将图书陈列出来，供用户选择。有的只在最底层类目下才有图书陈列。无论哪种情况，一般来说，一个类目下的图书不止一种，而是几十、几百、甚至上千种。为了能够让用户更加便捷地查询图书信息，网络书店会采取一定的方法排列图书，如按网络书店自己认为的重要程度、时间顺序和销售量来排列。

(3) 图书信息量。图书信息量是网络书店图书分类系统的每一个类目所包含图书的种类数。在图书信息页面是否包括题名、作者、出版社、出版日期、版次、开本、页数、定价、用户评论、内容摘要或简介、图书目录等书目信息。

二、网络书店图书信息组织与上传

从本质上讲，图书和一条新闻、一条短信、一封邮件一样，都是信息。图书的商品属性就是信息产品。读者购买一本书，就是购买一个"信息"。

图书信息包括文字信息、图片信息。对于所采集到的网络书店信息要进行编辑、制作才能符合网络书店需要进行上传。

1. 图书信息的制作

1) 标题的制作

上传到网络书店的图书标题应该多使用关键词，方便用户搜索。标题内容可以是图书名、分类、作者、时间、版本等(商品基本信息中的标题和属性中的标题要保持一致)，如图 3-20 所示。

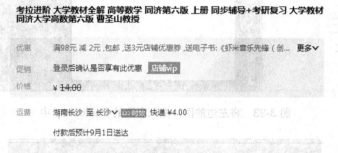

图 3-20　制作完整的图书商品标题信息

2) 图片的制作

(1) 像素处理。上传到网络书店的图书封面等图片像素要求宽度和高度为“800×800”，右击图片，在“属性”—“详细信息”中可看到图片像素，如图 3-21 所示。

宽度　　800 像素

高度　　800 像素

图 3-21　图片像素

如果图书封面不是“800×800”像素，可使用 Photoshop 来处理。其具体操作步骤如下。

第一步：打开 Photoshop，新建一个像素为“800×800”的画布，如图 3-22 所示。

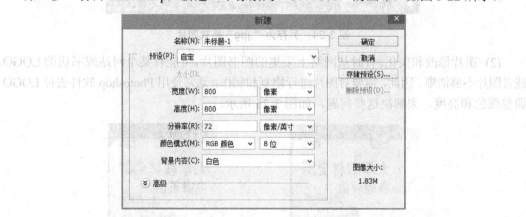

图 3-22　在 Photoshop 中新建一个像素为“800×800”的画布

第二步：打开图片，将左边图片拖入 Photoshop 中，如图 3-23 所示。最后的效果图如图 3-24 所示。注意将图片保存为“.jpg”格式。

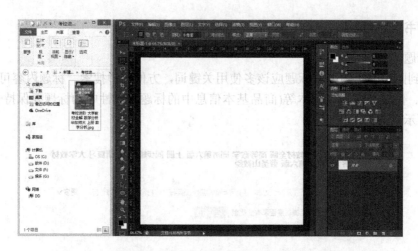

图 3-23　将左边的图片拖入右边的 Photoshop 中

图 3-24　另存为 ".jpg" 格式图片

(2) 图片修改和美化。有时从网络上采集的图书图片，可能有某个网站或书店的 LOGO，或者图片不够清晰。因此，需要对图片进行修复和制作，通常使用 Photoshop 软件去掉 LOGO、调整颜色和亮度，来解决这些问题，如图 3-25 所示。

图 3-25　处理前和处理后的封面图片

以去掉图片上的 LOGO 为例，可以在 Photoshop 中运用"仿制图章工具"去除，或者其他工具去水印。

第一步：打开 Photoshop 软件，将带有 LOGO 的图片拖入到 Photoshop 中。

第二步：选取"矩形选框工具"，如图 3-26 所示。

图 3-26　选取"矩形选框工具"

第三步：在其他区域，框选出类似 LOGO 底下的图片，通过右键快捷菜单复制图层，得到新图层，拖动新图层到合适位置，可以重复几次。可新建一个组，并将得到的新图层，放到一个组里面，如图 3-27 所示。

图 3-27　框选、复制新图层，覆盖 LOGO

第四步：回到背景图层，使用"仿制图章工具"，如图 3-28 所示。可反复使用，并得到最终效果图，如图 3-29 所示。文件另存为 jpg 格式即可。

图 3-28 使用"仿制图章工具"

图 3-29 处理后的效果图

> 注意： 使用图章工具的方法适用于水印遮盖比较简单的图片。对于水印遮盖比较复杂的图片，需要使用 Photoshop 其他工具。在《数字出版基础教程》中讲过。

有时，为了让读者对图书厚度有更直观的感受，需要将图书封面进行主体化处理，如图 3-30 所示。

图 3-30 图书封面立体化处理后的效果图

2. 图书信息的组织

1) 图书信息组织的原则

建站之初，通过搜索引擎找出同类网络书店，逐个访问名单上所有的网站，然后做一个简单的表格，列出你认为是竞争对手的网络书店名称、图书经营定位、产品描述、产品价格、网站特点等，从中找出你的产品优于或不同于其他竞争对手产品的优点或特色；同时，你也应该清楚地认识到自己产品的不足之处，思考如何改进使产品更具竞争力，并制订出如何改进的方案。在充分了解竞争对手的情况并研究他们的产品和网页的基础上，参照图书内容组织原则，制定出更能体现产品特点的网页内容。

图书信息组织也称图书信息整理或有序化，利用一定的科学方法和规则，通过对信息外在特征和内容特征的分析、选择、标引、处理，使其有序化，从而保证用户对信息的有效获取和利用，实现信息的有效流通和组合。这是图书信息资源检索的需要。

在图书信息组织中，我们必须坚持以下几个基本原则。

(1) 客观性原则。图书信息组织中进行描述和提示的基本依据就是信息本身。因此，我们描述和提示信息的外在特征和内容特征必须客观而准确，要根据信息本身所反映的各种特征加以科学地整理和有序化，形成相应的信息组织的成果。客观性原则率先确定了信息描述和提示的数据来源必须是客观的信息本身。

(2) 系统性原则。图书信息组织工作的系统性是为实现网络书店的整体目标奠定基础。要处理好四个关系：即宏观信息组织和微观信息组织的关系、信息组织部门与其他部门的关系、信息组织工作的各个环节之间的关系、不同信息处理方法之间的关系。各个进行信息组织的机构不仅要满足自身的实际状况，而且要考虑更大范围内信息组织的市场分工与协作，从而形成一个完善的宏观信息组织工作体系；信息组织并不是工作的全部，要注意保证"信息采集"—"信息组织"—"信息传播"的畅通；信息组织工作具有多个环节，特别要注意信息描述的基础性地位，它是信息提示、信息分析和信息存储的必要准备；信息组织尽可能采用统一而规范的处理方法。

(3) 目的性原则。信息组织具有鲜明的目的性，必须充分围绕用户的信息需求开展工作，必须充分注意信息的目标市场的需求状态及其变化特征。

(4) 方便性原则。采用用户认可和习惯的方式组织图书信息。

(5) 重要性递减原则。依据信息的重要程度序化信息，通常的做法是突出重要信息使其处于醒目位置，而将其他次要信息置于不显著的相应位置。这个原则是根据用户查询信息的心理规律提出的。

2) 图书信息组织的功能

图书信息组织在信息管理流程中处于"承上启下"的地位。"承上"是指在信息采集的基础上进行，也即在一定的信息范围内进行；"启下"是指为信息传播和利用创造有利条件，也即提供信息传播和信息组织成果。因此，信息组织具有非常重要的作用，其功能主要表现为：

(1) 科学序化功能。全面提示和再现信息的特征，科学反映和描述信息的特色。

(2) 增值优化功能。信息单元、数据依据逻辑方法再现和重组的过程是一个序化增值过程。信息经过一定的方法进行组织后形成索引、文摘、综述等二三次信息，信息被再现和重组后得以浓缩，单位信息的价值得到了提升，信息单元之间的联系也得到了优化重组，所以说信息组织具有增值优化功能。

(3) 社会化功能。图书信息的组织具有规范、控制信息流向的社会功能。网络书店图书信息目录控制、分类栏目以及对网络信息的筛选和过滤，都是在规范和控制信息的流向，实现一定的社会目标。

3. 图书批量信息上传

1) 图书批量信息上传常用软件

(1) 展翅 ISBN 图书采集软件(企业版)。为了解决网络书店图书批量上传麻烦这个问题，展翅 ISBN 图书采集软件(企业版)推出两种上传模式：采用淘宝 API 的上传功能以及采用网页登录的上传功能。展翅图书采集软件，可以针对淘宝、拍拍等网络书店，将采集的信息自动生成 CSV 文件，自动上传到淘宝、天猫等店铺。

展翅 ISBN 图书采集软件(企业版)免费下载地址：

http://www.zhanchisoft.cn/tourl.aspx?f=BookBatchCollection_VIPVERSION

(2) 淘宝助理。淘宝助理是淘宝官方开发的一款专门为卖家提供具有宝贝信息编辑、宝贝批量上传、管理界面方便的客户端软件。

准备好待上传的图书等物品时，右击"上传所有宝贝"，系统会在传送完成时提醒，并移动到"已上传宝贝"文件夹中。

2) 天猫图书信息上传实例

天猫书店名称：湖南天盛源图书专营店

第一步：准备一个可以上传图书的账号和密码。上传的账号：湖南天盛源图书专营店:****；上传的密码：dazhongchuanmei***。

第二步：下载安装上传信息的软件。此实例中使用的软件为：网络编辑超级工具箱。"网络编辑超级工具箱"这款软件可以规范和标准化文章格式，将代码粘贴到"网络编辑超级工具箱"中，就可以便捷地填入图书的信息，如图 3-31 所示。

第三步：整理完整的图书信息文件。完整的图书信息文件包括产品名称、ISBN 编号、定价、上架价格等，如图 3-32 所示。

图 3-31 网络编辑超级工具箱及代码

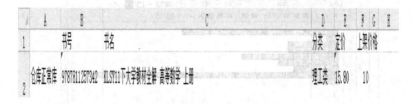

图 3-32 需要上传的图书信息

第四步：上传标题。标题多使用关键词，以方便搜索。标题可以是：图书名、分类、作者、时间、版本等(商品基本信息中的标题和属性中的标题要保持一致)，如图 3-33 所示。

图 3-33 上传的图书标题信息

第五步：上传图片。图片的像素为"800×800"，直接上传图片即可。图片保存命名一定要使用图书名称，并且放在单独的文件夹里，方便查找图片。一本书的图片较多时，命名为"该图书名称 1""该图书名称 2""该图书名称 3"以此类推，如图 3-34 所示。

第六步：上传商品描述。打开"网络编辑超级工具箱"软件，将代码粘贴到"HTML"状态栏中，回到"普通"状态栏中，就出现一个模板，只要把相应的信息复制粘贴到相应的位置去就可以了，如图 3-35、图 3-36 和图 3-37 所示。

图 3-34　图片保存要用图书书名命名

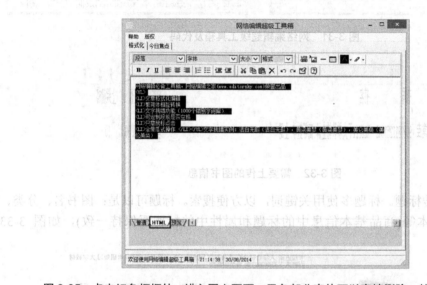

图 3-35　点击红色框框处，进入图上页面，黑色部分字体可以直接删除，粘贴模板代码

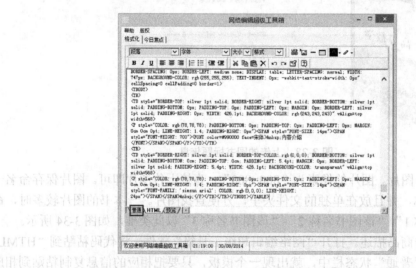

图 3-36　粘贴完模板代码后，点击红色框框内的"普通"，回到可编辑界面

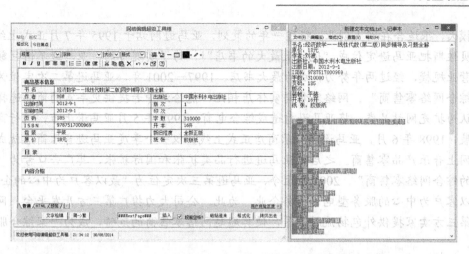

图3-37 把右图中"txt"文件中的信息复制粘贴到左边"网络编辑超级工具箱"中相应的位置

最后再将模板及文字一起复制到网页上的"商品描述"中去,对号入座就可以了。

第七步:发布。根据商家不同,选择的"有效期、开始时间、返点比例、运费模板"等都不同。具体根据商家需求选择。最后单击"发布"按钮,就完成了。单击发布成功后的网址,查看信息、内容、图片等要素是否完整无误。有误则需要返回修改商品信息页面修改。

【课堂演练】

(1) 下载安装网络书店图书信息批量上传的软件,分析哪款软件更好使用。
(2) 利用其中某款软件,为模拟开设的网络书店上传图书信息。

任务3　网络书店广告经营

【教学准备】

(1) 具有互联网环境的实训教室。
(2) 指定可链接的网页:http://book.dangdang.com/(当当网)。
(3) 下发当当网的2个图书广告,供学生分析广告的特点和采用的创意原理。

【案例导入】

亚马逊几度变更广告语的意味几何?

亚马逊公司(Amazon.com,简称亚马逊),是美国最大的网络电子商务公司之一。亚马逊成立于1995年,一开始只经营书籍销售,现扩大到了家居园艺用品、玩具、数码下载、电子和电脑等其他产品销售,成为全球商品品种最多的网上零售商和全球第二大互联网公司。2004年8月亚马逊全资收购卓越网,促进了中国电子商务发展。

1994—1997年,亚马逊第一次定位为"地球上最大的书店"。1994年贝佐斯从金融服务公司辞职出来创立网上书店,他认为书籍是最常见的商品,标准化程度高,美国书籍市场规模大,很适合在网上创业。经过一年的策划,亚马逊网站于 1995 年 7 月正式上线。最初,贝佐斯把亚马逊定位成"地球上最大的书店",为了实现目的,亚马逊不惜巨额亏损换取营业规模,经过两年努力,成为最大书店。1997—2001 年,亚马逊第二次定位为"最大的综合网络零售商"。网络零售与实体店相比,能给消费者提供更丰富的商品选择,贝佐斯认为扩充网站品类,将亚马逊打造成综合电商。1997 年 5 月亚马逊上市,进行商品品类扩展,1998 年 6 月,亚马逊的音乐商店正式上线,仅一个季度亚马逊音乐商店就成为最大的网上音乐产品零售商。之后,亚马逊进行品类扩张和国际扩张,其广告口号为"成为最大的综合网络零售商"。2001 年至今,亚马逊第三次定位为"最以客户为中心的企业",打造以客户为中心的服务型电子商务企业。为此,公司大力推广第三方开发平台、网络服务、第三方卖家提供外包物流服务等,使其超越网络零售商的范畴,成为一家综合服务提供商。

广告是企业常见的促销方式。亚马逊三次定位广告宣传语的变更,实际上是其营销目标的最佳诠释。广告语包含了企业经营的重要价值,具有高度的公开性和强烈的渗透性,它可以迅速地把信息传递给顾客,有助于人们了解企业以及企业的商品定位。2014 年 9 月 17 日来自美国《广告时代》网站公布的数据显示,亚马逊在谷歌广告投入最高,达 1.58 亿美元,是微软的 2 倍。

【知识嵌入】

一、广告的内涵

1. 广告的定义

广告一词首先源于拉丁文"Adverture",意思是引起注意、进行关注诱导。公元 1300 年至 1475 年间,中古英语里出现了"Advertise",其含义衍化为"某人注意到某事",后演变为引起别人注意,通知别人某件事情。17 世纪英国工业革命开始进行大规模的商业活动,让广告一词广泛流行。这里的"广告"不是单指一则广告,而是指一系列广告活动。由此,广告的动词词性发生了变化,发展为名词"广告"。当时,在报纸上经常可以看到的"Advertisement"字样的标题,意为通告、告示,以引起读者的注意。

广告概念很多,目前学术界和广告界较倾向和较为权威的定义是 1984 年美国市场营销协会界定的概念:广告是广告主为了推销其商品、劳务或观念,在付费的基础上,通过传播媒体向特定的对象进行的信息传播活动。

2. 广告的类型

根据不同的标准和需要,可以将广告划分为不同的类别。按照广告的最终目的可将广告分为商业广告和非商业广告;按照诉求方式不同,可将广告分为情感诉求方式、理性诉求方式和情理融合诉求方式;根据广告产品的生命周期,可以将广告分为产品导入期广告、产品成长期广告、产品成熟期广告和产品衰退期广告;根据广告内容涉及的不同领域可将广告划分为文化广告、经济广告和社会广告。不同的角度和标准有不同的分类方法,对广告类别的划分没有绝对的界限,主要是为广告创意提供一个切入的角度,以便更好地实现广告效果，制订更有效的广告策略，从而正确选择广告媒介。

1) 按照广告诉求方式分类

广告的诉求方式是广告的表现策略，也就是解决广告的表达方式——"如何说"的问题。它是广告传递信息的重点，需解决"对谁说"和"说什么"两个方面的内容。通过采用恰当的表达方式激发消费者的潜在需要，促使其产生购买行为，达到广告主的预期效果。

根据诉求方式的不同，可将广告分为理性诉求方式广告、情感诉求方式广告和情理融合诉求方式广告。理性诉求方式广告是指采用摆事实、讲道理的方式，向受众介绍展示有关的广告物，为消费者提供一些购买商品的理由从而促使消费者购买该产品或服务的一种广告方式。很多科技含量较高的产品或含有独特配方的产品、大宗商品、消费者购买时需要反复比较与询问才能采取购买行为的产品，适合采用理性诉求方式进行广告诉求。情感诉求方式是指采用感性的表现形式，以亲情、友情、爱情、人们的喜怒哀乐等情绪或道德感、群体感等情感为基础，对受众动之以情，激发人们对真善美的向往并使之移情于广告物，让受众对广告物产生好感，最终发生购买行为的广告方式。一些日用品、在产品特性没有什么独特之处的产品基本采用情感诉求广告。

2) 按照广告媒体分类

按广告媒体的物理性质进行分类是常用的一种广告分类方法。不同媒体的广告特点不一样，在实践中任何媒体作为广告载体都有其广告媒体策略所要考虑的核心内容。传统的媒体划分是根据传播方式、传播性质较接近的媒体归为一类，将广告媒体分为 7 类：①印刷媒体广告，也称为平面媒体广告，主要是刊登于报纸、杂志、宣传单、招贴、包装等媒体上的广告；②电子媒体广告，以电子媒介如电视、广播和电影等为传播载体的广告；③户外媒体广告，利用交通工具、路牌、霓虹灯等户外媒体所做的广告，也包括利用热气球、飞艇甚至云层等作为媒介的空中广告；④直邮广告，将传单、商品目录、订购单、产品信息等通过邮寄方式直接传递给特定的组织或个人的广告；⑤售点广告(即 POP 广告)，又称销售现场广告，在商场或展销会等场所，通过实物展示、演示等方式进行广告信息的传播，主要有商品陈列、橱窗展示、模特表演、展板、条幅、彩旗等形式；⑥数字媒体广告，利用互联网作为传播载体的新兴广告；⑦其他媒体广告，利用新闻发布会、年历、各种文娱活动、体育活动等形式而开展的广告。

3) 按照广告目的分类

广告的诉求目的不同，广告目标也不一样。从大的方面而言，可将广告分为 3 类：一是以推销商品为目的的广告，以促进产品销售为目的，通过向目标受众介绍有关商品信息，突出商品特性，从而引起目标受众和潜在消费者关注的广告。广告力求产生直接和即时的效果，在受众心中留下美好的产品形象，从而为提高产品的市场占有率，最终实现企业目标打下基础。二是以树立形象为目的的广告，以宣传企业理念、树立企业形象、提高企业知名度为直接目的的广告。虽然企业广告的最终目的是为了销售产品实现利润，但它一般着眼于长远的营销目标，侧重企业的信念、宗旨或是企业的历史、发展状况、经营情况等信息传播，以促进企业与公众的良好关系，增进企业美誉度。广告对产品的销售可能没有立竿见影的效果。但由于企业美誉度提升，企业在公众心目中有较好印象，对促进企业发展具有其他类别的广告所不具备的优势，是一种战略意义上的广告。三是以建立观念为目的的广告，这类广告通过广告信息传播，帮助消费者建立或改变对企业、产品的认识或印象，建立或改变一种消费观念。

4) 按照广告传播区域分类

根据广告市场的情况以及广告传播区域的范围、大小不同，可划分为国际性广告、全国性广告、区域性广告和地方性广告。

国际性广告又称为全球性广告，是广告主为实现国际营销目标，通过跨国传播媒介或者国外目标市场的传播媒介策划实施的广告活动。它在媒体选择和广告的制作技巧上都针对目标市场的受众不同心理特点和需求，是争取国际消费者、使产品迅速进入国际市场和开拓国际市场必不可少的手段。全国性广告的信息传播面对全国范围，这种广告的覆盖区域大，受众人数多，影响范围广，广告投放费用高。适用于通用性强、地区差异小、销量大的产品。因全国性广告的受众地域跨度大，广告应注意不同区域受众的接受特点。区域性广告是以特定地区为传播目标的广告。该类广告的诉求对象限定在某个地区，比如华东地区、华北地区、西南地区，或某个省市如湖南省、长沙市等。所选择的媒体一般在某一地区发行或播放的地区性媒体，如《湖南日报》、湖南经视、湖南交通频道等。地方性广告则是针对当地或地方商业圈发布的广告。多数由商业零售业或地方企业或服务行业作为广告主，比如超市、零售店或电影院等。广告往往选用覆盖当地、县市级以下的各类媒体。

5) 按照广告诉求对象分类

不同主体对象在商品流通消费过程中所处的地位和发挥的作用是不一样的。为配合企业的市场营销策略，广告信息的传播针对不同受众采用的策略也不同。依据指向的传播对象不同，可将广告划分为消费者广告、工业用户广告和商业批发广告。

消费者广告的诉求对象一般是消费者。根据购买者的特点和购买商品的目的对市场进行分类，有一个为满足个人需求而购买产品的消费者市场，由个人和家庭组成。这是产业市场乃至整个经济活动都为之服务的终端市场，是广告活动服务的主要对象。向广大消费者进行信息传播，广告主多为生产和销售日常耐用品的企业和零售业。在整个广告活动中，这类广告占绝大部分。工业用户广告又称为产业广告。在商品流通中，存在着生产资料的交换活动，企业需要大量的原材料、机器设备、办公用品以及相应的服务提供给各企业、社会团体、政府机关等组织用户，这些用户构成一个产业或组织市场，广告需要对这一市场用户进行诉求。这类广告由生产与经营原材料、机器设备和零配件等生产部门和批发部门发布，向使用消费这些产品的企业、机关和团体进行诉求，接受广告信息的目标对象，往往是比较特殊的消费群体，可能是某一方面、某一领域的专业人士，具有影响的意见领袖等。商业批发广告是以小商店和批发商为诉求对象、针对流通行业的广告。商品流通过程中，销售渠道是重要的环节，这类广告也经常出现。一般由生产企业向批发业和零售业发布，或在批发业之间、或由批发业向零售业发布。广告的诉求对象，多与该行业机构的采购进货决策者有关。他们是流通领域中商品经销单位与广大消费者的牵线人和守门人。

二、网络书店广告的形式

网络书店利用网络平台进行图书信息传播，广告可采用网幅、文本链接、多媒体等多种方式进行信息传递。

1. 常见形式

1) 网幅广告

网幅广告(banner)，又称旗帜广告、横幅广告，以 GIF、JPG 等格式建立的图像文件，定位在网页中，大多用来表现广告内容，同时还可使用 Java 等语言使其产生交互性，用 Shock wave 等插件工具增强表现力。网络书店首页中对自身促销活动的广告宣传常采用这种方式，如图 3-38 所示。

图 3-38　当当网中的网幅广告和文本链接广告

网幅广告是最早的网络广告形式。很多站点应用的网幅广告尺寸大小不一，这是客户和用户双方需求和技术特征的反映。网幅广告有动态、静态和交互式 3 种。静态网幅广告是在网页中显示一幅固定的图片，这是早期的网络广告常用的形式。优点在于制作简单，在进行书籍推介时为很多网络书店所采用。当然，它的缺点也是显而易见的，在众多新技术制作的网幅广告面前，显得有点呆板和枯燥，其点击率相对较低。动态网幅广告能运动、移动或闪烁，通常采用 GIF 的格式，把一连串图像连贯起来形成动画。多数动态网幅广告由 2～20 帧画面组成，通过不同的画面传递给受众更多信息，也可以通过动画运动加深他们的印象。这种广告形式比静态网幅广告点击率高一些，而且制作上相对不是很复杂，尺寸不大，通常在 15K 以下。交互式网幅广告的形式更多样，采用插播式、下拉菜单、游戏、填写表格、回答问题等进行直接交互，比单纯的点击包含更多的内容。

随着网络技术的发展，如今的网幅广告已经成为一个小型的搜索引擎入口。

2) 文本链接广告

文本链接(Text Link)广告是以文字链接的广告，在网络书店的网页上放置可以直接访问到其他站点的链接，通过有吸引力的文字让受众点击链接站点，如图 3-38 所示。文本链接广告对浏览者干扰最少，也是最有效果的一种网络广告形式。整个网络广告界都在寻找新的宽带广告形式，这种简单的广告形式效果是最好的。

当然，文本链接广告对浏览者阅读网站的影响非常小，主要采用软性宣传，但是广告通过文字来传达信息，这就要求广告文案创作者从一句话或一个词中要传达丰富的广告信息，怎样发挥这句话的作用就必须有好的创意。

3) 漂浮广告

漂浮广告是指漂浮在网络书店首页或各板块、帖子等页面漂移形式的广告，有的是图片，有的是 Flash。网络书店首页和各板块帖子页面都可以进行独立漂浮广告宣传，可以自动适应屏幕分辨率，不被任何网页元素遮挡，可以支持多个图片漂浮。这种广告更多的是为了宣传网站时采用，在网络书店内部用得较少，但在其他网站中进行网络书店网站宣传时可能采用，在论坛中使用较多。漂浮广告就像不会消失的幽灵，在浏览网页时它会沿着设计好的路线一直漂移，路线设计不合理的漂浮广告会分散网民的注意力，影响正常的浏览；有的广告置于账号登录的入口，必须点击该广告才可以关闭。

4) 电子邮件广告

电子邮件广告是通过互联网将网络书店的图书相关广告发到用户电子邮箱的广告形式，具有针对性强、传播面广、信息量大等优势，其形式类似直邮广告。网络书店的电子邮件广告可以直接发送，有时也通过搭载发送的形式，比如通过用户订阅的新闻邮件、电子刊物或免费软件以及软件升级等其他资料一起附带发送。更多的是根据用户在网络书店注册会员，收集忠实读者(网上浏览者)群，将图书相关信息连同网站提供的更新信息一起，准确送到网站注册会员的电子邮箱中。这种形式的邮件广告容易被接受，具有直接的宣传效应。例如，当你购买亚马逊的图书时须注册成为会员，根据你购买图书的特点，亚马逊会经常发送相关图书广告到用户注册时所留的邮箱中，供用户浏览。随着电子邮件使用越来越普及，电子邮件广告已经成为使用最广的网络广告之一，也是网络书店广告的重要组成部分。没有经过同意发送的垃圾邮件会引起用户的反感，网络书店需在进一步了解用户需求基础上适时适量发送邮件，这样得到消费者的喜爱。

网络书店采用的电子邮件样式很多，包含的内容丰富多样。但是，在纷繁的信息表象下，每封邮件必须有 5 个关键构成要素：创立网络书店品牌效应、设计中增加智能控制、激发购买欲、建立图书服务信息、增加病毒式营销要素。

2. 特殊广告

1) 视频广告

网络书店图书广告，如果原本有电视版，可在网络中转变成网络格式，并在指定的页面实现在线播放。这种方式在网络书店中运用较少，更多时候会结合书店的促销，制作视频广告在网络中播放。

2) 富媒体

富媒体广告一般是指网络书店综合运用了视频、Flash 和 Java 等脚本语言技术制作的视觉效果复杂和具有交互功能的网络广告。富媒体广告尺寸比较大，通过视频或者交互的内容播放可以容纳更多的广告信息，甚至可以让受众不需要点击到网络书店网站上即可了解网络书店的品牌信息及一些图书的详细内容。富媒体广告自身通过程序语言设计可以实现调查、游戏、竞赛等相对复杂的用户交互功能，可以为网络书店与读者之间搭建一个沟通交流平台。

三、网络书店广告的创作原则和写作要求

1. 创作原则

网络书店的广告创作原则和一般的广告创作相似,但也有自己的特色。网络书店的广告创作要根据书店本身的经营方针进行相关活动的广告宣传以及图书的推荐。可以说,网络书店的广告创作受到的限制性更大,创新的空间相对更小。因此,在广告创作中需要把握以下原则。

1) 冲击性原则

在受众点击进入网络书店的那一刻起,网站首页的网幅广告就必须具有视觉冲击,能迅速吸引读者的视线,在广告创意时必须把视觉张力放在第一位。由于网络书店中广告形式用得较多的是网幅广告和文本链接广告,主要采用视觉冲击的方式打动读者,与传统广告中的平面广告相似。平面广告中照片是较常用的广告手段。据统计,在美国、日本等经济发达国家,平面视觉广告中 95%是采用摄影手段。2006 年中国广告节获得平面类(企业形象项)金、银、铜奖的 16 个广告作品中,有 14 个作品运用了摄影手段。尤其是获得金奖的 4 个作品,充分地将摄影艺术与电脑后期制作结合在一起,拓宽了广告创意的视野与表现手法,产生了强烈的视觉冲击力,给受众留下了更深刻的印象。网络书店中的广告主要是对图书的信息推广,众多的广告中都会直接用到图书本身的形象,因此更多利用摄影技术与电脑后期制作结合的方式进行广告创意。如图 3-39 所示,这是亚马逊进行返利促销的广告活动,采用照片与电脑后期制作结合的广告。

图 3-39　亚马逊网站的照片广告

2) 新奇性原则

新奇是广告创意不可忽视的创意规律,也是广告作品引人注目的奥秘所在。新奇的广告才能使广告作品引人入胜,使广告主题得到深化,使广告创意远离自然主义向更高的境界飞翔。网络书店的广告创作中,由于思维惯性和惰性可能会形成思维定势,让广告创作者在复杂的思维领域,沿着思维定势的老路一直往前走,这种广告作品往往让读者视觉麻木,从而弱化了广告的传播效果。

3) 渗透性原则

感人心者,莫过于情。人类最美好的感觉就是感动。读者情感的变化势必引起态度的变化,就好比方向盘往上面方向转,汽车就得跟着转。出色的广告创意往往能达到"以情

动人"的目的。如图 3-40 所示是当当网的网幅广告，该广告文字简洁，但非常有亲和力——"愿这本书陪伴每一个梦想实践者勇往直前"，很容易拉近与每一位在事业上拼搏的年轻人的情感距离。

图 3-40　广告拉近与读者情感

4) 包蕴性原则

吸引人眼球的是广告形式，但是打动人心的是广告内容。独特醒目的形式必须与耐人思索的内容结合在一起，才会拥有吸引人一窥究竟的魅力。这就要求网络书店的广告创意人员不能停留在表层，通过"表象"显现出其"本质"，这样才能有效地挖掘读者内心深处的渴望。好的广告创意不是天马行空地想象，而是将熟悉的事物进行巧妙的重新组合而达到新奇的传播效果。广告创意的确立必须围绕创意的选材，材料的加工、后期制作，都伴随着形象思维的推敲过程。推敲的目的，在于使广告作品精确、聚焦、闪光。

5) 简单性原则

有研究表明：在网络环境下，用户投入到一则广告上的关注时间平均不超过 2 秒钟。一方面，网络广告受广告尺寸小的限制，展现的内容十分有限；另一方面，网络广告面临着比传统平面广告更为复杂的展现环境以及受众更低卷入程度的阅读，从而导致了网络广告在吸引用户注意力上比传统广告更为困难。一个好的广告创意表现必须清晰、简练和结构得当。简单的本质是精练化。广告创意的简单，绝不是无须任何构思的粗制滥造，也不是说构思需要有多么高深莫测，更多的是平中见奇，"情理之中，意料之外"，才是广告创作者所追求的目标。

2. 写作要求

1) 语言要简洁生动

网络书店的广告凭借互联网媒体的"富媒体"属性，可以呈现出文字广告、视频广告、图片广告、Flash 广告、图文广告等多种形式。但是，在网络书店中最常用的是"图文广告"，而且"以文字为主、图片为辅"的广告形式。网络书店的图文广告，是以图文混排的形式静态展现的广告，而广告中的文字是作品中的全部文字内容。从展现形式上看，这种广告形式与传统报纸杂志中的平面广告非常相似；从展现尺寸和环境看，广告也面临诸多挑战。因此，对于网络书店广告而言，在复杂的环境、有限的篇幅以及低关注度的浏览方式下，要尽快吸引读者注意力，最关键的是要简洁精练地传递信息。

(1) 文案简练第一步：简化结构。传统平面广告的文案包括标题、标语、广告正文和随文 4 个部分，但是在网络广告中，考虑到尺寸的限制和更好地展现需求，主文案应该只包含广告标题和广告描述两个部分，其余信息如图书的名称、出版社、作者和内容概要均作为辅助文案出现。从重要性来看，广告文案中予以突出的关键信息应该在广告标题和广告描述中表现，如图 3-41 所示。尤其是广告标题，承担着吸引读者注意力的重任；广告描述是负责详细介绍产品和服务的信息，在读者被标题吸引后，及时地给予具体信息支持，使图书广告真正打动消费者。而品牌名称、联系方式、引导语等均属于二级信息，读者不会首先对这些信息产生兴趣，只有当其被标题或描述吸引时，才会进一步了解品牌名称和联系方式等。因此，在进行文案撰写和设计时，这些二级信息不能喧宾夺主，当出现篇幅限制或其他原因与主文案内容发生冲突时，应该让位于主文案。

图 3-41　网络广告的主文案应该包括广告标题和广告描述两个部分

(2) 文案精简第二步：不贪心，只选最重要的内容。作为网络书店的广告文案写作者，应该明确广告文案应该表达图书或促销活动中最想传递给读者的信息，且信息量不能太大。什么都想说的广告最终结果是，所有信息都被淹没，读者什么信息都接受不了。对于网络广告应该特别注意，当一则广告中传递的广告主题超过 3 条，设计上难以突显关键信息，很难被读者迅速注意和加强记忆。因此，要吸引读者注意力的广告文案，只需要两句话。一句作为标题，吸引读者或传递最具竞争力的信息；一句作为描述，详细介绍图书相关信息的传递。例如，当当网书店的广告修改前，文字过多，关键信息无法突出，读者不能很快抓住要传达的重点信息，信息量过多，降低阅读欲望，不利于排版，如图 3-42(a)所示。修改后的信息量减少，关键广告语得以突出，布局合理，信息量适中，不会造成阅读障碍，读者第一眼就可以看到所要传递的"张鸣新作"这一诉求点，如图 3-42(b)所示。

(a)　　　　　　　　　　　　　　(b)

图 3-42　广告方案修改前后效果

(3) 文案精简第三步：减少一切不必要的文字。广告文案不同于写文章，要求主谓宾定状补一样不能少。广告语的写作要求通过最精练的语言或最关键的词汇清晰表达出要传递的信息就好。因此，精简文案非常关键的一个环节就是删减广告中不必要的文字，或提炼广告语中最关键的信息。例如，图 3-42 中修改前后的广告，修改后的广告显然在文字上更简练，布局更合理，但是将最关键的信息进行了明确的表现。

(4) 文案精简第四步：使用短句式，让文案看起来"短"了。研究表明，短句式、断句式比长句更有利于读者对广告的阅读和记忆。在广告文案中，将文案写成对仗或长短句式，对于相同文字的广告语，有断句的广告文案看起来更短。有对仗句式的广告读起来更朗朗上口，长短句让文案更加短促有力。如图3-43所示，同样的信息传递，使用长短句和对仗句式，广告标题看起来更短，更容易读。

图3-43 使用普通句式、长短句式和对仗句式的广告对比

2) 语言与画面相配合

语言和画面配合是各媒体创作设计中的一个重要问题。语言和画面配合得好，有利于广告的宣传效果。配合得不恰当，则会影响广告的信息传递及说服作用。

从信息内容上看，语言和画面经常出现两种情况，一种是存在关联性，二者都描述商品或劳务的特点、属性；另一种是无关联性，也就是语言和画面所描述的信息内容截然不同，二者之间没有必然的逻辑关系。例如，画面表现一个翩翩起舞的漂亮女郎，广告文案是让小朋友爱护动物的图书促销。

在广告创作设计中，创作者应该考虑为了达到更理想的宣传效果，广告以画面表现为主体还是以语言描述为主体的问题。在实际创作中，究竟采用什么表现形式，应根据广告宣传的目的和重点来决定。美国广告学家沃森·邓恩在《广告与商业》一书中对在什么情况下强调语言，在什么情况下强调画面作了如下概括。

(1) 当你要推销的产品注重外形时，那就应该强调它的视觉效果。
(2) 如欲使产品造成人们情感上的联想，那么就应该强调视觉效果。
(3) 为了达到广告的宣传目的，越注重事实，则运用文字宣传的重要性越高。
(4) 在广告说明中如叙述部分很重要，则文字部分亦趋重要。
(5) 产品越新则你更需要强调广告的文字。
(6) 为了强调所要采取的行动，一般最好用文字说明。

3) 语言风格的适应性

广告文案不是孤立的文字表达，必须置身于一定的社会文化背景下，是广告作品的有机组成部分，是广告策略的一种表现。因此，广告文案必须做到与整个广告环境相适应，与广告作品其他要素相协调，必须与广告媒体特性统一。这就是语言风格的适应性。

(1) 与文化语境相适应。不同民族有不同的文化积淀，会有不同的价值观念和风俗习惯，网络书店中的图书包罗万象，既有来自本国的古典、现代图书，又有来自国外的异域文化，在面对不同读者时，应根据不同读者的文化差异，适应这些具体文化语境，实现广告宣传。这就是"对什么人说什么话""到什么山上唱什么歌"，否则便会与读者群体格格不入。即使同一国家的不同地域，其风俗习惯和方言体系也存在较大的差异。

(2) 符合整体构思。广告文案应服从于广告的整体战略，服从于广告的主题和创意策略，并与其他要素(如画面或音响等)相互配合，共同完成广告作品的创作。广告文案不能只顾自身的精彩和完美。广告文案应该与画面形成有效的配合与呼应，不能图文两张皮，这样的文案不能认为是完美的文案。有的时候，文案单独看上去比较平常，但由于能与画面形成有效的配合呼应，与画面共同完成一个好的广告创意，这样的文案就不再是平淡的广告文案。广告文案应符合整体构思，与画面相适应，相互映衬，才能实现良好的广告效果。

(3) 应和媒体特性。不同媒体特性广告文案写作也不一样，优秀、成功的广告文案，应该充分考虑广告媒体的特性，最大限度地实现传播效果。网络书店的广告主要在网络上投放，网络作为新型媒体，有着传统媒体不具备的特点。这也决定了网络广告与传统媒体广告特性不同，如高交互性、覆盖范围更广泛、信息容量大、内容修改更便利和投放精准性等。因此，对网络广告的写作和风格提出了不同的要求。网络根据不同兴趣爱好，把受众高度细分化，因而在针对目标受众诉求时，注意运用他们所熟悉的语气、词汇，增强认同感。

4) 语言形式受投放的网站决定

网络是没有国界的，但是受众还是会受到语言的限制，因此要根据企业的传播目标选择不同的方式进行广告宣传，决定采用什么语言。网络语言是伴随着网络的发展而新兴的语言形式，它与传统平面媒介语言形式有一定的区别。网络语言更讲究简洁生动，一诞生就受到广大网友的喜爱，发展迅速。网络语言最初主要是为提高网络聊天的效率产生的，可以是含有特定意义的数字或生动形象的网络动画和图片，也可以是拼音或英文字母的缩写。例如，一些符号化的语言：:-D 表示大笑的象形，:-)表达微笑的象形，555 表示哭的声音，BF 是 boy friend 的缩写，是"男朋友"的意思，等等。

四、网络书店的广告创意理论

詹姆斯·韦伯·杨认为广告创意就是"旧元素，新的组合"，但是在实际运作过程中，网络书店的广告创意应在对图书市场、图书内容和读者进行调查分析的基础上，根据图书的营销目标，以广告策略为基础，对图书产品诉求概念予以具象而艺术的表现。

1. USP 理论

20 世纪 50 年代初美国人 R.瑞夫斯提出 USP 理论(Unique Selling Proposition)，要求向消费者说一个"独特的销售主张"。该理论包括三个方面的内容：一是强调产品具体的特殊功效和利益——每一个广告必须对消费者有一个明确而独特的销售主张；二是产品的特殊性是竞争对手没有的——这一项主张，必须是竞争对手无法具备的，或者是竞争对手具备但是没有在广告中告知的；三是该特殊性必须是强劲的销售力——这一项主张必须很强，能够影响成千上万的社会公众。

具体看来，USP 理论强调产品具体特殊功能与利益，每个广告给消费者一个明确的消费主张，也就是告诉消费者"购买该产品，自己能获得的好处"。这个好处必须是竞争对手不具有的，或者是竞争对手有，但是没有在广告中告诉消费者的。同时，这一特性必须强有力，让消费者乐于购买你的产品。

该理论在一般消费品市场应用广泛。宝洁旗下的各洗发水就是利用独特的消费主张占领洗发水的各个市场：海飞丝主张去头屑，飘柔主张让头发更柔顺，潘婷则主张修护受损发质。在网络书店经营中，图书的独特性可以说是广告创意首先要考虑的重点。例如，当当网的《紫禁城魔咒》图书的广告宣传，即利用了"独特的消费主张"——该图书由当当网独家首发，抢占市场先机，如图 3-44 所示。

图 3-44　当当网的《紫禁城魔咒》广告

2. 品牌形象论

20 世纪 60 年代由大卫·奥格威提出品牌形象论。在该理论指导下，广告界涌现出了大量优秀而成功的经典广告作品，最典型的案例就是万宝路的广告。万宝路最初面向女性消费者，明显采用女性诉求的过滤嘴香烟广告，广告口号"像五月天气一样温和"。但是尽管美国吸烟人数年年上升，但是万宝路的销量却始终不高，女性市场没有得到拓宽。著名的营销策划人李奥·贝纳接手万宝路广告策划后，通过对香烟市场深入分析和深思熟虑之后，对万宝路进行全新的"变性手术"：将万宝路香烟重新定位为男子汉的香烟，将淡烟变为重口味香烟，并大胆改造万宝路形象。广告反复强调万宝路香烟的男人气概，以浑身散发粗犷、豪迈的美国西部牛仔为品牌形象，强有力地树立了品牌形象，彻底改变了万宝路的命运，其品牌价值高达 500 亿美元，如图 3-45 所示。

图 3-45 万宝路品牌不同定位的广告

品牌形象理论认为：第一，广告的目的是塑造品牌形象，并维持品牌形象的高知名度。产品是有个性的，这些个性由各种要素混合而成。奥格威认为："往往是一个品牌的整体性格，而不是琐碎的产品差异决定了它在市场中的终极地位。"第二，任何一个广告创意作品都是对品牌的长程投资。奥格威认为，努力塑造产品的品牌形象一旦得以贯彻执行，就等于领到了一张通往高档品牌的通行证。特别是一些感性产品(如啤酒、饮料等)更是如此。如果你的广告低俗将影响产品销售，因为没有消费者愿意使用格调低下的产品。第三，塑造产品形象比单纯强调产品具体功能特征更重要。随着产品同质化的增多，同类产品差异性越来越小，消费者选择产品时所运用的理性也越来越少。因此，广告活动中，塑造并传播品牌形象比单纯强调产品具体功能特征更重要。拿网络书店来说，如今众多人购买图书首先在当当网或亚马逊，淘宝网或其他网络也有图书销售，但是消费者在购买时可能会习惯性地在前者进行图书搜索和消费。这就是品牌广告效应。第四，广告创意应重视运用形象来满足消费者心理需求。奥格威认为，消费者在购买产品时追求的是"实质利益与心理利益"的结合。网络图书的消费正好能迎合"实质利益与心理利益"相结合的特性，因此要更好地利用广告创意将图书信息传递给读者。相对于传统购书渠道，网络书店的图书价格更便宜——符合实质利益，图书产品本身是文化产品，能满足读者的心理利益满足。

3. 定位理论

1969 年，美国的两位年轻人艾·里斯和杰克·特劳特提出了定位理论。定位是从产品开始，将在预期客户头脑中给出产品定位，确保产品在目标消费者头脑中有一个真正有价值的位置。

定位不是去创造某种新奇或与众不同的事情，而是明确那些已经存在人们心目中的对某种品牌已有的对应关系。定位不是要求你对产品本身做出什么改变，而是改善或加强那些有可能成为该品牌的消费者或潜在消费者心目中的看法。因此，定位的目的是在潜在消费者心目中占据有利位置。例如，王老吉的成功，在于其广告在消费者心目中的明确品牌定位——"怕上火，喝王老吉"。

定位理论认为，大机器生产使同质化产品日益增多，广告创意如果仅仅去挖掘产品之间功能上的差异显得极为困难。而消费者每天接触到的广告信息太多，同类产品的广告效果越来越差。因此，广告创意策略应另寻新路，应表现出品牌的差异。例如，当当网的定位是"全球最大中文网上书店"。

4. 共鸣理论

20世纪80年代美国广告界出现了共鸣理论，共鸣论主张在广告中表达目标消费者难以忘怀的生活经历、人生体验和感受，以唤起或激发他们内心深处的回忆，并赋予品牌特定的内涵和象征意义，进而建立目标对象的移情联想，通过唤起目标消费者生活经历的共鸣作用而产生促销效果和情感震撼。

共鸣论侧重的主题内容是：爱情、童年回忆和亲情等。因此，该理论适合大众化的图书，在拟定广告主题内容时，必须深入理解和掌握读者情况，通常选择读者所盛行的生活方式加以模仿，运用共鸣理论取得成功的关键是构造一种能与读者所珍藏的经历相匹配的氛围或环境，使之与读者真实或想象的经历联系起来。例如，2014年美国推出3D版《变形金刚4》，该电影的风靡也推动了"80后"怀旧情感，大家纷纷到影院观影。同时网络书店乘机推出的《变形金刚》的一些系列经典作品，进一步引起"80后"的情感共鸣，并影响他们的小孩树立变形金刚品牌，消费图书及相关产品，如图3-46所示。

图3-46 亚马逊网站的《变形金刚-IDW经典漫画》

【课堂演练】

(1) 搜集你熟悉的网站中的两则图书广告，分析该广告用了什么创意理论。
(2) 模仿当当网制作广告作品1份。

任务4　网络书店活动策划

【教学准备】

(1) 具有互联网环境的实训教室。
(2) 指定可链接的网页。

- http://book.dangdang.com(当当网)
- http://www.amazon.cn(亚马逊中国)

【案例导入】

当当网靠哪些活动吸引读者？

当当网是全球最大的综合性中文网上购物商城。总体上看，当当网的首页体现出了内容丰富、可视性强、声情并茂的特点。当当把书籍类商品作为主要的版面，它是靠怎样的活动吸引读者的呢？

一是专题促销活动。当当网采用板块方式推出尾货出清(尾品汇)、畅销榜、特价、热卖榜、礼品中心专题进行图书促销，并注重结合某些特定热点事件或产品事件，集合对热点事件或产品信息的访问者，引起他们的共鸣。例如，2014年电影《变形金刚4》热映，当当网就及时建立《变形金刚》专题，首页有《变形金刚》相关书籍、VCD、DVD等产品数十种。

二是推荐促销活动。当当网首页展示大量商品，比较醒目的有销售排行榜、特价商品等，以吸引顾客的眼球。读者进入这些板块后，点击自己想了解的图书，链接到具体图书信息。用户在当当网注册后，首先会被问到"感兴趣的商品品类""在这些品类中已经拥有和感兴趣的分别是什么"，等等。通过收集读者的兴趣爱好、不断对用户浏览和购买习惯进行记录并储存在庞大的数据库中，运用数据挖掘技术，当当基本掌握了读者的阅读习惯和购买习惯，如读者喜欢浏览哪些图书，购买图书的频率怎样，购买了哪些图书，等等。倾向于精准搜索的当当网"云计算"管理库，记录了大量用户使用跟踪数据，包括买iPhone手机的顾客有多少购买了手机壳，有多少转去浏览了《乔布斯传》。当当网的逻辑是先帮你在百货商厦中最快地找到你要的产品，再在边栏里向你推荐可能感兴趣的东西。当当网的这种策略可以比做是超市购物式的营销，每个读者的账户内都有一个以用户命名的商店，里面都是当当针对该读者进行的商品推荐。如果读者对推荐的图书不满意，可以提交更多自己喜欢和不喜欢的图书，让当当改进推荐的准确性。

三是公共关系和博客策划。当当网充分利用传统媒体，提高自己的曝光率。当当网曾联系新闻媒体刊登"当当即将上市""领导视察当当"的新闻，引起读者关注该网站。同时，当当网通过博客活动策划提高网站点击率。首先，在博客内容中涉及图书关键词的字段设置转向当当的链接，读者阅读过程中可以随时点击链接到当当网购买相关图书或其他产品。其次，在博客内容中当当网还通过博客活动策划，让博客作者写一些书评、影评或图书推荐的文章，在文章下方提供"到当当购买该商品"的链接。

【知识嵌入】

一、认识网络书店活动策划

网络书店的活动主要是网络活动。网络活动又称线上活动(ON LINE 活动)，必须依托网络，在网上发起并全部或大部分在网络上进行图书或品牌宣传的活动，在网络上发布活动信息，招募活动人员，在网络上进行活动流程。线上活动最早起源于网络的各种行为，如论坛发帖跟帖、网络投票和网络比赛等,早期的网络功能在于信息浏览和下载。随着网络技术的发展,网络逐渐掀起全民互动浪潮,之前的各种网络行为逐步演变发展为现在的线上活动。例如,过去网友只能浏览图片,如今线上活动则演变为进行网络图片比赛。

1. 网络书店活动策划的特点

现实生活中的商业活动,由于受人力物力财力和时间约束有时难以进行,但是网络能为各种活动提供良好的平台。因此,网络书店的活动策划也具有与传统商业活动相区别的特点。

1) 不受时空所限

线上活动主要在互联网上进行,目标受众只要有电脑和手机能联网,就可以参与活动,而且一般网络活动会持续一段时间。这样,世界各地的人,即使不在同一时间也可以共同参加该活动。这样就避免了传统线下活动的定时定点的局限性,能大大增加参与活动的人数和影响力。

2) 互动性

如今网络活动秉承 Web 2.0 时代的互联网特性,大大增加了网民的参与程度。网络书店的营销活动不仅仅是为了吸引受众的眼球,更多的是能吸引目标读者参与其中,这样才能完成一个有效的传播,实现活动目的。

3) 经济性

网络书店的活动基本在线上,消耗较少的人力和物力,没有实物开销。利用互联网进行信息交换,代替了其他商业活动的物质交换,一方面减少了印刷与邮递成本,无须实体店面进行活动促销,不用交租金,节约了水电和人工成本;另一方面减少了中间商等环节带来的损耗。例如,要举办一个歌唱比赛,传统的方式是,在现场需进行筹划众多事项,参与者要准备曲目、服装和造型等,在约定的时间赶到现场进行比赛。但是如果是线上活动,整个活动就简便很多,只需参赛者准备音频文件,传送指定网站,大大节约了组织者与参与者的时间、精力和财力。

4) 大众性

目前我国网民数是全世界人数最多的国家,也就是说越来越多的中国消费者通过网络获取信息。因此,线上网络活动传播范围也越来越广。这就将我们众多的网民带入了一个庞大的读书市场里,足不出户,即可购买到物美价廉的图书,并且读者人数大大超乎从前,比以往的书店俱乐部会员人数大大增加。这也使得更多的读者参与到网络书店的活动中来。网络活动所募集的读者来自不同的地区和行业,可能是学生、工人或政客,只要通过网络途径即可参与活动。同时,在网络上他们可以隐姓埋名或用自己想要的身份进行活动,能自由选择活动中的各种角色扮演,使活动更多样化。线上活动放低了参与读者的条件限制,使得各个年龄阶段和不同阶层的人员都能自由参与活动。

5) 延伸性

线上活动相比线下活动影响力更大,主体活动即使结束,相关的影响与讨论还在网上盛行,在一些"被互动群体"中产生"第二轮甚至第三轮讨论",而有些潜在读者受到影响,也可能会做出购买行为。

6) 创新性

网络图书的活动发起人、策划人和组织者能够隐藏自己的身份信息，让活动主办方有足够的空间进行活动，不受政府、社会公共秩序乃至法律的约束，这让网络书店的活动有更多自由发展的空间，更具创新性。一个好的网络活动需要有好的创意才能达到目的。好的创意是活动的关键环节，但最根本的还是需要好的策略、完整的策划流程。网络活动不同于线下活动，营销人员自主发挥的空间较大，一个漂亮的博弈过程可以使得网络活动达到比线下活动大得多的影响力。

7) 在线性

线上活动，顾名思义，一定要在网络上才能进行的活动。如果没有网络便不可能实现活动，网络覆盖不到的地方也将无法进行。如今，很多活动还是必须以现场形式实现才能得以进展，如现场签名售书。所以线上活动虽然随着网络日益壮大发展，但是它不会完全取代各种现场商业活动。

2. 网络书店活动策划的作用

网络书店活动策划的作用有：塑造网络书店品牌、协助网站推广、发布图书信息、提高网络书店图书销售、提供在线客服、培养读者忠诚度和开展网络调研。

1) 塑造网络书店品牌

进行网络活动的首要目的在于塑造网络书店品牌，这与线下公关活动性质相同。所以网络活动的目的之一就是在线上构建书店品牌或使得线下品牌得到更充分的传播与发展。通过网络互动平台的资源整合，网络活动能够帮助网络书店实现树立品牌的目的——增强读者的忠诚度和归属感。

2) 协助网站推广

获得必要的访问量是网络书店网站推广取得效果的基础。由于网络书店市场预算的限制，发布新闻、投放广告和开展大规模促销活动等预算很少。因此，通过互联网平台开展网络活动，有利于网站推广，这也是众多网络书店越来越热衷网络活动主要原因。

3) 发布图书信息

线上活动的基本思路是利用互联网手段，通过互联网平台将网络书店的图书、品牌及各种营销信息以高效的手段传递给目标读者、合作伙伴以及网民群体。因此，信息发布成为网络活动的基本职能之一，开办各种形式的图书发布会也是网络书店采用的网络活动形式之一。借助网络媒体的互动性开展网络活动成为网络书店传达信息的目的。

4) 提高网络书店图书销售

以线上活动为载体的各种网络整合营销最终的目的是为了促进图书销售，各种网络活动形式大都直接或间接具有促销的效果。同时，还有许多有针对性的网上促销方式，如购物返券、有奖销售、扫描二维码获券等。以各种形式的网络互动平台为主要阵地，开办各种图书发布会、研讨会、图书知识培训等，都可以直接或间接达到销售目的。

5) 提供在线客服

很多网络书店为了更加方便读者提供了在线客服，原始手段有常见问题解答(FAQ)、电子邮件、读者评价和在线论坛等。如今，发展了包括在线洽谈、在线建议、在线反馈、在线投票等内容在内的网络活动。在线读者服务成本低、效率高，因此很多网络书店都为读者提供了在线客服服务，他们借助一些专业的网络互动平台使得网络书店与读者之间的沟通更加充分与近距离，互动性增强，如图3-47所示。

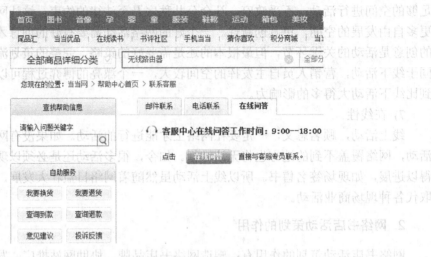

图3-47 某网络书店的在线客服

6) 培养读者忠诚度

通常开发一个新客户的成本要比维护一个老客户的成本高很多。读者关系维护对读者忠诚度培养具有至关重要的作用，以维护读者关系为核心的网络活动是网络书店创造和保持竞争优势的重要策略之一。以网络互动平台为支撑点，可以为读者忠诚度的培养提供一个良好的途径，而且线上活动比线下活动更便捷、高效和经济。

7) 开展网络调研

网上市场调研具有调研成本低、调查周期短等特点。网上调研能为制定网络营销策略提供支持材料，也是整个市场研究活动的辅助手段，合理利用网络市场调研对网络书店营销策略确定具有重要价值。线下的调研活动通常要耗费较高的人力物力成本，而以调研为目的的网络活动就可以节约这部分费用，借助网络互动平台可以使网络书店更精确地找到被调查群体，收集更准确的读者数据，实现图书营销目的。

二、网络书店常用的线上活动

一般的商业活动策划方式非常多，如公关活动策划、新闻活动策划、娱乐活动策划、文化活动策划、电话(移动)营销策划、直复营销策划、体育活动策划、公益活动策划等，这些传统活动策划可以与网络特性结合创新形成新型的线上活动。具体到网络书店，常用的线上活动策划主要有促销活动策划、节日活动策划、事件活动策划、病毒营销策划和公益活动策划等。

1. 促销活动策划

1) 折扣、优惠促销

传统商业促销活动中，折扣促销是历史最悠久、如今仍非常流行的一种极为重要的促销手段。这种方式在网络促销中，仍然广泛应用，是目前网上最常用的一种促销方式。因为，网民在网上购物的热情似乎远低于商场和超市等传统购物场所。因此，网上商品的价格一般要比传统销售方式低很多，通过折扣、优惠的方式吸引人们购买。一般网络书店的折扣、优惠促销活动有如下几种形式。

(1) 封顶促销活动。活动逻辑：活动期间某些图书以不高于某个固定折扣进行，如"×××× 类好书五折封顶""×××× 种图书 6 折封顶"，这是最常用、读者最直观、效果适中的方式。一般来说，5 折以下效果最佳，7 折以上效果最差，如图 3-48 所示。

图 3-48　某网络书店封顶促销活动

(2) 超低价秒杀促销活动。个别图书以超低价格销售，限定册数上限或限定抢购时限，如"秒杀品低至 1 元，7 月 25—26 日每日 10 点更新品种，每种限量 50 册，抢完即止"。如某网络书店推出的"以文艺之名活着，以青春之名浪漫"的 1 元秒杀活动，如图 3-49 所示。

图 3-49　某网络书店的 1 元秒杀促销活动

(3) 订单满减、满则直接打折和返券促销活动。指定的图书购买达到一定金额，结账时立即减免一定金额，如购买某专题图书达到 49 元结账时即减 10 元。订单满减活动以阶梯式减钱效果更佳，"每满"比"满一次"效果更佳；优惠效果最直接，操作简单，对读者吸引力最大，但门槛不宜过高，否则影响效果，如图 3-50 所示。读者购买指定的图书达到一定金额时，订单直接减免 X%，如购买生活类图书达到 49 元，订单直减 20%。直减是效果最好的促销形式，比满减和返券优惠力度都大，折上折是用户最喜欢的促销。

图 3-50　某网络书店的订单满减

返券促销活动是指购买指定的图书达到一定金额，完成订单后返给读者一定金额的购物券，可用于下次消费时使用。如购买某专题内图书达到 49 元即返 10 元券，一般用阶梯的方式。返券相当于给读者减钱，并吸引读者增加购书频率，效果持续时间长，操作简单。但返券门槛不宜过高，否则效果不明显。重点单品单独返券，即买该书完成订单即可返券。如果满减再返券则促销力度更大，如图 3-51 所示。

图 3-51　某网络书店的订单满减再返券活动

(4) 组套、加价购和自助套餐促销活动。组套是指某些指定图书如果同时购买，会在现有售价金额基础上再优惠一定金额，如《A》售价 11 元，《B》售价 13 元，《C》售价 12 元，《D》售价 15 元，当一次性将 4 本全部购买，则按 40 元结账，共优惠 11 元。这是网络书店广泛使用的"最佳搭配"组合促销方式，对内容相关度高、读者需求一致的图书捆绑销售效果最好，可以减少手工组套的麻烦，如图 3-52 所示。

图 3-52　某网络书店的组套促销活动

加价购促销活动是指读者购买指定的图书达到一定金额，加很少的几元钱可以得到一本畅销书，如购买小说类图书达到 49 元，加 5 元可以得到一本《A 畅销书》(正常售价十几元)。优惠性价比较高，对畅销单品销售拉动迅速，有利于冲击榜单，对读者吸引力较大。

但门槛不宜过高，否则可能影响效果，一般在49~8元，如图3-53所示。

图3-53　某网络书店加价购促销活动

自助餐促销形式是指买满多少个图书品种按一个统一价格结算，如单张订单购买任意少儿类图书4本，按50元结算。这是一种非常直接的促销，避免用户计算金额和反复比较，只要挑选中意的图书达到一定数量，价格实惠显而易见。但制作促销时选择商品的售价区间应该比较接近，跨度较大影响效果，单张订单商品数量建议在4本左右，如图3-54所示。

图3-54　某网络书店自助餐促销活动

2) 免费促销

互联网上"免费"或"0元"这些词使用率很高，但是"免费"在不同的地方有不同的内涵。旗帜广告中的"免费"并不意味着不需要任何费用完全赠予物品或所有服务，而是指浏览者可以自由点击旗帜广告，通过不断免费浏览网页内容并参与该网站的相关活动而得到一些"免费"的网络物品(如游戏币、Q币等)。在进行网站品牌促销中，"免费"可能意味着提供免费的产品、服务或应用工具软件等。现在，各网络书店都在广泛应用这种方法。对网络书店而言，免费是为了换取更多访问人数的增加，扩大自己书店的宣传效果。如图3-55所示，采用"0元"即通过购满一定数额的图书即可免费获得某些图书的方式进行促销活动。这种免费也可以通过浏览某些网站或参与该网络书店的活动提供一定图书或其他礼物，达到增加读者访问人数的目的。

图3-55　某网络书店的免费促销活动

3) 电子邮件促销

电子邮件已经是网络用户使用最频繁的网络工具之一，几乎所有网民都有自己的电子邮箱。这就使得电子邮件成为网络书店最有力的促销工具。电子邮件促销是一种一对一的沟通方式，具有较强独立性和针对性，而且电子邮件可能影响大量受众。一般而言，电子邮件促销具有双向沟通性。如果是某网络书店的老客户，网络书店会经常给该顾客的电子邮箱发该书店最新促销活动，且是与其之前购买图书信息相关的、有针对性的促销活动。

电子邮件促销是网络营销最基础的手段，在发送促销的电子邮件时邮件的标题非常重要；通常有给顾客的全品类大型促销邮件、个性化品类邮件、用户购买习惯的定制邮件等。比如亚马逊网络书店，只要读者曾经搜索过相关图书，该网站可以利用大数据根据读者留下的"痕迹"，推送相关图书的邮件，如图3-56所示。

图3-56 某网络书店的电子邮件促销

4) 网上赠品

目前，赠品促销在网上应用不算太广，因为赠品促销活动采用情况一般是针对新产品试用、开辟新市场、产品更新或对抗竞争品牌等。赠品促销活动可以提升网络书店的品牌和知名度，鼓励读者经常访问本书店网站以获得更多优惠信息。同时，可以根据消费者索取赠品的热情程度总结分析图书营销效果和图书内容本身反映的各种情况。

(1) 总价买赠促销活动。活动期间购买供应商指定的某些图书达到一定金额，可以得到免费赠品，如指定图书买满49元免费获赠一本书。以阶梯式赠送效果更好，参加活动产品尽量提供可多选的赠品，在网络书店经营时赠品会单独生成编码，进货价为0元。这种方法是最常用、操作最简单的网上赠品方式，效果由购买总价金额门槛和赠品质量决定，如图3-57所示。

图 3-57 某网络书店的总价买赠促销活动

(2) 超级买赠促销形式。买满多少本图书,其中最便宜的一本免费。如购买科技类图书 4 本,其中最便宜的一本免费。这种活动避免了传统促销赠品的限制,用户选择空间更大,刺激用户反复挑选,但参加促销商品应避免高码洋的,门槛不宜过低,否则影响单价和配送成本,如图 3-58 所示。

图 3-58 某网络书店超级买赠促销形式

(3) 买一赠一促销活动。买一个主商品即赠送一个免费赠品,要求主商品和赠品一定在全部库房都有货,以防止拆单造成用户退主商品只拿赠品。这种形式优惠直观,避免烦琐计算,读者实惠大,效果较好。延伸为基于用户购买商品个数的促销方式,如"买 X 赠 Y",如图 3-59 所示。

图 3-59 亚马逊中国"买 X 赠 Y"促销活动

5) 网上抽奖促销

抽奖促销活动是线上应用非常广泛的促销活动之一,大部分网站乐意采用这种促销方式。抽奖促销活动以一个人或多人获得超出参加获得成本的奖品为手段进行图书促销,网上抽奖主要附加于调查、图书销售、扩大读者群、网络书店庆典或推广某项活动等,如

图 3-60 所示。读者或浏览者通过填写问卷、主持、购买图书或参加网络书店相关活动等方式获得抽奖机会。

6) 网上积分促销

积分促销在网络书店应用比起传统书店营销方式更简单、更容易操作。网上积分活动通过编程和数据库等方式很容易实现，其结果可信度高，操作简便。积分促销一般结合价值较高的奖品，读者通过多次购买或多次参与某些活动增加积分获得奖品或购物券，达到鼓励读者多购买忠实于本书店的目的。如京东商城积分每 10 分可以当 1 元钱使用，通过兑换京券来实现，可指定某些图书在活动期间购买则奖励积分。如每购买一本《A》奖励 10 分。效果跟返钱类似，对于拉动图书销售有比较直接的效果。

图 3-60　某网络书店网上抽奖促销

2. 节日活动策划

顾名思义，节日活动策划是利用节日消费的心理在节日期间，综合运用广告、网络促销等进行图书和网络书店品牌的推介活动。其宗旨在于扩大图书销售，提升网络书店品牌形象。传统法定节日和民俗节日对网络书店的图书销售有一定的影响，如春节、元旦节、三八节和国庆节等，与节日相关推出相应内容的图书活动推介。当然，网络书店有自身的独特的节日。例如，9 月份是各学校的开学时间，网络书店一般在 8 月中下旬开始进行"开学季"的节日活动策划，如图 3-61 所示，针对小、中、大学生需要的教辅书籍进行相应的推介活动。当然，电子商务兴起的"双十一""双十二"等网络购物节，在网络书店中也适用。

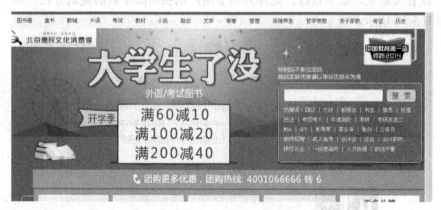

图 3-61　某网络书店的"开学季：大学生了没"活动

3. 事件活动策划

事件活动策划是策划者利用网络平台策划、组织和利用具有社会影响、新闻价值以及名人效应的事件或人物，吸引新闻媒体、网站、社会团体和消费者的兴趣与关注，以提高网络书店知名度、美誉度，树立品牌良好形象，并促进图书销售的活动策划。事件活动策划利用新闻效应、公共关系、形象传播、广告效应等为网络书店创造良好机会，有利于网络书店品牌识别，迅速提高书店品牌形象和知名度。网络技术的飞速发展给事件活动策划带来了巨大发展契机。通过网络，一个话题或事件都可能轻松实现传播、引起人们关注。事件活动策划运作成本低，形式多样，一个事件可通过网络聚集众多网民讨论该事件，紧接着在互联网上实现转载，效果明显。具体而言，事件活动策划有以下几种。

1) 借势策划

网络策划者抓住网民关注的社会新闻事件或明星人物等，结合图书或品牌在传播上欲达到销售目的而开展的一系列相关活动。2013年电视节目《爸爸去哪儿》红遍大江南北，利用受众追捧电视中的"男神"和孩子的心理，湖南卫视《爸爸去哪儿》节目组联合湖南文艺出版社推出图书《爸爸去哪儿》，《爸爸去哪儿》栏目组联合漓江出版社推出图书《爸爸去哪儿之林志颖亲子之道》《爸爸去哪儿之田亮亲子之道》和《爸爸去哪儿之张亮亲子之道》等，各网络书店大卖，如图3-62所示。

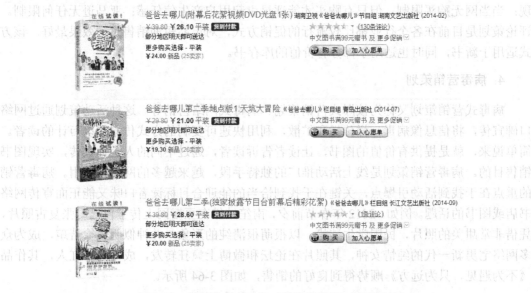

图3-62　某网络书店大卖《爸爸去哪儿》系列图书

2) 明星策划

明星是社会发展需要和大众主观意愿相结合而产生的客观存在。读者受对明星的追求情感驱动影响，不再把图书的质量、价格当作考虑因素，网络书店可利用明星知名度增加图书的附加值，借此培养读者对产品的感情、联想，赢得读者对图书的追捧。如图3-63所示是某网络书店利用明星的图书作为赠品来促销其他图书。

图3-63　某网络书店明星图书赠品促销

3) 新闻策划

网络书店策划者利用社会上有价值、影响面广的新闻,不失时机地与图书产品或书店品牌联系到一起,达到借力发力的传播效果。例如,当当网借助传统媒体发布新闻信息"当当网即将上市"引起读者对网络书店的关注,扩大品牌影响力。

4) 评论策划

网络读者购书非常看中评论的引导,新书如果一条评论都没有,即使上图书首页推荐也毫无效果。用户用评论交流心得,提高直观性;可信赖的评论对销售提升效果非常明显。网络书店经营者要引导评论,发评论的时间不要过于集中,文字不宜过多,简短评论引导即可。通过对读者发表评论给予积分奖励——积分可以积攒换取购书券的方式,吸引读者参与评论。要关注回复评论,及时响应读者。如京东商城要求只有购买过的读者才可以发评论,每发一条评论都会给相应积分,积分每 10 分可以当 1 元钱使用,通过兑换京券来实现;当当网无购买限制,但只有购买才能评星引起用户产生信任感;亚马逊无任何限制。评论策划是目前在各个行业都比较流行的促销方式,对单品短期销售拉动效果最好。该方式适用于新书,同时也适用于部分有价值的库存书。

4. 病毒营销策划

病毒式营销策划又称为核爆式营销策划、病毒式网络营销等。这种活动策划通过网络口碑宣传,将信息像病毒一样传播和扩散,利用快速可复制的方式传向数以万计的读者。简单说来,就是提供有价值的图书,让读者告诉读者,通过不同的人为你宣传,实现图书销售目的。病毒营销策划是线上活动推广的独特手段,越来越多的网站在使用。病毒营销的重点在于找到活动引爆点,关键在于找到恰当的能迎合目标读者口味又能正面宣传网络书店或图书的话题。例如,2012 年春节前夕,南笙姑娘在豆瓣网上传了自己一张复古照片,凭借非常甜美的照片,民国学生装扮,以很萌很清纯的形象,并神似明星徐若瑄,成为众多网络宅男新一代的纯情女神,其照片在论坛和微博上疯狂转发,成为网络红人,其作品《不为遇见,只为远方》顺势得到良好的销售,如图 3-64 所示。

图 3-64　南笙姑娘及其作品《不为遇见,只为远方》

5. 网络书店活动策划注意事项

随着科技发展、网民数量的不断增加，网络在人们日常生活中的作用越来越大。同时，网络活动策划也凭借其诸多优势正在逐渐进入人们的生活，成为一种重要有效的推广方式。根据网络策划人段中洋统计，国外 80%的个人和企业都选择网络媒介进行营销推广，并从中获得了极好的效果。在中国，虽然选择网络营销的人不到 10%，但有的公司和个人因为网络营销的强大力量，得以在与对手的竞争中崭露头角、赢得商机。随着网络影响的进一步深入，人们越来越重视网络活动推广。网络书店的活动策划中应注意以下几个问题。

一是明确活动目的。网络书店活动策划首先要明确活动目的，即为什么要举办该活动，活动预期达到什么效果。二是制订明确的活动策划方案。和传统商业活动策划一样，网络书店活动同样需要有具体的活动策划方案，活动推进一定按照时间表推进，线上活动前一周主要是前期活动宣传。三是注意活动策划方式的选择。网络书店的活动策划方式众多，应选择有利于网络书店品牌和图书推广的、能构成正面宣传的话题为主题进行活动策划，能调动读者参与互动，实现活动效果。四是重视效果评估。网络书店活动结束后，注意活动的效果评估，根据读者参与程度、图书销售量以及品牌推广度等，做出评估报告。

【课堂演练】

(1) 请为模拟的网络书店策划一个线上活动，写出具体活动方案。
(2) 根据本模拟网络书店的定位，设计一个促销活动。

项目实训实践　模拟经营网络书店

1. 实训名称
如何做旺我家网络书店。

2. 实训目的
(1) 针对自己模拟开设的网络书店，能够从多种途径采集图书信息。
(2) 能够对所采集的图书信息进行制作、加工和完善处理，并能进行分类、组织并快速上传到模拟开设的网络书店进行发布。
(3) 能够策划一次优惠促销活动。
(4) 能将优惠促销活动在网店首页进行广告宣传。

3. 实训内容
(1) 采集完整的图书信息，并使用 Photoshop 或办公软件处理图书信息(每人至少 5 本图书)。
(2) 以团队为单位将采集的图书信息上传到网络书店。
(3) 以团队为单位为模拟开设的网络书店策划一次优惠促销活动。
(4) 在网络书店首页制作优惠促销活动广告。

4. 实训步骤
第一步，采集本网络书店售卖的图书信息，并整理、分类，方便上传。

第二步，在http://www.faisco.com首页以注册的网络书店名称和密码进行登录，如图 3-65 所示。

图 3-65　登录网络书店

第三步，设置上传图书产品信息模板。

(1) 把鼠标放在"产品列表"中某一个产品上，则会显示"编辑""删除"和"置顶"三个按钮，如图 3-66 所示。

图 3-66　编辑图书产品信息示例图片

(2) 单击"编辑产品"按钮，在跳转的对话框中"产品名称"栏输入要上传的图书书名，如《数字出版基础》，在"管理分类"一栏中选择它对应的产品分类"数字出版"，如图 3-67 所示。

(3) 单击"添加图片"按钮，如图 3-68 所示。跳转出上传封面图片的对话框，如图 3-69 所示。找到需要上传的图片路径，单击"打开"按钮上传，上传后单击"确定"按钮，并单击"保存"按钮。此时查看产品时，发现已成功上传，如图 3-70 所示。

图 3-67　产品分类　　　　　　　　　　图 3-68　"添加图片"按钮

图 3-69　上传图片文件对话框

图 3-70　上传成功的图书封面

(4) 管理产品参数。把鼠标放在图 3-70 所示的图书封面上，即可显示"编辑产品"字样，单击"编辑产品"，在弹出的新页面中单击"管理参数"按钮，可将模板中的 9 个参数项，根据图书产品的参数要素进行修改设置，如图 3-71、图 3-72 所示。以后添加产品将默认这个参数模板。

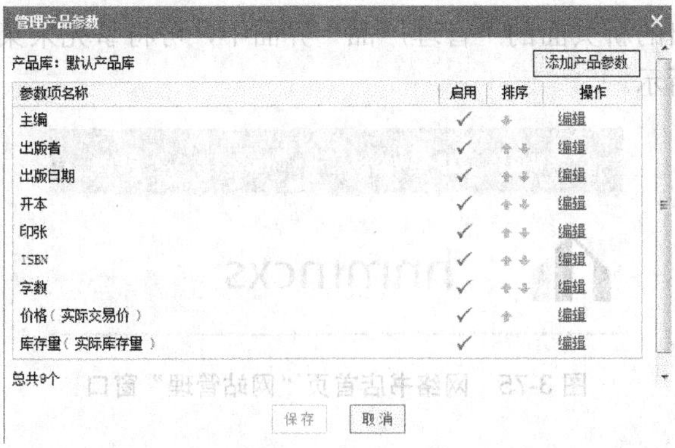

图 3-71　设置产品参数，并进行排序

(5) 编辑产品详细参数内容。在修改好的图书产品参数页面，在空白栏框中填写图书的信息，如图 3-73、图 3-74 所示。

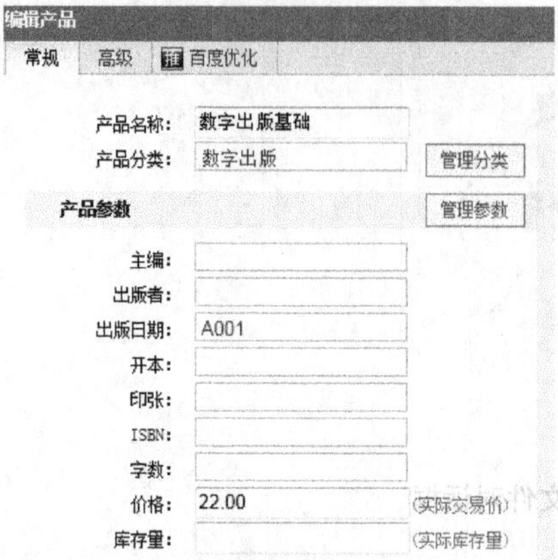

图 3-72　修改设置后的图书产品参数项 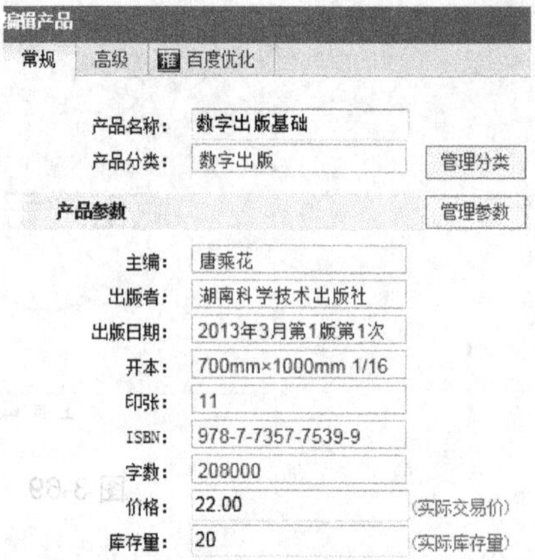　　　图 3-73　编辑好的图书产品信息内容

图 3-74　在网络书店首页显示的图书产品信息内容

第四步，批量上传图书产品信息。返回网络书店首页，单击"网站管理"按钮，如图 3-75 所示，在弹出的新页面的"管理产品"界面中，可将事先采集好的图书信息进行批量添加，如图 3-76 所示。

图 3-75　网络书店首页"网站管理"窗口

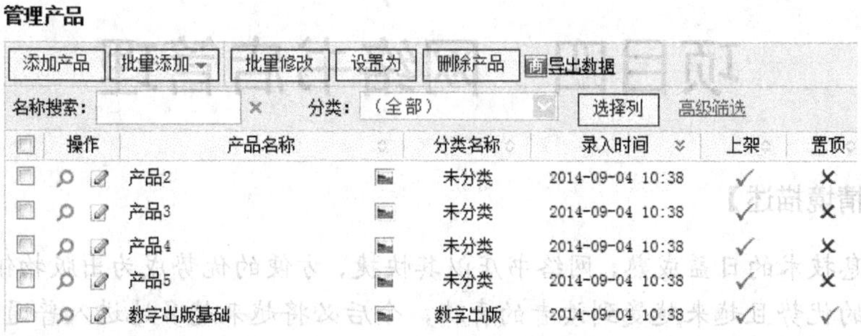

图 3-76 批量添加、批量修改图书产品信息内容

第五步,制作优惠促销活动广告 1 幅,并上传在网络书店首页。

5. 实训要求

(1) 采集完整的图书信息,并使用 Photoshop 或办公软件处理图书信息。要求:每人不少于 5 本图书;图书信息资料必须完整;封面要清晰,图片为 JPG 格式。

(2) 以团队为单位将采集的图书信息上传到网络书店。

(3) 以团队为单位上交 1 份优惠促销活动方案。

(4) 制作优惠促销活动广告,要求:在首页体现、广告图片要吸引人,广告文字要精练。

6. 考核标准

考核标准 (100 分制)	优秀(90~100 分)	良好(80~90 分)	合格(60~80 分)
	图书信息采集整理、分类明确;网络书店产品品种和数量丰富;活动广告设计有创意	图书信息采集整理、分类明确;保证了网络书店产品品种和数量的基本量;活动广告设计较为创新	能完成图书信息采集和分类;基本完成网络书店产品品种和数量;能设计活动广告;上交及时
自评分			
教师评分			

注:未参与实训项目,在本次实训成绩中计 0 分。

课 后 练 习

1. 拓展阅读

王淑清. 网店经营与管理. 北京:化学工业出版社,2011.

2. 思考题

图书经营信息包括哪些内容?有哪些途径可以获得这些信息?

项目四　网络书店管理

【项目情境描述】

　　随着信息技术的日益成熟，网络书店以其快捷、方便的优势成为出版物销售新的平台，拥有着独特的优势且越来越受到读者的青睐，今后必将越来越多地进入普通百姓的日常生活。网络书店的管理涉及面很广泛，对图书的管理也更加合理化、信息化，从书店内部的图书信息优化、书籍类商品管理、购物车和订单管理、会员管理等灵活的网站内容管理到外部流量的创建，都实实在在考验着网络书店运营者的管理水平。其中当然有规律可循，对于初开店的运营者而言，应该多了解电子商务时代对于书店管理的技巧和方法，通过多种方式提升店铺和商品的信息质量、流量及描述，科学地规划书店的管理规则及流程，创新以服务客户为主的理念，在增加点击的同时，提供好的服务和好的商品，这样久而久之便能建立起良性的买卖关系，给长期运营奠定良好的基础。

　　与传统书店相比，网络书店借助现代信息化的技术减少了大量的数据冗余和传统管理的烦琐工作量，实现图书销售的系统化、科学化和信息化。要做好网络书店的管理，就要努力实现个性化搜索功能，能够让用户轻松、快捷、方便地进行在线购书，为用户创建一个友好的搜索环境；同时要让管理员发布和完善、更新各种图书信息；还要实现会员客户及与客户相关的功能管理。

　　正因为网络书店的信息流畅通以及信息的透明化给读者带来了极大便利，这也是吸引读者选择网络书店购书的重要因素。因此，如何完善信息流的畅通，使之合乎消费群体的需求，这是网络书店必须重视的一个重要方面。畅通的信息流给店铺带来的是较为可观的流量，但如何将流量转化为购买力，重点还在于网络书店科学的管理流程和以顾客中心的理念，运营者应通过不断地学习和理念上的更新，运用相关技巧和方法引导流量完成消费转化过程，满足消费者的需要。

　　本项目将从网络书店热点关键词的搜索、图书关键词的优化等内部信息流的建设基础入手，通过搜索、SEO等多种技术手段建立科学的网络书店信息流，同时加强对商品管理及客户管理的内化，增强网络书店的竞争实力。

【学习目标】

　　(1) 掌握关键词搜索要点，应用关键词搜索方法优化提高图书信息浏览量，能够对网络书店进行管理。

　　(2) 把握读者对图书的搜索习惯，尝试设置相关关键词，体验图书信息浏览量增加的成功滋味。

　　(3) 熟练掌握百度、淘宝等搜索的功能，合理应用优化原则对网络书店内容进行适当优化。

　　(4) 掌握图书产品管理和客户管理，把握网络书店各项管理工作的全过程。

【学习任务】

任务1: 热点关键词搜索(建议: 2课时)

任务2: 网络书店搜索引擎优化(建议: 4课时)

任务3: 网络书店的商品管理(建议: 2课时)

任务4: 网络书店的客户管理(建议: 2课时)

项目实训实践: 网络书店的管理(建议: 2课时)

任务1 热点关键词搜索

【教学准备】

(1) 连接互联网的电脑设备若干台。

(2) 指定可链接的网页如下。

- http://www.dangdang.com(当当网)
- http://www.amazon.cn(亚马逊中国)
- http://book.tmall.com(天猫书城)
- http://www.faisco.com(凡科网)
- http://www.yilecms.com(以勒网)

【案例导入】

开网店,你为流量做了些什么?

电子商务欣欣向荣,在拥有无限商机的同时,我们必须承认每天都有上万的淘宝店铺关门歇业,也有成千上万的新手卖家新店开张。跟不上别人的脚步,迟早就会被淘汰;树立自己的特色,寻找出路,摆脱困境,才能在竞争中获得成功。那么我们不妨来审视下一些店家在淘宝卖家平台都做了些什么吧。

场景一: 淘宝网上书店开张,卖家满心欢喜地装修自己的小店铺,买模板、代理货源、上架新宝贝,忙得不亦乐乎,以为这样做了,就可以正式营业了。实际情况是上架了很多宝贝,图片也已经美化处理,价格也比别家低,但店铺还是没有人来浏览。

场景二: 线下有店面并拥有图书进货渠道,看到线上商机无限,也来凑热闹,整合人力资源,招聘运营、美工、客服等人员。某某图书旗舰店正式成立,前期拍照、上架新宝贝,也忙得不亦乐乎,终于上线! 实际情况是店铺运营了一段时间,卖出了一些图书,但起色不大,访问流量忽高忽低不稳定。

跟上街购物的道理是一样的,多数人会选择正规的大商店、大超市,消费者也是青睐有名气、有实力的网上商家。没有形成品牌的网络小书店,面对本来不高的图书销售利润和越来越高的成本,读者的消费行为越来越理性,淘宝网店是越来越难经营。像上述两个场景描述一样,你不进行网络书店的推广,就没有流量。网络书店流量怎么来? 如何创造流量? 网络书店的流量主要来源有外部网站、搜索引擎关键词(不同搜索引擎的热门关键词、访客在网站内最常查询的关键词)、电子邮件、广告展示等。如果在网络上几乎找不到自己网络书店的热点关键词搜索，就会落入"酒香也怕巷子深"的尴尬。作为网络书店来说，不管是独立的网站，还是依托其他平台搭建的网络书店，都必然面临流量经营的问题，有效提升网络书店的流量，进而把流量转化为销量是网络书店必然要经历的一个关口。

【知识嵌入】

通常顾客在登录网络书店时，是有着明确的购书目的的，但也有一部分人则是为了了解新的图书出版动态、最近的畅销书排行情况等。对于网络书店而言，如果将其所有书籍和商品都全部列出来是没有必要的，也是不现实的，而且对读者来说更是不方便的。因此，有必要设置搜索引擎和导航器来方便读者查询。

一、搜索引擎与热点关键词

1. 搜索引擎

搜索引擎是指根据一定的策略、运用特定的计算机程序从互联网上搜集信息，在对信息进行组织和处理后，为用户提供检索服务，将用户检索相关的信息展示给用户的系统。搜索引擎分为后台和前端，前端是供用户输入搜索词(单词或短语)的用户界面，即日常使用的"百度""谷歌"等网站，在其搜索框中输入文字或短语就能链接到成千上万的相关网页，寻找所需要的内容。在搜索引擎的后台，有一些用于搜集网页信息的程序被称为爬虫(crawler)、蜘蛛(spider)或机器人(robot)，所收集的信息一般是能表明网站内容(包括网页本身、网页的 URL 地址、构成网页的代码以及进出网页的链接)的关键词或短语，这些信息的索引存放在数据库中。当用户单击"搜索"按钮时，算法就会在后台的数据库中查找信息，将与用户输入的搜索词相匹配的网页链接呈现给用户。

搜索引擎由多个部分组成，主要包括以下几个方面。

(1) 查询界面。查询界面(query interface)就是通常所说的前端，是人们最熟悉的部分，就是用户访问搜索引擎时输入搜索词的页面。以前搜索引擎界面是非常简单的，只有一个搜索框和一个启动搜索的按钮。而现在，搜索引擎的查询界面中都加入了越来越多的个性化内容，以增强其功能，如用户可以根据自己的需求自行定制搜索页面，包括免费电子邮箱账户、天气信息、时政新闻、体育新闻等各种能吸引用户使用搜索引擎的元素。

搜索功能甚至延伸到桌面上，Google 和 Microsoft 都在桌面上提供搜索功能，把这些搜索功能安装到计算机上后，就可以像搜索网络那样在硬盘中搜索文档和信息。这些功能对于 SEO 没有什么用，但它们证明了搜索功能非常流行，和用户使用搜索功能可以快速找到信息的价值。

(2) 搜索引擎结果页面。用户输入一个搜索关键词或短语，单击 Search 按钮后，搜索引擎就在这些页面上显示搜索的结果。如果你的网络书店显示在这些页面上，必将获得流量，排名越靠前访问量就越大。给定搜索关键词或短语进行搜索，返回的前 10 个或 20 个结果会显示在第一个页面上。

(3) 网络蜘蛛。查询界面和搜索结果页面是用户唯一能看到的搜索引擎组件。搜索引擎的其他部分都隐藏在后台，这些藏在幕后的部分才是搜索引擎最重要的部分，它们决定了搜索结果在前台如何显示。而这些就是我们所说的网络蜘蛛，也称为爬虫或机器人。这些小东西在互联网上抓取网页,并将其整理成可搜索的数据。其基本原理是逐个地"收集"每个 URL 的信息,然后将根据数据库中存储这些信息的 URL 整理信息,当用户在搜索引擎中进行查询时,搜索引擎就会搜索数据库中的相关信息并将搜索结果返回给用户。

(4) 数据库。每个搜索引擎都有自己的数据库系统,或是会连接到某个数据库系统。这些数据库中存放着网络中各个 URL 的各种信息(由爬虫、蜘蛛或机器人搜集来的)。这些数据库是大规模存储区域,包含每个 URL 的多个数据点。可以用不同的方法存储这些数据,通常各个搜索引擎公司还会有自己的一套方法对这些数据进行排序和检索。

在搜索引擎的设置上面,各家第三方电子商务平台都不断更新技术设备,使用最先进的网络服务器,来提高搜索的速度。它们把读者分为"浏览者"和"找书者",相应地设计了十几种不同的搜索方法,来方便不同读者的需求。而对于网络书店的运营者来说,学会利用各平台上的搜索模块对自己的店铺和图书商品进行合理化的搜索优化引来流量,也是运营者必备的技术之一。

2. 热点关键词

关键词源于英文"keywords", 关键词就是搜索者在查找信息、产品或服务时,在搜索引擎界面中输入的词条。特指单个媒体在制作使用索引时,所用到的词汇。当用户使用搜索引擎时所输入搜索框中的文字,即命令搜索引擎寻找的相关信息。一般的规则是,关键词越长,从搜索引擎索引中返回的信息也就越精确。一般而言读者可以通过书名、作者主题以及内容相关的字符串,甚至于通过图书封面的颜色图案,以及图书中的某一段话来完成搜索。输入多个关键词搜索,可以获得更精确更丰富的搜索结果。

在这个网络媒体日益发达的社会,热点新闻的传播速度很快,因此,热点关键词对提高网络书店的访问量效果非常明显。

如何用热门关键词引流呢?首先,我们需要知道哪些是热门关键词,可以使用百度排行榜(top.baidu.com)和百度指数(index.baidu.com)来查询。打开百度指数网页,在首页中分门别类地标识出了各行业的相关热门关键词。网络书店可以通过设置热点关键词及相关事件关键词来增加搜索流量。

利用热点关键词引流需要注意的是:一是网站访问量可以提高网站本身的权重和关键词的排名,但要合理利用,最好是添加相关行业的热门关键词。二是热点关键词仅仅是流量,不能提高网站转化率,还需要靠网店商品来吸引客户。三是热点关键词不能一味地堆积,要用相衬的内容与之对应。四是热点关键词有时往往是昙花一现。

二、淘宝平台的搜索模块

1. 关键词设置

关键词即淘宝买家的搜索词,当买家搜索该关键词时,搜索系统将会根据买家输入的关键词按照搜索规则显示结果。当然各大电商平台也提供类似于竞价排名式的附加前排结果显示推广服务,如淘宝的直通车服务等。

1) 关键词设置原理

关键词设置原理:

(1) 站在买家的角度思考问题,思考买家会搜索什么词。

(2) 宝贝名称词,如书名、小说、图书、正版等。
(3) 宝贝详情里的属性词(见图4-1)。

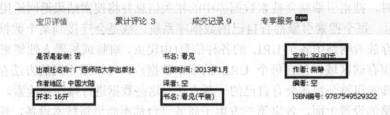

图4-1　宝贝详情表单

(4) 组合词(组合词=名称词+属性词,如书名+平装)。
(5) 其他买家会搜索的词。

2) 关键词选词方法

(1) 淘宝直通车系统关键词,如图4-2所示。

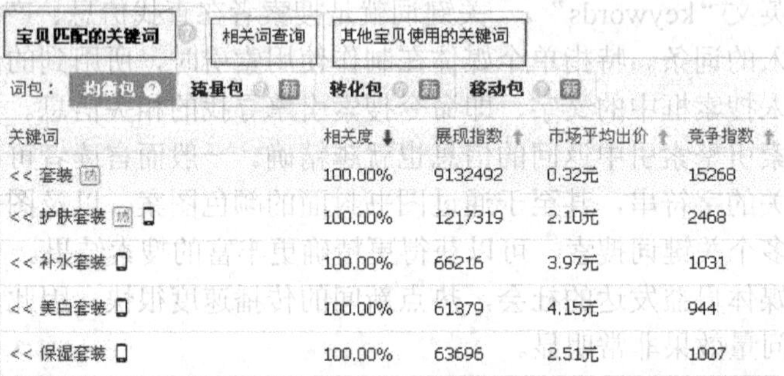

图4-2　淘宝直通车系统推荐关键词

图中"宝贝匹配的关键词"表示系统根据宝贝相关性信息提取的关键词推荐;"相关词查询"表示在搜索框中输入任意词,查询本词及相关词的流量等情况。"其他宝贝使用的关键词"则表示当前账户中其他宝贝的关键词。

(2) 宝贝标题中的关键词,如图4-3所示。

图4-3　淘宝直通车系统推荐关键词

(3) 宝贝详情中的关键词。

(4) 淘宝首页搜索下拉框中的关键词，如图 4-4 所示。

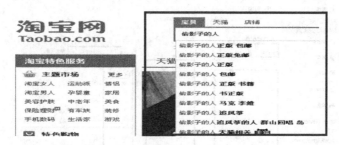

图 4-4　首页搜索下拉框关键词

(5) "你是不是想找"以及更多筛选条件中的关键词，如图 4-5 所示。

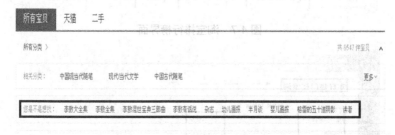

图 4-5　搜索结果页系统提供的相关词

(6) 同行数据查选词，利用现有平台其他卖家同图书商品提供的关键词参照学习，再依据自身店铺需要加以编辑选取，如图 4-6 所示。

图 4-6　销量排序同款图书单品关键词叙述图

2. 利用数据分析工具查选词

1) 利用淘宝排行榜查选词

淘宝搜索排行榜(top.taobao.com)集合了用户搜索行为的所有数据，这里可以从各类目的完整榜单中寻找对自己有价值的关键词，如图 4-7 所示。

2) 利用卖家中心店铺运营助手查选词

进入卖家中心—查看店铺运营助手—点击进入更多热门关键词—在淘宝情报里面也可以找到一些热门搜索词，如图 4-8 所示。

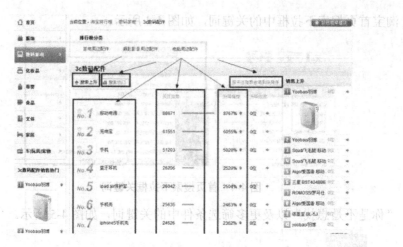

图 4-7 淘宝排行榜界面

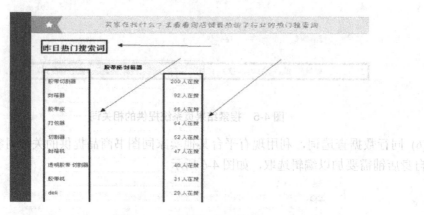

图 4-8 店铺运营助手界面

3) 利用淘宝搜索指数数据库查选词

淘宝官方的淘宝搜索指数数据库(shu.taobao.com)里面有每天的数据变化形势图,我们可以在搜索框里输入关键词查看指数,也可以将多个关键词进行对比,还能分析成交指数,这样有利于我们进行关键词的筛选,如图 4-9 所示。

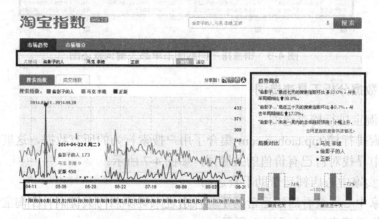

图 4-9 淘宝指数的商品多关键词对比示意图

项目四　网络书店管理

【课堂演练】

利用寻找热点关键词的方法,尝试分析同一图书商品在10家不同店铺中销量和人气的差别有哪些原因?

任务2　网络书店搜索引擎优化

【教学准备】

(1) 连接互联网的电脑设备若干台。
(2) 指定可链接的网页如下。
- http://www.dangdang.com(当当网)
- http://www.amazon.cn(亚马逊中国)
- http://book.tmall.com(天猫书城)
- http://www.faisco.com(凡科网)
- http://www.yilecms.com(以勒网)

【案例导入】

图书类的网站该怎样去优化

转眼间,接触图书已经5年了,而在这5年期间,我也一直从事图书类行业网站的电子商务工作,包括网站建设、网络推广,最重要的部分就是网络书店的SEO工作。先后做过北京考试书店、北京建筑书店、广通科技书店、一考通在线教育等网站。当然,这几个网站的SEO工作并不算太成功。去年开始,我专心研究图书类的网站该怎样去优化,如何让网站带来流量并准确地定位客户以便把访问者变成顾客。

最初我以"北京考试书店"关键词进行优化,发现这样的关键词虽然只给网站带来很少一部分流量,但流量很有效,大多数流量直接变成了客户。可是少的流量并不足以支撑一个中型的网站,所以我必须改变思路。客户找书的习惯是什么?如何通过研究读者找书习惯逐步做好详细页面的优化?关于这一点,在考试大网和考试吧这两个网站体现得非常充分,几乎所有的"考试"搜索都有他们这两个网站。于是我借鉴了他们的思路,重点做与考试名称有关的优化,显然,以考试名称有关的关键词进行搜索的访问者肯定有部分会有购书的潜力,同时还能把网站展现给更多人,增加了无形的价值。

做完了优化关键词,那就要精心调整每个页面的详细内容,内容不能是空壳。比如"一级建造师",当别人搜索到"一级建造师"这个词并访问到你的详细页面时,这个页面至少有关于一级建造师的丰富内容,图书类网站的内容又是单一的,那么我们就可以把这方面的书籍整理在一个页面上,至少让顾客知道,这是一个专门销售一级建造师图书的网站,而不是单一的图书,给客户带来好印象。我想,"以诚待人"无论是网络书店还是实体书店,都是书店管理的最重要理念。

这就是我这几年积累的重点,虽然经营图书,但不仅仅是围绕着书店做关键词,而是要了解读者选书的习惯,用寻找相关名称来做关键词不愧是一个好办法。

(此文选自www.cuoxin.com,作者admin,有删减)

【知识嵌入】

为了让网络书店的图书商品能快速被消费者搜索到,我们往往要站在消费者角度去假设在寻找图书的过程中消费者会输入哪些关键词?而正是这个关键词决定了商品出现的结果。因此,对于网络书店经营者而言,除了书名、作者、出版社和书号是关键信息外,我们还可以针对不同的平台和检索规则对图书关键词进行优化,有力提升自己书店图书的检出率。

一、搜索引擎优化概述

搜索引擎优化即 SEO 是英文 Search Engine Optimization 的简称。SEO 是针对搜索引擎对网页的检索特点,让网站建设各项基本要素适合搜索引擎的检索原则,从而获得搜索引擎收录尽可能多的网页,并在搜索引擎自然检索结果中排名靠前,最终达到网站和商品推广的目的。

1. 搜索引擎优化的目的

搜索引擎优化的根本目的是要提高网站在搜索引擎中的排名。它通过增加特定关键词的曝光率以增加网站和商品的能见度,进而增加销售的机会。简单来说就是指通过采用易于搜索引擎索引的合理手段,使网站各项基本要素适合搜索引擎的检索原则并且对用户更友好,从而更容易被搜索引擎收录及优先排序。让网站和商品的相关关键词排名靠前,满足用户需求,让有需求的人首先被检出,提供搜索结果的自然排名,增加可信度。

利用搜索引擎可以实现的网络书店的营销目标:被搜索引擎收录;在搜索结果中排名靠前;增加用户的点击率;将浏览者转化为顾客。如果想要自己的网络书店得到一个很好的排名,可进行付费排名,关键词广告都需要长期付出高额的费用。但是搜索引擎优化不同,常规来说,一旦通过搜索引擎优化让网站获取了好的排名,那么后期维护的成本将会很低。网民更愿意接受一个自然排名比较好的网站。搜索引擎优化成本更低,不需要长期投资。

2. 影响搜索引擎优化的因素

网站中的所有元素都会影响搜索引擎排名。这些元素包括:入口页面和出口页面、网页标题、网站内容、图片和网站结构。除了这些元素,还要考虑到关键词、链接、HTML和元标签。除了网页上所有这些元素的搜索引擎友好度优化之后,还有诸如广告宣传、更新频率等的因素也会影响到 SEO 的效果。这意味着搜索引擎优化并不是基于某一个元素,应该综合利用各种元素和策略。只要网站还在运营,就要持续不断地进行 SEO。

3. 搜索引擎优化的主要工作

一是了解各类搜索引擎如何抓取互联网页面、如何进行索引以及如何确定其对某一特定关键词的搜索结果排名等技术,来对自己网页内容进行相关的优化,使其符合用户浏览习惯,在不损害用户体验的情况下提高搜索引擎排名,从而提高网站访问量,最终提升网站的销售能力或宣传能力的技术。二是设计网站搜索引擎优化策略,所谓"针对搜寻引擎优化处理",是为了要让网站更容易被搜索引擎接受。搜索引擎会将网站彼此间的内容做一些相关性的资料比对,然后再由浏览器将这些内容以最快速且接近最完整的方式,呈现给搜索者。

搜索引擎优化策略是一种创造或者组合各种资源,把 SEO 效果发挥到最大的一种手段,是一种通过实践、总结、思考和创新来创造或者组合各种资源来达到 SEO 效果的技巧,重点在于思维、创新和技巧的运用。

二、搜索引擎优化策略

1. 关键词策略

当建好一个网络书店时,首先确定核心关键词,再围绕核心关键词进行排列组合产生关键词组或短句。对一家网络书店来说,挑选的关键词当然必须要与自己的产品或服务有关。

1) 选择关键词的步骤

书店类网站进行关键词选择的流程一般是:首先先明确目标网络书店所经营的商品的品种,再研究同类型的网络书店,初步定下主要关键词;然后在百度关键词工具中查看所选关键词的搜索量,进一步筛选之后,将关键词扩展成一系列词组或短语。在单一词汇基础上进行扩展,并进行多重排列组合,因为有时扩展关键词所带来的流量要远远大于主关键词带来的流量,而且扩展关键词往往更易于优化排名;最后再利用关键词工具对扩展词销售的进行搜索量的研究,确定关键词。

2) 关键词应该注意的问题

首先,要避开搜索的热门词。网站对关键词的选择往往避开热门词,比如:www.shudian.cc,销售的产品是图书,在进行了关键词分析之后避开了热门词"书"(www.tushu.cc),而选择了"书店"、"书店网"等。

其次,关键词的列表应尽量包含简单词和复合词两种。为了找到更符合自己要求的信息,访问者往往更喜欢把搜索词汇界定到一个更窄一些的范围。因此,在选择关键词时应该增加些复合词,如书店、书店网。

最后,不要忘记单词错拼的访问者。尤其是英文查找时,经常会有拼写错误的出现,因此,在界定关键词时,应该考虑一下这部分访问者。对于那些特别容易被拼写错误的词汇,更是应该多加注意。

3) 标签中的关键词

首先是 Title 的描写,网页标题是对一个网页的高度概括,在选择网页标题时既要注意兼顾对用户的注意力,又要注意对搜索引擎检索的重要影响。一般来说,网站首页的标题就是网站的正式名称,而子页面的标题则是网站名字加上子页面文章的题目,栏目首页的标题通常是网站名字加上栏目名称。Title 中应含有丰富的关键词。从访问者的角度来看,我们在考虑标题时一定要有核心关键词,这样访问者才会很容易地知道是否应该进入这个页面。一般来说关键词在 Title 中出现 1~2 次。

接着是 Description 的描写,描述是对一个网页概况的介绍,这些信息可能会出现在搜索结果中。正确的网页描述应该是网页主体内容的摘要信息,是网页内容的概括。尽管不同搜索引擎有着不同的规则，但是网页描述还是不要太多，应尽量控制在 100 字之内。描述应该有网页的核心关键词，一般来说关键词在 Description 中出现 3~4 次为正常范围。

4) 图书关键词优化技巧

(1) 图书关键词凸显在网页的标题中。关键词在网页标题(titletag)中的凸显是 SEO 工程中最重要的工作，当然关键词的选择是重中之重，是所有工作的基础。普遍认为这是 HTML 标签中最重要的一块。网页标题关键词一般放置 3~4 个关键词，可以用 "|" 分开。关键词在网页标题中的凸显可以很好地给予网站的搜索者一个明确的信息，可以很简捷地明确你的网站的主题内容，有助于在搜索结果中首先查看你的网站。

一个好的关键词凸显，可以在很大程度上提升网络书店的点击率，例如同时出现在搜索引擎首页的前 5 个网站，搜索者很可能会因为觉得你的关键词标签写得"动人"而首先访问你的网站，提升网站流量的转换率。

(2) 图书关键词凸显在页面摘要中。搜索引擎在展示用户的搜索结果时，首先显示的是网页的标题，其次在网页标题下面会显示 60~70 个字的网页摘要，也可能是你某本图书内容的摘要。用户在看完标题后习惯性地会去看网站的摘要，如果你的摘要显示了你的关键词，同时内容设计得也很合理吸引人，那么你的网站的点击率又会得到提升。

(3) 图书关键词凸显在网页的内文描述中。关键词凸显在网页的内文有两点：第一，在内文中凸显关键词，同时再给关键词加上超链接，这样就形成了少许的内链，同时与网站的标题相对应，这样对搜索引擎非常优化，有助于排名的提升。关键词在文章内的出现频率是 4%~8%，就是关键词字数/总字数。第二，内文中凸显关键词，有助于用户的阅读，可以更好地体现文章的主题，也体现了内容的相关度。

以上就是四个比较重要的关键词建设策略，还有很多地方会用到关键词，所以关键词是个非常重要的模块，在初期选择关键词时一定要认真分析、调研。

2. 搜索引擎优化推广策略

1) 内部优化

内部优化主要包括以下几个方面。

(1) 标题优化。包括首页标题、目录页标题和内容页标题。首页标题的优化是要做到将关键词融入标题中，简短、有吸引力。目录页标题能体现网站名称。文章标题融入长尾词、所在目录名称、网站名称长尾词、目录名、网站名称。内容页标题的设定会直接影响到网站长尾关键词的排名，内容页标题的设定直接作用是优化了网站内容和长尾关键词。

(2) 网站名称。网站名称应该充分结合网站内容的相关性，而不是为了某关键词或者某特定因素。通常我们说的把网站名称写在标题的最前面能够突出我们的品牌。

(3) 网站关键词的密度(频率)。关键词密度(Keyword Density)与关键词频率(Keyword Frequency)所阐述的实际上是同一个概念，用来量度关键词在网页上出现的总次数与其他文字的比例，一般用百分比表示。关键词密度是一个模糊的概念而不是绝对，相对于页面总字数而言，关键词出现的频率越高，关键词密度也就越大。但关键词密度并不是越高越好，因为搜索引擎把网页内容中的符合关键词密度标准的词，确定为该网页的关键词。所以，如果没有确定好关键词密度，则不可能有比较好的排名。每个搜索引擎都有一套关于关键词密度的不同的数学公式。合理的关键词密度可使你获得较高的排名位置，密度过大，会

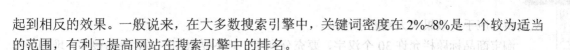

起到相反的效果。一般说来,在大多数搜索引擎中,关键词密度在2%~8%是一个较为适当的范围,有利于提高网站在搜索引擎中的排名。

(4) 网站的内容质量。网站的内容也是内部优化的一个重要部分,内容的质量将直接影响到网站内页的收录和排名。

(5) 网站的内容更新频率。网站的内容更新频率会直接影响搜索引擎的访问,有规律的更新频率有利于搜索引擎的抓取。

(6) 内部链接优化。内部链接优化主要是建立强大有序的内部链接,让网站所有页面互相连通,保证网站中重要页面能得到更多的链接,只有这样才能提高搜索引擎对网站的收录。

2) 外部优化

外部优化主要是指外部链接优化。外部链接优化是搜索引擎优化的一项重要工作,主要指如何增加网站的外部链接数量。增加外部链接的主要方法有:登录分类目录、交换链接和使用链接诱饵等。登录分类目录时注意不要登录一些低质量的分类目录,网站因此可能会受到惩罚。交换链接时注意网站主题相关性、网站质量、导出链接的数量,主题越相关、网站质量越高,导出链接数量越少网站能得到更多的权重。链接诱饵主要包括软文、广告和共享软件。

外部链接优化时应该要遵循以下几个方面的原则。

(1) 质量高于数量。低质量的外部链接弄得再多,也比不上一个高质量外部链接的作用。不要把外部链接的数量作为工作指标,丧失质量的外部链接优化工作是徒劳无功的。对于真正以高质量原创内容取胜的网站,几乎不太需要建立人工外部链接,因而不用盲从,适量的外部链接就足够了。

(2) 难度越大价值越高。实践操作过SEO的人都知道,外部链接是个高难度的费时费力的工作。外部链接常常是无法保证有投入就能有产出,取得好的外部链接就更艰难了。一般来说,越是难度大的链接效果越好。如百度百科,关于外链的审核是十分严厉的,因而在这上面一旦顺利地留下外链,其效果也就远远大于发在一般论坛的外链。要想从权重高的博客、新闻网站、论坛取得链接,需要付出艰辛的努力。

(3) 内容是根本。由于高质量的文章常常容易获得转载,因此高质量的内容能够带来高质量的链接,这是一种从内而外的外链建立战略。也就是说要想让对方链接到你的网站,你必须为对方网站用户提供有价值的高质量的内容。没有高质量的内容作为保障,取得的链接就只能是交流、购置或渣滓链接。寻觅外部链接时,内容相关性是最重要的考量规范之一。内容相关的网站关于彼此的价值要高于不相关的网站,因此相同行业网站间的外部链接质量要优于跨行业的网站,其作用也能发挥到最大。

3. 商品标题优化策略

很多卖家在抱怨网店没流量的时候往往忽视了一个问题,那就是最基本的搜索引擎优化中最基础的宝贝标题优化。这点如果都没做好,何谈流量?所以我们要做的就是从基础的商品标题优化开始,这里我们以淘宝为开店平台说明商品标题优化的问题。

1) 标题的规范

首先我们要去摸透淘宝搜索的规律。我们必须了解规律,通过规律来优化宝贝标题,从而得心应手，效果大大地展示出来。

淘宝商品标题栏允许30个汉字，要充分利用，但不要语句不通、毛病很多、堆砌关键词标题。如果商品标题不规范，可能一方面会得到来自淘宝的抵制(虽然现在没那么严格)；另一方面，用户体验也不好。此外根据淘宝规则，要避免使用大量类似/重复标题、故意堆砌一些品牌、使用特殊符号，注意避免敏感词，适当使用空格。

标题关键词的排列有以下两种方式。

(1) 第一关键词＋第二关键词＝第一关键词＋特殊字符＋第二关键词即紧密排列规律，搜索时特殊字符将被忽略，搜索结果不含拆分，即搜索结果中多个关键词按照顺序紧密相连。

(2) 第一关键词＋空格＋第二关键词＝第二关键词＋空格＋第一关键词，即顺序无关规律，用空格分割两个关键词搜索的结果中含拆分，即搜索结果中既有多个关键词紧密相连又有多个关键词不紧密相连的情况，关键词出现顺序和搜索时的顺序无关。

2) 标题关键词组合的搜索规律

商品标题上应该按什么样的形式、怎么样的排列方法才能让买家搜索到呢？如果我们能更加深入了解标题关键词搜索规律的话，问题就会迎刃而解。

(1) 紧密排列优先展示。关键词紧密排列情况下，淘宝会优先展示该商品。如设定为"限量"和"时尚 大码 女装"这两个关键词，按理说只要别人搜索"时尚大码女装"都可以展示，但紧密排列的会优先展示。也就是说，在别人搜索"时尚大码女装"时，是先展示"时尚大码女装"，后展示"时尚 大码 女装"。

(2) 搜索词顺序无关影响。在关键词的中间有空格时，搜索词顺序无关影响。比如顾客搜索的关键词为"小说 精装"的时候，不管你的标题是"小说精装""精装小说""精装 小说""精装/言情小说"只要你的标题中含有"小说精装"这个四个字，都可以被搜索到。

(3) 标题中的符号和空格在搜索结果中会被忽略。例如，宝贝标题上设置"短袖/衬衫"和"短袖 衬衫"的时候，与设置"短袖衬衫"的效果是一样的。

3) 基于搜索规律的标题优化

基于以上三点规律，我们了解到宝贝能否让买家搜索到，不但取决于宝贝标题中是否含有搜索的关键词，还要取决于关键词的组合搭配是否正确。

首先，根据"紧密排列的会优先展示"这一规律，作为核心词或主推词，就必须让这个关键词权重最大化。不仅要匹配，还要紧密排列。

其次，在设置标题关键词前后顺序时，需要参考数据(比如"淘宝指数")。比如"大码女装"和"女装大码"两个词，顺序颠倒，但前者的搜索量比后者高了几倍。总之在组合关键词上，必须重视两个后台数据：搜索关键词(搜索某关键词点击产品)和成交关键词(搜索某关键词最终成交)。

最后，设置标题关键词时使用长尾词，长尾关键词是多个关键词组合而成的一个新关键词，搜索人数不多，但转化率高，针对性强。比如，网店销售的宝贝为男士短袖衬衫，首选的热门关键词当然是"衬衫"。但因为"衬衫"这个关键词竞争过于激烈，而且范围太广了。所以可以再进一步组合"短袖衬衫"，还可以更加针对性地组合"男士短袖衬衫"。那么这样的话，搜索"男士短袖衬衫"的用户会比搜索"衬衫"或"短袖衬衫"的顾客小一些，但搜索"男士短袖衬衫"关键词的顾客具有高度的针对性，很明显地就知道他需要找哪些方面的宝贝，从而转化率就更高了。

4) 标题设置的误区

(1) 堆砌关键词。不要一个宝贝标题中放上好几个同类的关键词，比如卖靴子的，切勿把"靴子""长靴""长筒靴""高筒靴"等词都堆上去。标题关键词要注意一个度，切忌过分堆砌关键词。

(2) 标题重复。重复使用标题，买家体验不好，点击率就会降低。

(3) 品牌名滥用。标题中不要故意堆砌一些品牌，比如宝贝卖的不是耐克、阿迪达斯，标题出现耐克、阿迪达斯，可能会被屏蔽。

(4) 特殊符号滥用。关键词用符号括起来会导致宝贝在淘宝的搜索结果中权重下降。

(5) 使用敏感词。如果标题中有什么"高仿""山寨"等一些词汇的话，系统会自动过滤掉。

(6) 关键词组合无逻辑。如：图腾 图案 潮人 新款 手绘 帽。一个让人读了摸不着头脑的题目，会造成读者阅读没有连贯性，从而让人家浏览起来比较困难。

(7) 关键词组合太宽泛、无特色。关键词组合越宽泛，只有名称，缺少吸引顾客的特征词汇难以吸引人。

5) 商品信息质量优化

影响商品信息质量的因素包括标题、首图、产品属性、产品详细描述(包括图片、产品描述、参数、支付、货运、交货期等详细描述)、价格区间设置、运费设置等。

标题要尽可能多地包含关键词，同时要包含商品属性、销售方式等。针对商品信息质量的优化技巧。

(1) 商品首图必须漂亮吸引眼球。使用动态首图，添加最多 6 张图片，这样也能提高宝贝的信息质量；填写完整的产品属性，也可以提高信息质量。

(2) 产品详细描述越详细越好。尽可能上传 5 张以上的清晰图片，填写详细而准确的商品描述、商品参数、功能特性等，还得对购买、支付、货运方式、货运时间、运费、售后保障、确认收货、评价等进行一些适当的描述。这样不仅能大大提高产品信息质量，还能让买家详细了解购买、货运等相关情况，减少询盘工作量，减少交易纠纷，加快资金周转。

(3) 价格区间设置有讲究。应该尽可能设置 4 个以上价格区间，这样信息得分也会提高。

(4) 免运费能打动买家。在运费设置方面，要尽可能包含免运费的货运方式，把运费计算到售价中间去。免运费商品更能获得买家的青睐。

三、百度搜索引擎优化技术

百度作为国内用户首选的搜索引擎，具有非常高的市场占有率，研究针对百度搜索引擎的优化技术对我们经营网站，特别是独立网站的网络书店来说意义重大。本内容参考《百度搜索引擎优化指南 2.0》介绍基于百度搜索引擎的网络书店搜索优化技术。在网络书店类网站建设中我们主要关注以下几点：如何更好地让搜索引擎收录网站中的内容、如何在搜索引擎中获得良好的排名、如何让用户从众多搜索结果中点击你的网站。当我们的网络书店通过搜索优化技术获得良好的收录、良好的排名、良好的展现之后，搜索引擎将会给我们带来免费的流量。在网站的运营和管理中就是如何把流量转变成我们的销量，而在此过程中的流量分析技术就显得至关重要。

1. 让百度更好地收录网站的内容优化技术

通过对网站相关内容、结构、导航、子域名、目录、URL 等的优化，可以使网络书店的相关内容被百度更好地收录。

1) 网站内容优化方案

百度通过一个叫作 Baidu spider 的程序抓取互联网上的网页，经过处理后建入索引中。目前 Baidu spider 只能读懂文本内容，Flash、图片等非文本内容暂时不能处理，放置在 Flash、图片中的文字，百度无法识别。使用文字而不是 Flash、图片、Javascript 等来显示重要的内容或链接，这是我们内容优化的开始。

针对于网站内容的优化，具体建议归纳如下。

(1) 建议使用文字而不是 Flash、图片、Javascript 等来显示重要的内容或链接。

(2) 如果必须使用 Flash 制作网页，建议同时制作一个供搜索引擎收录的文字版，并在首页使用文本链接指向文字版。

(3) Ajax 等搜索引擎不能识别的技术，只用在需要用户交互的地方，不把希望搜索引擎"看"到的导航及正文内容放到 Ajax 中。

(4) 不使用 frame 和 iframe 框架结构，通过 iframe 显示的内容可能会被百度丢弃。

2) 网站结构优化方案

网站应该有清晰的结构和明晰的导航，这能帮助用户快速从你的网站中找到自己需要的内容，也可以帮助搜索引擎快速理解网站中每一个网页所处的结构层次。

网站结构建议采用树型结构。树型结构通常分为以下 3 个层次：首页—频道—文章页。像一棵大树一样，首先有一个树干(首页)，然后再是树枝(频道)，最后是树叶(普通内容页)。树型结构的扩展性更强，网站内容变多时，可以通过细分树枝(频道)来轻松应对。理想的网站结构应该是更扁平一些，从首页到内容页的层次尽量少，这样搜索引擎处理起来，会更简单。

同时，网站也应该是一个网状结构，网站上每个网页都应该有指向上、下级网页以及相关内容的链接：首页有到频道页的链接，频道页有到首页和普通内容页的链接，普通内容页有到上级频道以及首页的链接，内容相关的网页间互相有链接。网站中每一个网页，都应该是网站结构的一部分，都应该能通过其他网页链接到。

网站结构优化策略如下：

(1) 确保每个页面都可以通过至少一个文本链接到达。

(2) 重要的内容，应该能从首页或者网站结构中比较浅的层次访问到。

(3) 合理分类网站上的内容，避免过度细分，引起层次过多。

(4) 为每个页面都加上导航栏，让用户可以方便地返回频道、网站首页，也可以让搜索引擎方便地定位网页在网结构中的层次。

(5) 内容较多的网站，建议使用面包屑式的导航，这更容易让用户理解当前所处的位置：网站首页 > 频道 > 当前浏览页面。

(6) 导航中使用文字链接，不使用复杂的 js 或者 Flash。

(7) 使用图片做导航时，可以使用 Alt 注释，用 Alt 告诉搜索引擎所指向的网页内容是什么。

3) 网站子域名与目录的优化

选择使用子域名还是目录来合理地分配网站内容，对网站在搜索引擎中的表现会有较大的影响。一个网页能否排到搜索结果的前面，"出身"很重要，如果出自一个站点权重较高的网站，那排到前面的可能性就越大；反之则越小。针对子域名与目录的优化建议如下。

(1) 当某个频道的内容没有丰富到可以成为一个独立站点存在之前，使用目录形式；等频道积累了足够的内容之后，再转换成子域名的形式。

(2) 差异度较大、关联度不高的内容，使用子站点形式存在。

(3) 域名间内容做好权限，互相分开，a.example.com 下的内容不能通过 b.example.com 访问。

(4) 不要滥用子域名。第一，规范、简单的 URL。创建具有良好描述性、规范、简单的 URL，有利于用户更方便地记忆和判断网页的内容，也有利于搜索引擎更有效地抓取网站内容。网站设计之初，就应该有合理的 URL 规划。网站中同一网页，只对应一个 URL。如果网站上多种 URL 都能访问同样的内容，会有如下危险：搜索引擎会选一种 URL 为标准，可能会和正版不同；用户可能为同一网页的不同 URL 做推荐，多种 URL 形式分散了该网页的权重。

URL 要尽量短一些。长长的 URL 不仅不美观，用户还很难从中获取额外有用的信息。另一方面，短 URL 还有助于减小页面体积，加快网页打开速度，提升用户体验。正常的动态 URL 对搜索引擎没有影响。URL 是动态还是静态对搜索引擎没有影响，但建议尽量减少动态 URL 中包含的变量参数，这样既有助于减少 URL 长度，也可以减少让搜索引擎掉入黑洞的风险。不添加不能被系统自动识别为 URL 组成部分的字符。利用百度提供的 URL 优化工具检查。

第二，利用站长工具进行网站的优化。互联网越来越庞大、复杂，百度为了更好地处理互联网上的信息，提供了一些面向站长的工具，合理地利用这些站长工具，可以起到事半功倍的效果。百度站长平台：登录 zhanzhang.baidu.com 获取更多帮助信息；Sitemap：百度站长平台支持通过 sitemap 提交网站内容。通过 sitemap 可以让百度更全面更快地发现链接，使得收录更有效率。Ping: Ping 是针对 blog 内容的提交方式，实时通知搜索引擎 blog 上有新内容产生。目前主流的博客程序都支持 ping，只需要将百度的 ping 服务地址 http://ping.baidu.com/ping/RPC2 加入博客后台并开启 ping 功能即可。死链接删除：百度站长平台支持通过 sitemap 向百度提交网站的死链接列表。网站死链接过多，不仅影响用户访问体验，也影响百度对网站质量的判断。通过死链接删除的接口可以让百度更快更全面地发现网站死链接，从而进行有效删除。

2. 获得百度搜索结果中良好排序的优化技术

网站内容被搜索引擎有效收录之后，获得良好的排名就至关重要。有些网站通过付费的方式获得一个相应的排名，我们在这里介绍的是通过合理的运用搜索引擎的规则免费获得良好有效的排名方式。

1) 网页内容标题的优化

网页的 title 用于告诉用户和搜索引擎这个网页的主要内容是什么，搜索引擎在判断一个网页内容权重时，title 是主要参考信息之一。网页 title 是网页上主要内容的概括，搜索引擎可以通过网页标题迅速判断网页的主题。每个网页的内容都是不同的，每个网页都应该有独一无二的 title。

网页内容标题的优化建议：

(1) 各个网页应该有一个独一无二的标题，切忌所有的页面都使用默认标题。

(2) 网页标题要主题明确，包含这个网页中最重要的内容。

(3) 网页标题要简明精练，不罗列与网页内容不相关的信息。

(4) 用户浏览通常是从左到右从上到下的，重要的内容应该放到 title 的靠前的位置。

(5) 使用用户所熟知的语言描述。如果你有中、英文两种网站名称，尽量使用用户熟知的那一种作为标题描述。

2) 良好的内容优化

网站内容优化建议：

(1) 网站内容建设以服务网站核心价值为主，提供给搜索引擎收录的也应该是对自己核心价值有帮助的内容。内容建设要符合网站的主题。

(2) 网站的内容应该是面向用户的，搜索引擎只是网站的一个普通访客，提供符合用户需求的原创内容至关重要。

(3) 写好锚文本：锚文本指在做链接时所使用的描述文字，用于告诉用户链接所链向网页的主题，锚文本描述越清楚，用户越容易理解指向网页的内容。

(4) 为图片加 Alt 说明，在网速较慢图片不能显示时让用户明白图片要传达的信息，也能让搜索引擎了解图片的内容。

(5) 资源较丰富的内容，可以以专题等更丰富的内容组织形式提供给用户，让用户以最低的成本获取所有需要的信息。

(6) Web 2.0 类型的网站，应该充分利用自己的优势，让用户通过投票、评论等手段自己去判断资源的质量，这些对质量的判断，也可能会被搜索引擎用来判断资源的价值。

(7) 管理好 Web 2.0 等用户产生内容的产品，如果被作弊者利用，可能会影响整个站点的权重。

3) 赢得用户对网站的推荐

互联网上提供相同的内容、服务的网站有很多，在内容相同的时候，哪个网站会排在搜索引擎前面呢？决定性的因素就是推荐。我们经常说的超链，就是推荐的一种。

当你网站上的内容对用户有用时，用户会推荐给别人，推荐的形式可能多种多样：即时通信工具上发给自己的朋友、在自己常泡的论坛里转帖推荐、写博客郑重其事的介绍、在自己网站上做友情链接推荐，等等。

这些推荐信息，都会被搜索引擎用来判断网页/网站价值的高低。适当的鼓励、引导用户推荐你的网站，对网站在搜索引擎中的表现有很大帮助。

3. 获得良好的有效点击的优化技术

1) 设置吸引眼球的标题

用户在百度网页搜索中搜索到你的网页时，title 会作为最重要的内容显示在摘要中，一个主题明确的 title 可以帮助用户更方便地从搜索结果中判断你网页上内容是否符合他的需求。

(1) 标题要主题明确，包含这个网页中最重要的内容。
(2) 文章页 title 中不要加入过多的额外描述，以免分散用户注意力。
(3) 使用用户所熟知的语言描述。
(4) 如果你的网站为用户所熟悉，建议将网站名称列到 title 中合适的位置，品牌效应会增加用户点击的概率。
(5) 标题要对用户有吸引力。
(6) 能让用户产生信任感。

2) 善用 Meta description

Meta description 是对网页内容的精练概括。如果 description 描述与网页内容相符，百度会把 description 当作摘要的选择目标之一，一个好的 description 会帮助用户更方便地从搜索结果中判断你的网页内容是否和需求相符。

Meta description 不是权值计算的参考因素，这个标签存在与否不影响网页权值，只会用作搜索结果摘要的一个选择目标。

Meta description 内容优化建议：

(1) 网站首页、频道页、产品参数页等没有大段文字可以用作摘要的网页最适合使用 description。
(2) 准确地描述网页，不要堆砌关键词。
(3) 为每个网页创建不同的 description，避免所有网页都使用同样的描述。
(4) 长度合理，不过长不过短。

4. 搜索引擎流量分析

搜索引擎用户在网站上的后续行为决定了这个用户会不会转化为忠实用户，分析用户行为可以为改进服务提供依据。

以下几个指标可以更好地分析：

(1) 跳出率。只浏览一页便离开的用户的比例，跳出率高，通常代表网站对用户没有吸引力，也可能是网站内容之间的联系不够紧密。
(2) 退出率。用户从某个页面离开次数占总浏览量的比例。流程性强的网站，可以进行转换流程上的退出率分析，用于优化流程。比如购物网站，从商品页浏览—点击购买—登录—确认商品—付费这一系列流程中每一步的退出率都记录下来，分析退出率异常的步骤，改进设计。
(3) 用户停留时间。用户停留时间反映了网站黏性及用户对网站内容质量的判断。

以上是统计分析的最基本的三个指标。行为分析可以看出用户的检索需求有没有在你网站上得到满足，更进一步思考如何更好地满足他的需求。

5. 网站信任度

网站信用度是指用户给予你网站的信任程度。用户对网站的信任度是用户在网站上进行活动的基础。提高网络信任度可以从以下几个方面进行。

(1) 页面美观、整洁，有自己的风格。
(2) 让用户可以很容易地了解到网站的背景。
(3) 详细的网站介绍、联系方式，让用户可以方便地联系。
(4) 用户评论、顾客反馈等信息，让原有的用户影响新用户。
(5) 在网站设计中注重强化网站的品牌，让用户更了解、进而信任你的网站。

6. 作弊与惩罚

SEO自从1997年左右出现以来，逐渐分化成两类SEO行为：一类被称为"白帽SEO"，这类SEO起到了改良和规范网站设计的作用，使之对搜索引擎和用户更加友好，并从中获取更多合理的流量。搜索引擎鼓励和支持"白帽SEO"。另一类被称为"黑帽SEO"，这类SEO行为利用和放大搜索引擎的策略缺陷(实际上完美的系统是不存在的)获取更多用户访问量，而这些更多的访问量，是以伤害用户体验为代价的，所以，面对后一种SEO行为，搜索引擎会通过一些策略进行遏制。

1) 百度如何定义作弊

任何利用和放大搜索引擎的策略缺陷，利用恶意手段获取与网页质量不符的排名，引起搜索结果质量和用户搜索体验下降的行为都会被搜索引擎当作作弊行为。具体的作弊手法是无法穷尽的。互联网在动态的发展，搜索引擎也在动态的发展，作弊行为自然也是在动态的发展。最基本的界定法则，就是这个行为的泛滥，是否会影响搜索系统，最终伤害到用户的搜索体验。

2) 作弊会受到怎样的惩罚

任何损害用户利益和搜索引擎结果质量的行为，都会受到搜索引擎的惩罚。作弊行为在不断地发展，我们的处理手段也在不断地变化，但始终都会维持"轻者轻罚，重者重罚"的原则。

(1) 对用户体验及搜索结果质量影响不大的，去除作弊部分获得的权值。
(2) 对用户体验及搜索结果质量影响严重的，去除作弊部分获得的权值并降低网站的权重，直至从搜索结果中彻底清理掉。

3) 改正后能否解除惩罚

惩罚不是目的，让互联网洁净才是目的。取消作弊行为的网站，百度都持欢迎态度。百度有完善的流程，会定期自动对作弊网站进行检测，大部分修正了作弊行为的网站，会在一定的观察期满后自动解除惩罚。

7. 百度商业推广和自然搜索结果的关系

由于"竞价排名"这个说法，带有一些误导意味。所以，现在百度对这个业务改称"百度推广"，而不是"竞价排名"了。

百度的商业推广和自然搜索，是由完全独立的两个部门分别运营两套独立系统，参加商业推广的网站，在自然结果中一视同仁，没有任何特殊处理。

百度的商业推广(包括左侧和右侧)和自然搜索(从前的特征是后面带一个链接，叫百度快照；但现在大部分的开放搜索结果也是不带快照链接的)是两个完全独立的系统。商业推广的原理，不是"给了钱，自然结果中的某些结果就可以排得更靠前"，而是"用户的关键词被分发到两个独立系统中，分别产生了商业结果和自然结果，商业结果在前，自然结果在后，就构成了百度的搜索结果"。

【课堂演练】

利用学习到的图书关键词优化方法，为自己的网络书店 20 个不同类目下的图书商品进行关键词优化。

任务 3 网络书店的商品管理

【教学准备】

(1) 连接互联网的电脑设备若干台。
(2) 指定可链接的网页如下。
- http://www.dangdang.com(当当网)
- http://www.amazon.cn(亚马逊中国)
- http://book.tmall.com（天猫书城）
- http://www.faisco.com(凡科网)
- http://www.yilecms.com(以勒网)

【案例导入】

"双 11"淘宝网店标品管理蓝图

"双 11"作为一个特殊的日子，已由原本的含义演变为了网络营销盛会，这一天成为众店商一年一度的忙碌和比拼的象征。以天猫、京东为代表的大型电子商务网站一般会利用这一天来进行一些大规模的打折促销活动，以提高销售额度。一个网店经营者要构建店铺商品管理体系，必须谋划在先，做好网店商品计划；进货有章，把成本控制到最低；销货有术，加速商品流动；存货有法，让库存"瘦"下来。网店的商品管理其实包含了从进货、销售、库存到灵活处理库存保证现金流等诸多方面。

那么，"双 11"淘宝网店标品管理都有些什么花招呢？既然是标品，就要用标品的方式去进行管理，因此，集约化、规模化才是天猫制胜的关键。然而，图书这样的标品，在管理上却完全不同于 3C、家电等数码产品。由于图书单价和毛利都极低，物流成本高，在某种程度上，更接近于商超类所经营的日化产品。

第一，先备货：用目标决定资源。备货的原则是追求最大产出和打造产品入口。首先在货品的选择上要充分考虑定制产品(为"双 11"准备的大促产品、核心资源位)、核心产品("双 11"上架的新奇特产品和入口型爆款产品)、公司产品库(庞大的线上和线下型号产品库)三个方面；同时，在销售预测方面要提前进行预测，依据销售预测来确定备货。

第二，决定大促货品：由消费者导向决定活动。消费者在"双 11"购物具有狂欢、价格、新奇、促销、互动、赠品、高端品折扣等抱着玩的心态去进行购物，因此大促货品选择务必以消费者维度出发来选择。新品、高性价比产品、折扣产品、硬通货产品(线上线下知名度高的品牌主推产品、限量疯抢)、技术升级革新性产品等往往能得到消费者青睐。

第三，大促前货品准备：预测及风险评估。销售预测提前锁定货品数量，保证供应顺畅；聚焦产品、保证大资源货源，打通供应链优先入库；可采取店铺分批提货、公司支持货源直发、提前进行销售预估打包、动态平衡临时需求进行插单。

第四，库存周转管理：安全库存和动销保证。要保证店铺长效型号和活动型号的日常周转和"双11"活动周转。根据区域客户和物流宝的仓库提前调拨、核心型号提前锁定备货、避免盲目乐观、资金准备到位。"双11"的产品一定要考虑活动+日动销+旺季增长比例，保证货源充足。

【知识嵌入】

通过各种渠道将商品拿到手之后，还需要网店经营者具备过硬的商品管理技巧，即要对商品进行恰当的包装与合理的定位。只有这样，才能有助于一笔笔交易的达成，才能早日实现货款的回笼。在具体的书店产品管理中，虽然各大电商平台或网站管理后台都会有产品管理模块，但其功能相对比较单一，所以实践中运营者一般会采用第三方管理软件来进行产品的管理工作。这里我们以某款网店管理系统为例，一起来看如何使用网店管理软件实现产品管理。

一、商品管理

1. 商品管理的含义

商品管理是指一个零售商从分析顾客的需求入手，对商品组合、定价方法、促销活动，以及资金使用、库存商品和其他经营性指标做出全面的分析和计划，通过高效的运营系统，保证在最佳的时间，将最合适的数量、按正确的价格向顾客提供商品，同时完成既定的经济效益指标。商品管理是为了更好地实现企业的经营目标，应坚持商品齐全和商品优选的原则。商品齐全就是要保证顾客来店时能够买到日常必需的商品，所以商品品种要齐全。具体要求是：商品的品牌要全，商品的大类、品种和规格之间的结构比例要合适。商品优选就是要选择主力商品。在经营中，实际上大部分的销售额只来自一小部分商品，即80%的销售额是由20%的商品创造的，这些商品是企业获利高的商品，要作为商品管理的重中之重。

商品管理的基本要点包括：检查商品是否脱销，随时正确把握商品销售数量，保证订货的正确性；合理掌握库存；随时检查补充；商品分类与细节描述；确保描述与广告相符；引进新产品进度检查；定价与售价管理。

2. 网店管理系统的功能与意义

网店管理系统是针对网上管理营销开发的专业管理软件，结合ERP系统、进销存系统、分销系统，为企业提供从采购、仓库、生产、渠道分销、线下销售、线上销售全面的管理软件解决方案，以满足网店业主、电子商务企业目前急需的管理需要，如图4-10所示。

项目四　网络书店管理

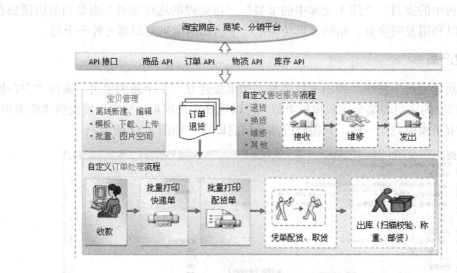

图 4-10　网店管理系统功能及流程图

二、商品管理操作流程

商品管理模块用于离线创建、编辑产品，在不登录淘宝网时，就可以编辑商品信息，然后批量上传到淘宝网。在软件主界面单击"宝贝"按钮，首次打开时，软件需要从淘宝网下载标准商品类目，可能需要花费几分钟时间。在类目更新完成后，打开宝贝管理窗口，如图 4-11 所示。

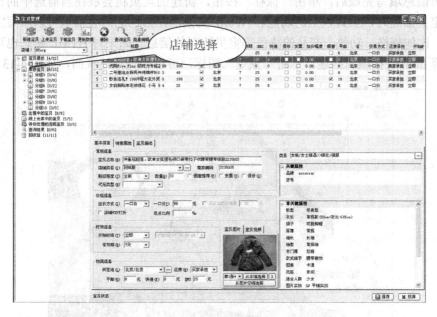

图 4-11　产品管理窗口

宝贝管理模块可以同时支持对多个店铺的宝贝进行管理，可以通过"店铺选择"下拉框选择当前处理的店铺。"宝贝模板""库存宝贝""回收站"下面的宝贝是多店铺共享的。而"出售中的宝贝""线上仓库中的宝贝""待处理的违规宝贝"则是当前店铺独有的。卖家可以利用复制宝贝、粘贴宝贝功能把一个店铺的宝贝复制到另外一个店。

1. 新建产品

单击"新建宝贝"按钮，弹出下拉菜单，如果要建立一个全新的宝贝，选择"空白模板"，如果建立的宝贝与某个宝贝模板类似，可以选择宝贝模板，按宝贝模板创建的宝贝，宝贝信息与宝贝模板完全一样，只需修改部分信息即可，如图 4-12 所示。

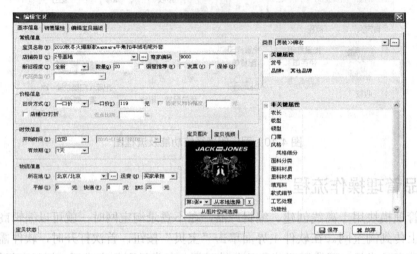

图 4-12 产品编辑窗口

宝贝信息填写完成后，单击"保存"按钮，新建的宝贝将会放在当前选中的目录下。在编辑宝贝描述时，工具栏上的功能和 Word 类似，在白色的内容框里可以填写宝贝的详细描述，比如规格、功效、产品的特色等宝贝特有的信息。如果对 HTML 熟悉也可以通过标签选择 html 直接编辑描述。单击"预览"图标，可以预览描述页面，如图 4-13 所示。

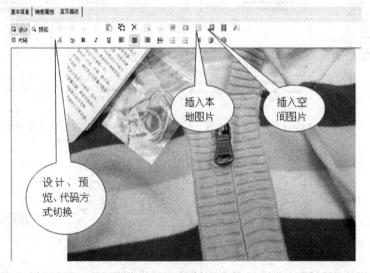

图 4-13 编辑宝贝描述窗口

2. 编辑宝贝

可以直接在宝贝浏览界面下，对宝贝信息进行修改，修改完成后，单击"保存"按钮。也可以双击宝贝，打开宝贝编辑窗口，进行编辑。

3. 上传宝贝

单击"上传"按钮即可发布编辑好的宝贝。"上传宝贝"操作自动会判断宝贝是否已经发布，如果是没有发布的宝贝，将自动生成一个新的宝贝；如果是原有的宝贝，将覆盖原来的宝贝信息，必须将要上传的宝贝勾选，勾选完成后，单击"上传"按钮，弹出下面窗口，列表显示要上传的宝贝。单击"上传"按钮后，列表中的宝贝将会被发布到淘宝网上，如图 4-14 所示。

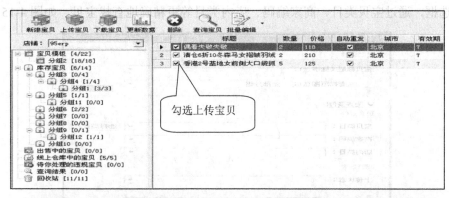

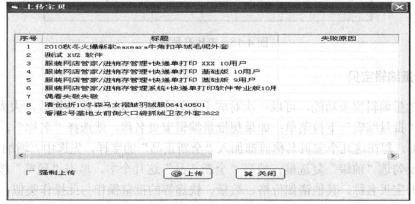

图 4-14　产品上传示意图

如果选中"出售中的宝贝""线上仓库中的宝贝""待您处理的违规宝贝"目录的宝贝进行上传时，将直接覆盖淘宝网上原来的宝贝信息。

4. 下载宝贝

单击"下载宝贝"按钮，弹出下载宝贝窗口，可按宝贝类目、店内类目、宝贝状态、关键词、时间范围等条件下载淘宝网出售中和仓库中的宝贝，下载后的宝贝将同步覆盖助理本地"出售中的宝贝""线上仓库里的宝贝""待您处理的违规宝贝"目录下的所有宝贝。

如果选择按宝贝创建的时间下载，例如，选择下载 2014-10-10 这一天创建的宝贝；如果填写了宝贝标题关键词，当有很多种类型的宝贝，通过设置标题关键词，可以下载指定的宝贝。如果下载失败，列表会出现下载失败的原因。

5. 更新数据

"更新数据"具有同步更新淘宝网线上的类目、属性和店内类目等信息的功能，及时、阶段性地更新这些信息，以保证本地信息与淘宝网线上保持一致，避免助理发布的商品出现问题。

6. 查找宝贝

提供按宝贝关键词、宝贝类目、店内类目、宝贝状态等条件查询宝贝；勾选"更多条件"复选框，通过宝贝类目、商家编码、店内类目等更精确地查找宝贝，如图 4-15 所示。

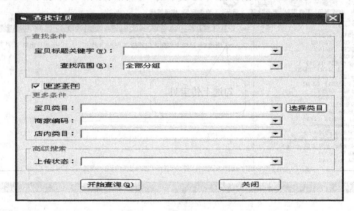

图 4-15 查找产品窗口

7. 批量编辑宝贝

通过批量编辑宝贝功能，可以一次对成千上万个宝贝进行一次性修改，大大节省了时间。单击"批量编辑"下拉菜单；如果想批量编辑宝贝名称，就选择"名称"，如图 4-16 所示。例如，想在这几个宝贝名称前都加入"全新正品"的字样，先选中"增加"复选框，并根据需要勾选"前缀"复选框，填写"全新正品"这几个字，单击"预览"按钮即可看到修改后的宝贝名称。其他诸如价格、数量、快递等的批量操作与此操作类似。

8. 宝贝自动上下架

淘宝上商品上下架时间对宝贝成交影响是很大的，根据有关统计，10:00～12:00、16:00～18:00 和 20:00～22:00 这段时间是淘宝上的人流高峰，而淘宝默认的宝贝排序是按照快结束的时间统计的，那么商品的上架时间就决定了商品的结束时间。按照常理，把握了上下架时间就可以有效地提高商品的曝光率，然而单凭人工在某个时间进行上架操作，的确有很大的不便。网店管理系统设计的宝贝自动上架功能能够很方便地在无人值守的情况下定时发布产品。

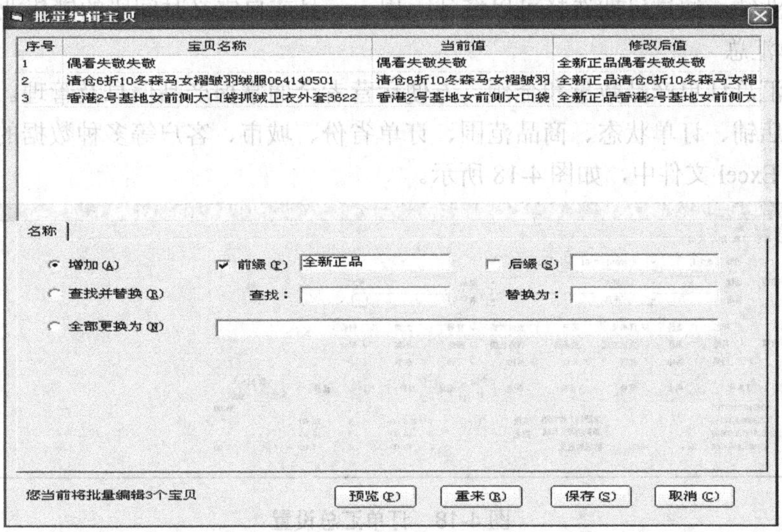

图 4-16 批量编辑产品窗口

在设定的时间段内，每隔相应的时间就上架一个宝贝，让卖家的宝贝上架时间平铺下来。可以根据宝贝数量设定上架时间间隔(注：不能小于 1 分钟)。最终达到宝贝平铺的效果，如图 4-17 所示。

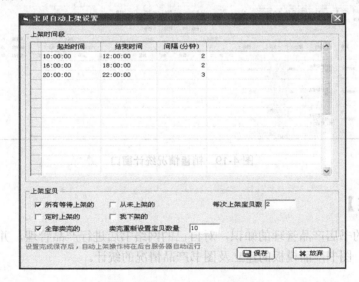

图 4-17 产品自动上架设置

9. 统计报表功能

第三方信息管理系统除了有信息的采集和建立数据库的功能外，一般都还会开发针对建立起的信息数据库进行信息统计和分析的功能，如此款网店信息管理系统的"销售日报""订单汇总""销售月报"等功能。

1) 销售日报

可针对产生的信息按天统计销售业绩，如果不选择店铺，则所有的店铺合并统计，否则统计单店业绩,通过日期选择可以统计一周、一月或自定义时间段的销售业绩。

2) 订单汇总

多角度汇总订单产品数量和金额,方便运营者全面掌握产品信息及管理。统计范围里包含日期、店铺、订单状态、商品范围、订单省份、城市、客户等多种数据的聚合,并可导出数据到 Excel 文件中,如图 4-18 所示。

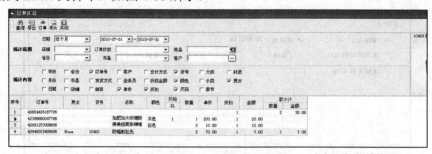

图 4-18 订单汇总设置

3) 销售月报

多角度统计商品销售,分别统计已发数量、未发数量;通过消化率指标,可以分析出畅销商品、滞销商品、缺货商品,如图 4-19 所示。

图 4-19 销售情况统计窗口

【课堂演练】

根据提供的书店产品管理的知识,对自己的网络书店进行产品管理,并能进行图书产品的批量编辑、图书产品模板的建立及图书产品情况的统计。

任务 4 网络书店的客户管理

【教学准备】

(1) 连接互联网的电脑设备若干台。
(2) 指定可链接的网页如下。
- http://www.dangdang.com(当当网)

- http://www.amazon.cn(亚马逊中国)
- http://book.tmall.com(天猫书城)
- http://www.faisco.com(凡科网)
- http://www.yilecms.com(以勒网)

【案例导入】

新手卖家的烦恼

小李在当当网开设了一家销售青春文学类图书的书店，凭着精准的分类、版本的严选及适中的价格，小李的书店逐步打开了市场，客户越来越多，业务规模不断扩大。渐渐地，小李感到有些力不从心了，他常常忙得不亦乐乎，却仍不能满足所有客户的需求。一些重要客户开始抱怨客服的反应太慢，服务不及时，有的直接将订单转给了其他网店。

于是，小李加大了人员投入，招聘了更多在线销售客服人员，网店规模进一步扩张，营业额也日益上升。一年辛苦下来，小李满以为业绩不错。但是，网店的年终核算报告却赫然显示：相比去年同期，利润居然产生了下滑。这到底是怎么回事呢？令小李很烦恼。

遇到烦恼的不止小李一人，还有一些新手卖家在网店开张经营一段时间后会发现，销量始终难以得到提高，自认为店里的商品质优价廉、服务也不错，但却有些买家还给出中、差评，甚至对店铺进行投诉，这到底该怎么办呢？

经过仔细分析，小李终于发现了其中的症结所在：原来，虽然网店不断有新的客户，但这些客户带来的销售额并不大，相反为开发和保持新客户增加的成本却不小。与此同时，一些对利润率贡献比较大的老客户，因在忙乱中无暇顾及，已经悄悄流失。

【知识嵌入】

就上述小李的网络书店遇到的情况来看，我们可以体会到客户管理的重要性。任何一家企业的人、财、物力都是有限的，对所有客户不加区分平均用力、试图满足整个市场的所有需求无疑是不明智的，从经济效益方面来看也是不足取的。因此，企业需要对客户群体按照不同的标准进行细分，分辨出最具吸引力的细分市场，集中企业资源，制定科学的经营策略，提供有针对性的产品与服务，从而增强竞争优势、获得利润最大化。

虽然产品和价格可以在短期竞争中取得优势，但从长远来看，经营网店则需要更多地关注买家，实施有效的客户管理、建立良好的客户关系对于网店的长远发展有着十分重要的意义。

一、什么是客户管理

客户管理，也称客户关系管理(CRM)，其主要含义就是通过对客户详细资料的深入分析，来提高客户满意程度，从而提高企业的竞争力的一种手段。客户关系管理的核心是客户价值管理，通过"一对一"营销原则，满足不同价值客户的个性化需求，提高客户忠诚度和保有率，实现客户价值持续贡献，从而全面提升企业盈利能力。客户关系管理(CRM)首先是一种管理理念，起源于西方的市场营销理论，产生和发展在美国。其核心思想是将企业的客户(包括最终客户、分销商和合作伙伴)作为最重要的企业资源，通过完善的客户服务和深入的客户分析来满足客户的需求，保证实现客户的终身价值。

客户关系管理(CRM)又是一种旨在改善企业与客户之间关系的新型管理机制，它实施于企业的市场推广、销售、服务与技术支持等与客户相关的领域，要求企业从“以产品为中心”的模式向“以客户为中心”的模式转移。也就是说，企业关注的焦点应从内部运作转移到客户关系上来。

客户关系管理(CRM)也是一种管理软件和技术，它将最佳的商业实践与数据挖掘、数据仓库、一对一营销、销售自动化，以及其他信息技术紧密结合在一起，为企业的销售、客户服务和决策支持等领域提供了一个业务自动化的解决方案。

二、建立客户信息档案

对在网店产生过购买行为的消费者，我们应及时将他们的个人信息和消费情况进行整理汇总，作为重要的客户资料登记在册。建立了客户信息档案，我们就可以随时查询顾客的消费记录，可以从他们的购物清单和购物频率等信息中分析其消费习惯及消费偏好，以便调整我们的经营方向、提高服务水平，针对顾客的需求及时开展各种促销宣传和个性化的推广活动。建立客户信息档案是，我们可以自行设计 Excel 表格来录入客户资料，也可以在网络上下载“网店管家”类的软件来进行专门的客户资料管理。

1. 用 Excel 表格建立客户档案

建立 Excel 客户档案的好处是，操作灵活方便，不需要联网也可以随时调取和运用，只要有基本的电子表格操作基础，就可以很好地进行批量录入和编辑。制作 Excel 表格时可以采用如图 4-20 所示的 Excel 表格样式。

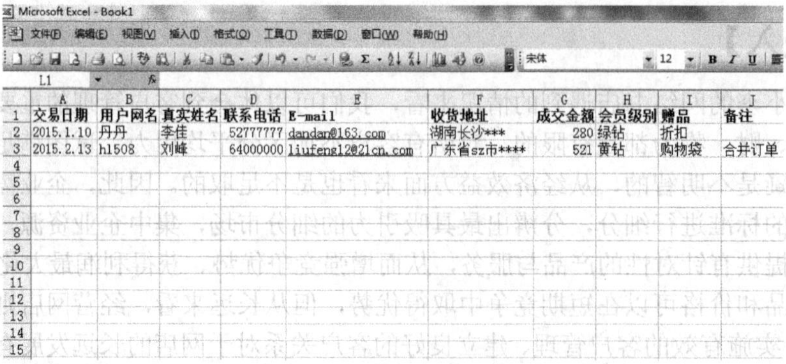

	A	B	C	D	E	F	G	H	I	J
1	交易日期	用户网名	真实姓名	联系电话	E-mail	收货地址	成交金额	会员级别	赠品	备注
2	2015.1.10	丹丹	李佳	52777777	dandan@163.com	湖南长沙***	280	绿钻	折扣	
3	2015.2.13	h1508	刘峰	64000000	liufeng12@21cn.com	广东省sz市****	521	黄钻	购物袋	合并订单

图 4-20 Excel 表格样式

2. 利用软件收集客户数据

客户管理软件是每一个商业经营者都会关注的客户关系维护数据库。很多网站可以提供免费的客户关系管理软件，利用软件来实现管理，网店卖家可以很好地收集往来客户的各方面数据，全面掌握网店经营的状况，为自己的经营决策提供有效的依据。如果网店经营业务量和各种客户往来数据急剧增加，则可以考虑购买专业的软件。这类软件功能更加强大，不仅可以有效地进行客户数据的收集与分类汇总，还可以提供客户来源分析、客户跟踪等多种功能，为网店的进一步发展提供有价值的参考数据。如图 4-21 所示为某企业开发的专门用于管理复杂客户关系的软件。

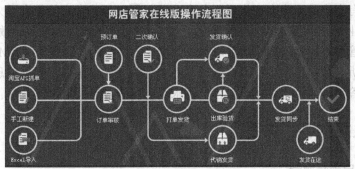

图 4-21　客户关系管理软件

3. 利用数据对客户细分

1) 什么是客户细分

客户细分是 20 世纪 50 年代中期由美国学者温德尔·史密斯提出的，其理论依据在于顾客需求的异质性和企业需要在有限资源的基础上进行有效的市场竞争。即是指企业在明确的战略业务模式和特定的市场中，根据客户的属性、行为、需求、偏好以及价值等因素对客户进行分类，并提供有针对性的产品、服务和销售模式。

2) 客户细分的依据

客户细分与市场细分在方法上是一脉相承的，所以市场细分的标准同样适用于客户细分。常用的客户细分依据如下。

(1) 根据客户的外在属性细分。如客户的地域分布、客户拥有的产品、客户的组织归属(企业用户、个人用户或政府用户)等。通常，这种分层最简单、直观，数据也很容易得到。但这种分类比较粗放，我们依然不知道在每一个客户层面，谁是"好"客户，谁是"差"客户。我们能知道的只是某一类客户(如大企业客户)较之另一类客户(如政府客户)可能消费

(2) 根据客户的内在属性细分。内在属性是指客户的内在因素所决定的属性，比如性别、年龄、信仰、爱好、收入、家庭成员数、信用度、性格、价值取向等。

(3) 根据客户的消费行为细分。在不少行业对消费行为的分析通常采用 RFM 分类法，即主要从三个方面考虑，即最近购买情况(Recency)、购买频率(Frequency)和购买金额(Monetary)。但 RFM 分类法并不是每个行业都能适用，例如通信行业的客户细分主要依据这样一些变量：话费量、使用行为特征、付款记录、信用记录、维护行为、注册行为等。

三、客户分析与数据挖掘

"以客户为中心"的个性化服务越来越受到重视。实施 CRM 的一个重要目标就是能够分析出客户的个性化需求，并对这种需求采取相应措施，同时分析不同客户对企业效益的不同影响，以便做出正确的决策。这些都使得客户分析成为客户管理中不可缺少的组成部分。

利用客户分析系统，企业不再只依靠经验来推测，而是利用科学的手段和方法，收集、分析和利用各种客户信息，从而轻松获得有价值的信息。如哪些产品最受欢迎？受欢迎的原因是什么？有多少是回头客？售后服务有哪些问题？哪些客户能带来更大的利润？客户分析将帮助企业充分利用其客户关系资源，在新经济时代从容自由地面对激烈的市场竞争。

客户关系管理不仅仅是把一堆客户基本数据输入计算机，完整的 CRM 运作需要进行大量的数据分析与数据挖掘工作，有效地从企业所收集的大量客户数据信息中挖掘出最关键、最重要的答案，从而建立真正由客户需求点出发的客户关系管理。

四、建立良好的客户关系

1. 做好客户跟踪服务

当有人在网店购买过一次商品后，就从潜在顾客变成现实的客户。对已经发生交易的客户数据进行翔实的记录后，卖家就有了继续跟踪的条件，要通过有意识的跟踪服务，培养客户的品牌忠诚度，将客户流失率降到最低。可以定期或不定期通过电话、电子邮件、交流软件留言等方式询问买家使用商品或服务的感受，是否对所提供的商品感到满意？最满意的是哪个方面？如果不满意，能够提出哪些改进建议？通过卖家周到的售后跟踪，买家会感到自己作为客户是受到尊重和重视的，会加深对卖家的正面印象，从而建立起对卖家的信任。在下一次有相同或相似产品的需要时，会优先考虑关心其感受的卖家。如果卖家还经营不同种类的商品，可以在与客户的交流沟通中传递相关的商品信息，给客户更多可供选择的机会，也能够更多地促进商品的成交。

2. 客户关怀

因为网络经营的特点，我们一般情况下见不到客户本人，在与客户交往的过程中，应该尽力让客户感受到我们的关心，通过点点滴滴的关怀，让客户感受到网店经营者的诚意和爱心。客户关怀要体现在以下几方面：

温馨提示：在交易过程中，卖家可以将每一个环节的处理过程和交易状态及时通知买家,并提醒买家处理相应的流程。如通过手机短信、阿里旺旺留言,通知买家发货时间、物流状态、确认收货、使用注意事项等。买家能够及时收到关于订购商品的在途信息,也就会提高对卖家的信任度。在对方收到货之后,及时提醒使用时的注意事项和售后服务的要求,以及进行后期跟踪提醒等,能够极大地促进双方的长期合作。

节日问候:通过 E-mail、交流平台或手机短信等方式,在任何节日及时送上网店署名的小小问候,更加能够让客户体会到商家的真诚和关爱。

生日祝福:在能够获得生日信息的客户生日当天,以各种关怀方式发送网店的生日祝福,能够给客户一份暖心的感受,同时可以采取一些营销的技巧,比如生日当天购买商品,给予优惠等,也能够吸引到一部分老客户的再次光顾。

3. 提高顾客满意度

顾客满意度通常以三个指标来衡量:顾客的期望值、产品和服务的质量、服务人员的态度与方式。卖家应从这三个方面了解交易过程中容易与买家发生的纠纷,努力加以避免,就能有效地提升顾客满意度。

(1) 从顾客期望值的角度来看,容易出现的纠纷主要有:①过度承诺与超限销售。如有的卖家承诺包退包换,但是一旦买家真实提出要求退换时,却一再找理由拒绝。②故意隐瞒商品状况。在图片、描述中过分宣传产品的优势性能,却忽略或淡化一些关键的不良信息,模糊买家的注意力。而买家在收到实际商品后,发现商品存在与预想不符的状况,就会产生失望感,因而卖家就容易遭到投诉。③对买家提出的各种要求不理解,不能正确把握买家需求,推荐的商品与买家希望购买的商品功能不符。

顾客期望值是最容易引起买家关注并会据此来判断商家的产品和服务是否能够满足他们的需要的重要指标。一般来说,顾客的期望值越高,购买产品的欲望就越大。但顾客的期望值越高时,满意度却越小;而当顾客的期望值适当降低时,满意度会上升。商家如果对顾客的期望值处理不当,尤其是定位超高时,就很容易导致买家产生抱怨。

(2) 从产品或服务质量角度来看,容易出现的纠纷主要有:产品存在缺陷,有质量问题;产品的包装不当,导致产品在运输途中损坏;产品出现与用户要求不符的小瑕疵;买家使用不当导致商品发生故障。

(3) 从服务人员的态度与方式角度来看,容易出现的纠纷主要有:①卖家服务态度差。对买家缺乏必要的尊重和礼貌;语言不当,用词偏颇,引起买家误解。②推销方式不正确。推销过程中采用的方法不当,不适合自己网店所经营商品的特点,从而导致买家购买了不需要的商品。

4. 掌握处理纠纷的策略与技巧

在处理顾客纠纷时,要掌握以下几个原则。

1) 重视买家的抱怨

不要轻易忽略买家提出的任何一个问题,因为买家的投诉或抱怨往往存在着商机,卖家很有可能从这些抱怨中发现一些深层的原因,以此来诊断内部经营与管理中存在的问题,从而促进网店经营管理水平的提高。同时,买家的抱怨也是一种双方的沟通,表示用户重视你的服务和产品,如果卖家能够进行有效处理,就能够赢得更多忠诚客户。

2) 分析客户抱怨的原因

要有针对性地找出买家抱怨的深层次原因，有时看似买家对商品本身的质量或者功能不满，但通过分析后，发现用户更多的是对商家的服务态度或者服务方式的不满。如客户购买了一件需要的商品，却发现商品存在不影响使用的瑕疵，当向卖家提出后，卖家却予以否认，并且采取不当态度对待客户。此时买家就产生了抱怨并可能进一步提出对产品质量的投诉。在这种情况下，买家的真实不满，是针对卖家服务态度的。

3) 准确及时地解决问题

当买家发生抱怨或投诉时，应该在最短的时间、用最准确的处理方式、最快速地予以答复，千万不能拖延或回避。如果买家认为自己没有受到足够的重视，他们的不满将更加强烈。即使卖家通过调查发现，出现问题的主要原因在于客户，也应当及时通知对方，并给出正确的处理建议，而不能简单地置之不理了事，否则将失去客户的信任，从而流失订单。

4) 认真记录每一笔买家投诉及其解决进程

经过一段时期的积累与总结，卖家可以找出经营过程中的弱点与漏洞，准确地判断是商品本身的问题，还是售后服务问题，或者是配送问题。根据不同环节的投诉情况有针对性地及时改进，久而久之，就能够不断改进产品和服务质量，提升管理水平。

5) 及时跟踪买家对纠纷处理的反馈意见

买家对纠纷处理方式的满意与否，直接决定着他下次会不会再次成为卖家的客户，所以了解客户的反馈意见，是一个非常重要的环节。如果买家对处理结果不满，必须继续跟进处理，直到其认为满意为止，以免因为一个客户的不满而产生辐射效应，导致网店失去很多潜在客户。

首先，要保持平常心态。商家遇到客户抱怨或投诉的情况是很正常的，不要因为与买家发生纠纷就采取过激行为或情绪，处理纠纷的过程也应以平常心对待，而不要把个人的情绪变化带到抱怨的处理之中。当你用微笑或者热情的积极态度去解决问题时，客户的情绪也会平静下来，从而双方能够平心静气地一起寻求解决途径，也可以避免纠纷升级。

其次，要学会换位思考。卖家应体谅客户的心情，站在买方的角度进行反思，分析如何解决问题，"如果我碰到相同的情况，我的心情会是怎样的，我希望能够得到怎样的处理方式？"这样能体会客户的真正感受，找到最切实有效的方法解决问题。

最后，要学会倾听。大部分情况下，客户只是希望有人能够认真聆听他们的抱怨，以此来表达不满，对问题的实际解决与否并没有太多要求。如果买家此时敷衍了事或者反过来喋喋不休地做出解释，只会使客户更加气愤。此时不妨抱着改进工作的态度，认真倾听客户说些什么，并以真诚谦虚的态度对待客户，问题就会更容易解决。

【课堂演练】

用搜索引擎搜索一款免费的客户关系管理软件，下载并应用。以10位同学的个人资料作为客户原始资料进行操作管理。必须包括以下内容：输入客户详细信息、向客户发送商品打折提示信息、向客户发送生日祝福。

项目实训实践 网络书店的管理

1.实训名称
如何做旺我家书店。

2. 实训目的
(1) 能够为网络书店经营的图书设置热点关键词。
(2) 能够制订网络书店搜索引擎优化方案;会站在用户的角度对本店的图书关键词进行搜索优化。
(3) 能够按网络书店管理要求进行产品管理。
(4) 能够按网络书店管理要求进行客户管理。

3. 实训内容
在已建好的网络书店中进行如下操作。
(1) 制定运用搜索引擎优化的书店推广方案。
(2) 设计图书信息中的热点关键词。
(3) 优化图书信息关键词。
(4) 网络书店客户管理。
(5) 制定书店管理制度。
(6) 制定书店考核与奖励办法。

4. 实训要求
(1) 上交搜索引擎优化的书店推广方案 1 份。
(2) 上交图书信息的热点关键词 1 份(不少于 10 本图书)。
(3) 上交优化图书信息关键词 1 套。
(4) 上交书店管理制度 1 份。

5. 考核标准

考核标准 (100 分制)	优秀(90~100 分)	良好(80~90 分)	合格(60~80 分)
	图书热点关键词设置丰富而恰当,搜索引擎优化方案有效;网络书店推广关注度高	图书热点关键词设置较丰富,搜索引擎优化方案较有效;网络书店推广关注度较高	图书热点关键词设置恰当,搜索引擎优化方案可行
自评分			
教师评分			

注:未参与实训项目,在本次实训成绩中计 0 分。

课 后 练 习

1. **拓展阅读**

淘宝大学.网店推广.电子工业出版社，2011.

2. **简答题**

(1) 谈谈你认识的网络书店管理工作内容具体有哪些。
(2) 谈谈如何进行网络书店的客户管理。

3. **思考题**

(1) 为自己的网络书店统一进行图书商品采集信息并予以二次编辑发布。
(2) 为自己的网络书店统一进行图书商品的关键词优化。

项目五　网络书店的维护与更新

【项目情境描述】

　　网络书店必须经常性地更新,才能吸引访问者再次光临,使潜在的消费者变成客户;如果网络书店一成不变,是无法获得更多商业机会的。网店要经常有新品上架,才会不断吸引买家前来观看和购买,而且要定期进行图片、文字、数据信息的修改、补充和更新,使网络书店的信息处于完整的最新状态。

　　网络书店如果忽视了日常的维护管理,导致网络书店内容更新不及时,留言无人回复,页面上甚至出现过期或错误信息没有及时修改等问题,就会使客户对书店产生不好的印象,影响客户对书店的忠诚度,影响购物热情,使网络书店的形象和利益受损。

　　因此在网络书店建成之后,必须注重对于网络书店的维护,包括对书店网页内容的维护和更新,网页栏目的设置也可以将一些能定期更新的栏目放在首页上,提高首页的更新频率。网站服务与回馈工作也要及时维护更新。另外就是网络书店的安全运行,尤其是建有网站的网络书店,必须关注网站软硬件的维护,保障网络书店正常有效地运行。随着网络书店的发展,其功能也应该不断完善以满足顾客的需要,更好地实现网上业务的管理与开展,以取得更大的收获。

【学习目标】

　　(1) 能对网络书店的商品信息、资讯动态等网络书店内容信息进行更新维护;在网络书店管理过程中不断发现问题和不足,追求完美和精益求精。

　　(2) 能对网络书店在运行过程中出现的问题进行处理;能对网络书店网站软硬件设备进行维护;保障网络书店安全正常地运行。

【学习任务】

任务1: 网络书店信息维护与更新(建议: 2课时)

任务2: 网络书店运行维护(建议: 2课时)

项目实训实践: 网络书店的维护(建议: 2课时)

任务1　网络书店信息维护与更新

【教学准备】

　　(1) 连接互联网的计算机设备若干台。

　　(2) 指定可链接的网页如下。

- http://www.dangdang.com(当当网)
- http://www.amazon.cn(亚马逊中国)
- http://book.tmall.com(天猫书城)

- http://www.faisco.com(凡科网)
- http://www.yilecms.com(以勒网)

【案例导入】

如何根据统计数据更新网站内容

网络书店管理员每天都需要给书店网站更新内容以供用户阅读。一个网站没有及时更新的内容，很难留住用户。对于网站而言，是不是只要每天简单地更新一次就行了呢？什么样的更新频率对聚集网站用户最有效呢？据观察，一些流量大的网站，内容更新并非只是一天一次，而是一天多次，并且每天按规律更新。那么这种更新方法有什么技巧可言？

网站管理员应该通过了解自己的用户访问时段和访问页面来更新相应的内容。第一，根据 PV 值来更新内容。PV 值即页面浏览量或点击量，它是判断某网站用户体验最好的参考标准。PV 值越大，就说明用户停留在网站上的时间越长，而且也说明网站用户体验越好。管理员在更新网站内容时，也要分析自己的统计工具的 PV 值数据，一般来说，首页的访问量是最大的，从内页方面分析，哪些页面访问时间和次数越多，就说明这些页面越受用户喜欢，自然在更新内容时要有所侧重，通过迎合用户的喜好来更新相应的网站内容，对于提高用户体验、黏住用户是非常有效的方法。第二，根据独立访客的情况更新内容。在什么时候最适合更新网站的内容，可以通过网站用户的访问时间来确定，这样做既能让网站每天都有新鲜血液，又能让用户体验得到满足。一般来说，在中午 12 点后和晚上 8 点后，这两个时间段的上网用户是最多的，因此更新内容时也可以根据这个时间点来提前更新好网站内容。比如用户最高值是中午 12 点到下午 2 点之间，那么网站更新内容的时间应该在上午 10 点到 11 点之间，这样就可以使用户访问时得到最新的信息。

更新网站内容应该按照用户的访问习惯来更新，通过分析统计数据中的用户访问的页面、用户访问的时段来确定自己的更新时间段，这样才不会因为自己更新了内容而用户没看到，亦或是用户访问网站却看不到最新的内容信息，从而造成用户的丢失。

【知识嵌入】

网络书店的信息是指商家和用户以基于网络书店平台的以图书交易为商业活动的注册与登录、书籍上传、书籍修改、书籍删除、订单查询、书籍查询、购买书籍、订单修改的数据库系统或数据流。因此，网络书店的信息包括注册信息、登录信息、图书信息、用户信息、订单信息、网络书店经营信息等。注册信息包括会员注册、用户注册；登录信息包括商家和用户输入登录信息、登录信息表、验证信息是否匹配、密码修改、密码找回；图书信息包括商品基本信息、商品档案、商品展示、新书单、特价图书等；用户信息包括用户注册时的基本信息、用户密码找回答案、用户档案、用户信息汇总等；订单信息包括查询商品信息、计算销售排行、输入新书信息、商品档案、输出特价书信息等；网络书店经营信息包括商品公告、公告信息等。信息的维护和更新包括查看、修改、添加(补充)、删除和统计。

一、网络书店信息维护的重要性

经营一家网络书店是需要维护的。一方面，书店经营的图书品类在不断地发展变化，网络书店的内容也需要随之调整，比如网络书店不断采购新书需要上架，更新书目、删除无效书目、更新图片、补充文字、统计问题；另一方面，网络书店的经营策略也在变化出新，网络书店的信息也需要随之调整，比如图书分类与归类、活动与广告、缺书统计和补货处理、意见反馈等。只有这样才会更加吸引访问者，给访问者留下良好的印象。这就要求我们应对网络书店进行长期、不间断地维护和更新。特别是在书店推出了新产品，或者有了新的服务项目内容等大的变更或活动的时候，都应该把书店的最新状况及时地在网络上反映出来，以便让客户和合作伙伴及时地了解详细状况，也可以让我们及时得到相应的反馈信息，以便做出合理的决策或决定。网络书店的维护是一件非常重要的工作，随着时间的推移，只有不断地融入发展动向，推陈出新，才会具有创造力，从而发挥网络书店的商业潜能。

网络书店内容信息是网络书店的灵魂，只有有了丰富完整的内容，整个网络书店才会充满生机，充满灵气。如果客户访问网络书店时看到的是很久以前的信息，没有新书，没有新的评论，没有新的资讯，甚至还有错误的信息显示，那么他们对书店的印象肯定大打折扣。顾客在几次访问之后可能就不会再来，网络书店的浏览量就会越来越低，最终导致无人问津。对网站来说，只有不断地更新内容，才能保证网站的生命力。

二、网络书店信息维护的内容

网络书店信息维护内容是多方面的，包含商品信息、活动动态、客户服务等，具体表现形式有文字、图片、动画、音频、视频等的修改、更新、补充和完善。只有持续更新、及时修改网络书店的内容，让客户及时了解书店的最新动态，才能保持网络书店旺盛的生命力。

1. 商品信息维护

在网络书店网页中，所有商品资料包括商品的版本、类型、规格、图片、折扣等都必须保证是正确的、清楚的，但是由于多种原因而引起这些资料信息的丢失或错误是不可避免的。另外，通过网站链接到相关的网页中去的链接也可能由于种种原因而引起链接失败，所以，需要对网络书店信息进行维护。

定期更新商品，对新上架的图书或其他商品的信息进行更新和补充，或者删除下架商品信息。如图 5-1 所示，这是当当网络书店网站上的新书上架，补充更新新上架的图书商品，对于新上架的图书信息通过文字和图片的形式体现，包括图书的价格也是实时更新。有的图书的图片右上角有"换购""限时抢"等标示，也是根据书店的最新营销策略对图书信息及时更新修改。

2. 活动动态及资讯信息的维护

除了对网络书店的商品信息进行维护外，还应对网络书店最新的活动动态及相关资讯进行维护，更新完善，及时地体现网络书店的各种动向。如图 5-2 所示为当当网新书推荐对热门作者严歌苓的介绍，其中通过文字和图片重点介绍了新书《老师好美》，这就是对资讯信息的更新。如图 5-3 所示是中秋节 9 月 8 日前夕，当当网上一则 banner 广告内容，同一位置在 9 月 10 日教师节时，换成了另一则广告内容，如图 5-4 所示。

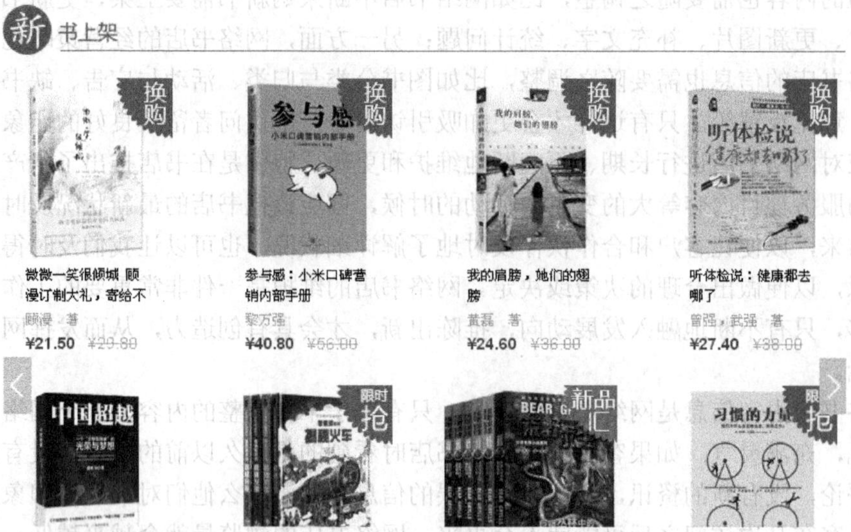

新书上架
换购
微微一笑很倾城 顾漫订制大礼，寄给不
顾漫 著
¥21.50 ¥29.80
参与感
参与感：小米口碑营销内部手册
黎万强
¥40.80 ¥56.00
我的肩膀，她们的翅膀
黄磊 著
¥24.60 ¥36.00
听体检说
听体检说：健康都去哪了
曾强，武强 著
¥27.40 ¥38.00
中国超越
限时抢
新品汇
习惯的力量
限抢

图 5-1 当当网新书上架

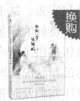

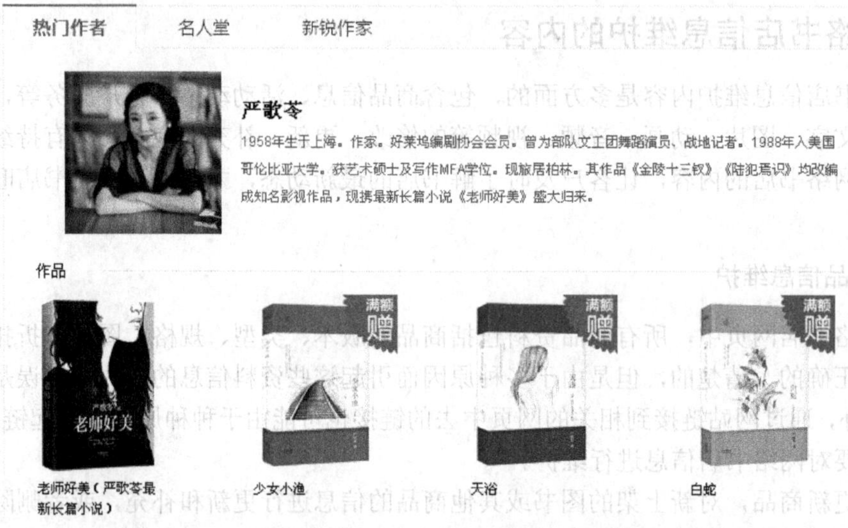

热门作者
名人堂
新锐作家
严歌苓
1958年生于上海。作家。好莱坞编剧协会会员。曾为部队文工团舞蹈演员、战地记者。1988年入美国哥伦比亚大学。获艺术硕士及写作MFA学位。现旅居柏林。其作品《金陵十三钗》《陆犯焉识》均改编成知名影视作品，现携最新长篇小说《老师好美》盛大归来。
作品
满额赠
老师好美
老师好美（严歌苓最新长篇小说）
少女小渔
天浴
白蛇

图 5-2 当当网对严歌苓介绍

中秋赏“阅”
中秋，月如盘灯如豆，月下挑灯看人生百态。
中秋特惠：0.99~1.99元，让书伴你欢乐假期。
1 2 3 4 5 6 7 8

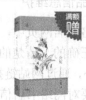

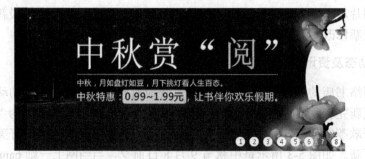

图 5-3 当当网 9 月 7 日某广告

项目五　网络书店的维护与更新

图 5-4　当当网 9 月 10 日上图同一位置某广告

3. 用户服务信息的维护

网络书店除了对商品信息及网站动态、资讯等内容进行更新外，还需要对客户服务信息进行维护处理。例如很多网络书店与客户都设有交互功能的板块，客户在浏览网页时可以通过留言板进行留言，通过表单来反馈各种信息及建议，对商品做出评价等。

1) 对用户意见的维护与处理

网络书店可能会收集到很多顾客意见。如图 5-5 所示是对商品做出的评价，顾客期望网络书店经营者能提供他想要的东西或相关的服务。网络书店经营者必须对顾客提出的问题进行维护并及时处理，一方面要以尽可能快的速度进行答复；另一方面也要记录下来进行改进。

图 5-5　当当网某书顾客评价

2) 对浏览记录进行统计维护

用户登录网页后的浏览记录形成的数据要经常维护，网络书店管理员可以通过数据了解用户浏览网页的时间、习惯，能总结分析同类书的阅读情况，如图 5-6 所示；读者阅读过的书籍的情况，如图 5-7 所示；可以通过对数据进行统计分析，给顾客提供参考和建议，如图 5-8 所示，或者量身定制个性化书店服务，也可以为自己网络书店的经营策略提供依据。

图 5-6　当当网某书同类图书排行榜

图 5-7　当当网看过某书的读者还看过的其他书

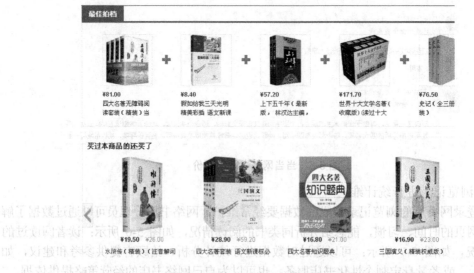

图 5-8　当当网根据读者浏览图书情况设置的图书阅读搭配

3) 对用户的电子邮件进行维护

一般的网络书店网站都有自己的联系页面，通常是管理者的电子邮件地址，经常会收到用户的电子邮件，对访问者的邮件要答复及时。最好是在邮件服务器上设置一个自动回复的功能，这样能够使访问者对站点的服务有一种安全感和责任感，然后再对用户的问题进行细致的解答。对电子邮件进行维护也很重要，一方面要保证发送频率；另一方面，要保证邮件的内容，要有新意，而且最好与收集到的意见相结合。

4) 维护投票调查的程序

有的网络书店会设置一些投票调查的程序，用来了解访问者的喜好或意见，如图 5-9 所示。这部分内容也需要维护，一方面需要对已调查的数据进行分析；另一方面，也可以经常变换调查内容。

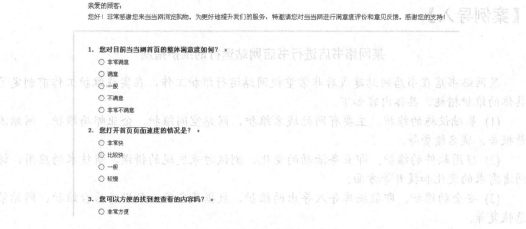

图 5-9　当当网调查问卷图

4) 页面维护

尽管所有的网络书店设计者在做网络书店之前都做了很周全的准备，但仍不能保证设计的网络书店都完美无缺。网络书店在正式发布之后，通过运行期间的数据分析和客户建议，需要进行页面维护，包括网络书店页面的风格、布局、导航设计、色彩、链接方式等诸多细节进行重新编排，使其更符合用户的浏览使用习惯，更有利于搜索推广。要时常检查网页相关的链接，网络书店的主页不可能包含全部的内容，其他页面上的内容都需要使用链接进行。对于链接是否连通，可以通过测试软件对网站中所有的网页链接进行测试，但最好还是用手工的方法进行检测，这样才能发现问题。尤其是网站的导航栏目，可能经常会出问题，因此，在网页正常运行期间也要经常使用浏览器查看测试页面，查缺补漏，精益求精。

【课堂演练】

同学们扮演用户和管理者角色，分别在凡科网模拟注册的书店中进行咨询、提问和建议，并给予电子邮件回复。

任务2 网络书店运行维护

【教学准备】

(1) 连接互联网的电脑设备若干台。

(2) 指定可链接的网页如下。

- http://www.dangdang.com(当当网)
- http://www.amazon.cn(亚马逊中国)
- http://book.tmall.com(天猫书城)
- http://www.faisco.com(凡科网)
- http://www.yilecms.com(以勒网)

【案例导入】

某网络书店进行书店网站运行的维护措施

某网络书店在书店网站建成后非常重视网站运行维护工作，在实施维护工作前制定了具体的维护措施，具体内容如下。

(1) 基础设施的维护。主要有网站域名维护、网站空间维护、企业邮局维护、网站流量报告、域名续费等。

(2) 应用软件的维护。即业务活动的变化、测试时未发现的错误、新技术的应用、访问者需求的变化和提升等方面。

(3) 安全的维护。即数据库导入导出的维护、数据库备份、数据库后台维护、网站紧急恢复等。

(4) 网站数据维护及备份。定期网站的数据库备份，每月的5号硬盘数据整理(每月3次)。

(5) 网站杀毒。定期定制杀毒，每月的7号硬盘数据整理(每月3次)。

该书店根据这些措施进行网络书店的运行维护，实施一段时间后，网站能够基本正常有效地运行，但偶尔会有显示错误、运行速度慢等小问题出现，为解决这些问题，该书店又补充了一些措施，此后运行稳定良好，具体措施内容如下。

(1) 垃圾碎片清理。过多的垃圾文件(包括：.tmp、._mp、*.log等文件)会影响网站的访问速度，定期进行清理。

(2) 网站攻击抵御。根据网络书店网站被攻击的当时的情况临时关闭端口、转域、封IP等做法抵御。

(3) 网站灾难恢复。避免被黑客或者操作者不小心带毒上传数据导致网站崩溃，而进行网站还原备份恢复。

(4) 定制维护日志及维护月报。通过维护日志及维护月报，让客户直观地查看维护的内容及出现的问题。

(5) 系统优化。服务器系统优化、服务器系统优化、网站数据库优化、规范代码优化、对已经定位的栏目板块的图片进行设计和修改、对已经存在的网站功能进行BUG处理以及二次优化。

【知识嵌入】

网络书店的维护除了对网络书店的内容信息进行更新、补充、修改、统计等，还需要对网络书店的正常运行进行维护管理。尤其是有的网络书店有自己的网站，需要进行网站维护的。本任务的内容主要是针对建有网站的网络书店进行运行维护。

网络书店的管理员必须时常登录书店，查看异常的信息，及时发现错误并及时更正，也要注意网络书店打不开等异常信息。尤其是一些网络书店，有自己独立的网站，更需注意网络书店网站的正常运行，需要进行日常维护，例如对于服务器的杀毒、补丁更新、垃圾清理，保证服务器的通畅；对于后台的建设规范合理，删除已过期不需要的专题栏目。确保网络书店无错显示。

一、网络书店运行维护的重要性

网络书店建设好了之后，后续的维护工作可以说是一项复杂的系统工程，涉及技术、设备、管理和制度等多方面的因素，尤其是网络书店网站的维护需要网站程序员、编辑人员、图片处理人员、网页设计师、服务器维护人员共同协作，才能将书店网站的维护与安全性管理做到最好。通过对服务器、操作系统和 Internet 连接线路等的维护，以确保网站的 24 小时不间断地正常运行。计算机硬件在使用中常会出现一些问题，网络设备也同样影响企业网站的工作效率，网络设备管理属于技术操作，非专业人员的误操作有可能导致整个网络书店网站的瘫痪。没有任何操作系统是绝对安全的，维护操作系统的安全必须不断地留意相关网站，及时地进行处理和维护。

二、网络书店运行维护的内容

网络书店网站的运行维护，主要包括硬件系统维护、软件系统维护和网络安全维护等几个方面。

1. 硬件系统维护

1) 服务器维护

服务器运行的正常与否，决定了整个网站的状态、功能的实现。在一个功能完善、客户需求大、访问量大、下载数据量大的网络书店网站，服务器往往不止一台，一般情况可由多台服务器组成。所以，对服务器的维护主要从以下几个方面考虑。

(1) 服务器的安放位置，每台服务器都应有一个可靠、固定的安置地点。

(2) 启动与关闭，对服务器采取严格开机、关机的控制，保证整个计算机网络和网站的正常运行，特别是提供关键功能的服务器。

(3) 系统升级，随着时间的延续，原有的计算机系统配置不能满足要求，应对其进行测试、升级等操作。

(4) 故障记录与处理，因为服务器是计算机网络系统中的关键设备，它的正常与否关系到整个网站系统的状态。因此，应做好对服务器出现的情况进行详细记录，特别是故障记录。故障记录包括：时间、地点、设备编号、故障现象、故障结果、连带运行状态等。

2) 设备维护

设备维护包括设备增加、设备的卸载和更换、除尘等。

(1) 设备的增加。对网络书店来说，增加内存和硬盘是最常见的，因为网络书店所安装的应用软件、资源库会越来越多，服务器需要的内存和硬盘容量就越来越多。在增加内存前，需要认定与服务器原有的内存的兼容性，最好是同一品牌的规格的内存。如果是服务器专用的 ECC 内存，则必须选用相同的内存，普通的 SDRAM 内存与 ECC 内存在同一台服务器上使用很可能会引起系统严重出错。在增加硬盘之前，为了防止买来了设备却派不上用场，则需要认定服务器是否有空余的硬盘支架、硬盘接口和电源接口，以及主板是否支持这种容量的硬盘等。

(2) 设备的卸载和更换。卸载和更换设备时的问题不大，需要注意的是有许多品牌服务器机箱的设计比较特殊，需要特殊的工具或机关才能打开。在卸机箱盖的时候，需要仔细看说明书，不要强行拆卸。另外，必须在完全断电、服务器接地良好的情况下进行，即使是支持热插拔的设备也是如此，以防止静电对设备造成损坏。

(3) 除尘。尘土是服务器最大的杀手，因此需要定期给服务器除尘。尤其是规模较小的电子商务网站，服务器很可能没有专用的无尘机房环境，一段时间使用下来，服务器中沉积了大量的灰尘，尤其是在炎热的夏季，对于服务器来说，灰尘甚至是致命的。除尘方法与普通 PC 除尘方法相同，尤其要注意的是电源的除尘。

2. 软件系统维护

服务器软件系统方面的维护也是服务器维护量最大的一部分，软件系统维护包括操作系统、网络服务、数据库服务等各方面的维护。

1) 操作系统维护

操作系统的安全必须密切关注着网络书店，及时地为系统安装升级包或者打上补丁，其他的诸如 SQL Server 等服务器软件也要及时打上补丁。此外，服务器配置本身就是安全防护的重要环节，不少黑客就是利用了没有正确配置的微软的 IIS 服务所产生的漏洞而成功入侵网络书店的。因此，服务器的配置也是不容忽视的一环。

2) 网络服务维护

网络服务有很多，如 WWW 服务、DNS 服务、DHCP 服务、SMTP 服务、FTP 服务等，随着服务器提供的服务越来越多，系统也容易混乱，此时可能需要重新设定各个服务的参数，使其正常运行。对网络书店网站来说，由于有这些对外开放的网络服务，也容易受到病毒及黑客的攻击，所以要将服务器定期进行安全检查制度化。

安装功能强大的防火墙并增设网络入侵检测系统，充分利用漏洞扫描工具和入侵检测系统 IDS 等工具，加大服务器的安全检测，及时发现系统的漏洞并在第一时间为服务器安装各类新漏洞的补丁程序，从而避免服务器受到攻击使企业网站发生异常。

所谓防火墙，指的是一个由软件和硬件设备组合而成、在内部网和外部网之间、专用网与公共网之间的界面上构造的保护屏障，它是一种计算机硬件和软件的结合，Internet 与 Intranet 之间建立起一个安全网关(Security Gateway)，从而保护内部网免受非法用户的侵入。安装功能强大的防火墙，可以有效地防御外界对 Web 服务器的攻击。

所谓入侵检测系统 IDS(Intrusion Detect System)，指的是实时网络违规自动识别和响应系统。IDS 位于需要保护的网络敏感数据上或网络上存在有任何风险的地方。它通过实时截获网络数据流，能够识别、记录入侵或破坏性代码流，并寻找网络违规模式和未授权的网络访问，一经发现非法入侵，检测系统就会做出包括实时报警、自动阻断通信连接或执行用户自定义的安全策略等。

3) 数据库维护

网络书店经过一段时间的运行，就需要调整数据库的性能，使之进入最优化状态。数据库中的数据是最重要的，这些数据库如果丢失，损失是巨大的，因此需要定期来备份数据库，以防万一。

对服务器上的数据进行维护包括：数据库导入导出、数据库备份、数据库后台维护、网站紧急恢复。对服务器上的数据定期进行备份是很重要的。网站的核心是数据，数据一旦遭到破坏，要能及时用备份数据恢复系统。

数据库需要进行定期备份，将数据库的内容转存到其他地方。这里说的数据主要包括网络书店源代码、图片、网页框架、动画等所有网页内容及数据库内容。最好一周备份一次，如果每天的文章发布量很大，可缩短备份时间。备份目的地最好选择在本地备份一份，在备份中心再备份一份，这样即使本地硬盘或系统出现了问题，也不至于使数据全部丢失。如果不做数据备份，当服务器硬件故障或网络书店被恶意攻击之后网络书店的所有资料可能会全部丢失，特别是网络书店数据库包含有重要数据的时候，损失将更加惨重。只有做好了备份工作，才能保证在网络系统遭遇突发故障而崩溃后，在最短的时间内对网络书店进行恢复；在重要的文件资料、数据被误删或遭病毒感染、黑客破坏后，尽快抢救，尽力恢复。对每次应用数据库的过程进行记录，以便出现错误时可以检查错误来源。

4) 网络书店链接维护

网络书店链接对排名有着十分重要的影响。因此，在做好链接以后，还要对网络书店链接进行维护，维护的重点对象是网络书店的外部链接和内部链接。进行有效链接维护，有利于及时发现网络书店内部失效链接并清理或者更改，提升网络书店的排名和权重。而网络书店链接维护的方法又可以分为以下几种。

(1) ASP.NET 网站管理工具。网站管理工具使用户能够通过简单的 Web 界面查看并管理网站配置。

(2) Google 的网站管理员工具。Google 的免费网站管理员工具可以让企业的网站更便于 Google 处理。这些工具可以让用户知道 Google 对用户网站的看法，帮助用户诊断问题，并让用户与 Google 共享信息以提高用户的网站在搜索引擎结果中的展示率。

(3) 远程网站管理工具。这个不需要使用者自己搜寻变更过多少文件或更新了多少需要上传的文件，即会自动对比文件是否经过修改而上传文件。

(4) Web tester 网站管理工具。该工具是一个非常方便的网站管理工具，主要功能是检查网页有无断链、对于那些实际不存在的而放在网页上的链接，该工具能够予以指出，也可以检查外部链接的合法性。

3. 网络安全维护

在网络世界中，网站的安全问题日益突出，一个缺乏安全性的网站，无论它的界面多么好，信息多么丰富，如果无法保证访问者和其自身的信息安全，是很难存活的。当数据、人员、系统、设备、环境建设好后,计算机网络系统和网站即可开始运转。这时网络综合安全的手段将成为网络运转的首要工作。往往不安全因素是不可控制和不可预料的。因此,必须针对可能出现的不安全因素找到相应的对策,采取一系列措施才能防止和保护以上设备免受破坏,这些措施包括以下几个方面。

1) 设备的安全对策

一些重要的设备,如各种服务器、主干交换机、路由器等必须实行集中管理。各种通信线路必须实行深埋、穿线或架空,并有明显标记,防止无意损坏。对于终端设备,如工作站、小型交换机、集线器和其他转接设备要责任到人,进行严格管理。

2) 身份的安全对策

身份的安全对策主要是身份认证 CA,是英文 Certificate Authority 的简称,通俗地讲,就是电子身份认证的意思。数字证书就是用电子形式来唯一标识企业或者个人在国际互联网上或专用网上的身份,当用户用自己的数字证书对电子化信息进行签名以后,其对这份电子信息的内容就具有不可抵赖性或篡改性,如同其在工作或生活中用公章或私章对某份文件盖章以后产生的效果一样。以数字证书为核心的加密传输、数字签名、数字信封等安全技术,可以在网络上实现身份的真实性、信息传输的机密性、完整性以及交易的不可抵赖性,从而保障网络应用的安全性。

3) 技术的安全对策

目前,网络安全的技术主要包括杀毒软件、防火墙技术、加密技术、身份验证、存取控制、数据的完整性控制和安全协议等内容。针对电子商务网站,主要应该采取以下一些技术措施。

(1) 运用内容过滤器和防火墙。过滤器技术可以屏蔽不良的网站,对网上色情、暴力和邪教等内容有强大的堵截功能。防火墙技术包含了动态的封包过滤、应用代理服务、用户认证、网络地址转换、IP 防假冒、预警模块、日志及计费分析等功能,可以有效地将内部网与外部网隔离开来,保护电子商务网站不受未经授权的第三方侵入。

(2) 运用 VLAN(虚拟局域网)技术。采用交换式局域网技术(ATM 或以太交换)的电子商务网站,可以运用 VLAN 技术来加强内部网络管理。VLAN 技术的核心是网络分段,根据不同的应用业务以及不同的安全级别,将网络分段并进行隔离,实现相互间的访问控制,可以达到限制用户非法访问的目的。

(3) 杀毒软件。选择合适的网络杀毒软件可以有效地防止病毒在电子商务网站上传播。它应具有以下一些特征:第一,能够支持所有的主流平台,并实现软件安装、升级、配置的中央管理;第二,要能保护电子商务网站所有可能的病毒入口,也就是说要支持所有可能用到的 Internet 协议及邮件系统,能适应并且及时跟上瞬息万变的 Internet 时代步伐;第三,具有较强的防护功能,可以对数据、程序提供有效的保护。

4) 管理的安全对策

管理的安全对策主要是指在制度管理上对网络的安全对策。管理的安全除了建立起一套严格的安全管理规章制度外,还必须培养一支具有安全管理意识的网管队伍。网络管理人员通过对所有用户设置资源使用权限与口令,对用户名和口令进行加密存储、传输,提供完整的用户使用记录和分析等方式可以有效地保证系统的安全。

网络书店建成后的维护工作不是可有可无的,而是必不可少的。任何一个环节的维护没有跟上,都将影响书店在客户中的形象,进而影响书店的业务。经常对网络书店内容进行更新、细节进行调整、数据进行备份、软硬件进行维护,不仅可以保证网络书店更安全、稳定地运行，而且能保证源源不断地吸引更多的浏览者，增加访问量，提高网络书店的知名度，使自己在瞬息万变的信息社会中抓住更多的网络商机。

【课堂演练】

分析总结网络书店运行过程中的安全防范措施有哪些。

项目实训实践　网络书店的维护

1. 实训名称
网络书店的维护。

2. 实训目的
(1) 能够按网络书店要求修改更新完善书店信息。
(2) 能够按网络书店要求维护网络书店长期正常的运行。
(3) 掌握网络书店正常有效运行的要求。
(4) 理解网络书店维护的内容。

3. 实训内容
在模拟建好的网络书店页面上进行如下操作。
(1) 定时检查网络书店网页是否出错，是否出现不能实现链接的情况。
(2) 及时修改补充网店商品信息内容，更新文字、图片等素材内容。
(3) 及时更新网络书店广告、活动动态、资讯内容。
(4) 及时收集客户浏览网页数据、整理客户评价，根据客户浏览习惯和建议调整网络书店信息更新的时间和更新的内容。
(5) 请专业人员定期检查网络书店运行环境是否正常、安全，定期清理维护。

4. 实训要求
(1) 上交1份网络书店维护计划书。
(2) 上交1份网络书店维护清单。
(3) 上交1份网络书店内容更新说明图，以截图形式体现。

5. 考核标准

考核标准(100分制)	优秀(90~100分)	良好(80~90分)	合格(60~80分)
	网络书店内容丰富，信息能根据客户浏览习惯及时更新，网页没有差错，图片清晰，能安全稳定运行	网络书店内容较为丰富，信息及时更新，网页基本没有差错，图片清晰，能安全稳定运行	网络书店信息能及时更新，网页基本没有差错，能稳定运行
自评分			
教师评分			

注：未参与实训项目，在本次实训成绩中计0分。

课 后 练 习

1. 简答题

(1) 网络书店维护的内容有哪些？
(2) 维护网站安全的对策有哪些？

2. 思考题

请以自建的网络书店的维护为例，分析说明网络书店在维护过程中最大的困难是什么。

3. 案例分析题

请以亚马逊为例，分析说明此网络书店信息维护的内容。

项目六　网络书店交易、沟通与服务

【项目情境描述】

网络书店所有的工作都是为了成功实施交易，因此网络书店商品的交易过程、规则、支付技术、物流手段，以及沟通和服务技巧，是网络书店管理人员必须认真设计、熟练掌握的必要内容。交易的安全性、支付手段的可靠性、物流方式的便捷性、沟通和服务的有效性，既是顾客实际利益保障的关键要素，也是网络书店运营利益保障的关键要素。

网络书店要实现图书等商品的成功交易，除了货品齐全、信息完善、装修美观等前面项目描述的因素之外，至关重要的一点是网络书店顾客感受到的服务。对于网络书店而言，其竞争程度也日益加剧，而在一个竞争的市场中，顾客决定着企业的生存与发展。不论是像亚马逊这种大型的网络书店，还是淘宝网上开店的网络书店，都需要顾客的支持，获取和保持忠诚的顾客不仅是企业获利的直接来源，也是其维持竞争优势的重要源泉。随着网络购物市场的发展，消费者日渐成熟起来，消费心理逐渐开始趋向理性化，并不是一味地追求低价，而是把注意力聚焦到网络书店所能提供的所有服务上来。

网络书店能提供的服务，包括网络书店页面导航、及时更新的信息内容、确保交易支付的安全措施、交易过程中网络书店客服人员亲切有效的交流沟通，还有货品交付、售后服务等。这些服务是顾客关注的内容，尤其是网络书店客服人员与顾客之间的交流沟通，更是影响顾客完成交易的关键因素。

本项目将带领大家详细了解网络书店交易支付的技术和物流技术，详细了解网络书店客服人员应具备的基本素质、能力和知识、沟通技巧，以及网络书店服务的内容，以便在从事网络书店交易过程中能提供更好的服务。

【学习目标】

(1) 熟悉网络图书交易的过程和规则、支付技术和物流技术。
(2) 熟悉与消费者沟通的技巧，具备良好的沟通能力。
(3) 具有良好的服务意识，能给客户提供必需的服务。

【学习任务】

任务1：网络书店交易的支付技术和物流技术(建议：4课时)
任务2：网络书店的沟通(建议：3课时)
任务3：网络书店的服务(建议：3课时)
项目实训实践：网络书店的交易、沟通与服务(建议：2课时)

任务1　网络书店交易的支付技术和物流技术

【教学准备】

(1) 连接互联网的电脑设备若干台。

(2) 指定可链接的网页如下。
- http://www.dangdang.com(当当网)
- http://www.amazon.cn(亚马逊中国)
- http://book.tmall.com(天猫书城)
- http://www.faisco.com(凡科网)
- http://www.yilecms.com(以勒网)

【案例导入】

第三方支付市场的风起云涌

面对风起云涌的第三方支付市场，支付宝服务窗的市场地位已有点微妙，百度推出的连接商户线上线下服务的"直达号"，对先入一步的微信公众号以及支付宝服务窗都产生了一些震动。那么，第三方支付平台有着怎样的复杂生态呢？第一，商家支付宝平台和微信平台同时使用，各有侧重。大部分开发者同时运营微信公众平台业务以及支付宝服务窗开放平台业务。其实，支付宝和微信商家究竟使用哪个，这与商家的需求相关。如果商家侧重传播营销，一般会使用微信，如果侧重业务落地，则使用支付宝更合适。一些开发者也迅速开发了一套新的系统，方便商家支付宝和微信二者结合使用，一个负责拉新，一个负责交易。微信是个社交工具，虽然嫁接了支付，但是它最大的属性仍然是分享、交友。对商家来说，可以通过这个平台以社交关系的形式进行与用户握手，把公众平台当成信息宣传窗口。支付宝强调的是交易，用户在这里的第一需求是消费，因此服务窗强调业务落地，而不是简单的图文宣传。实际上，微信公众平台的服务号与支付宝服务窗更为类似，都是以企业服务为重点，然而很多商家的服务号并没有真正做起来，而公众号中最活跃的是订阅号，但是交易转化率非常低。第二，支付宝和微信对开发者的扶持方式不一样。微信是向所有有能力的第三方放开，而支付宝是有选择地放开，选择有规模有能力的第三方签订协议，成为支付宝的授权渠道商。渠道商的作用是两个，一个是帮支付宝推广支付宝钱包企业版，二是帮商家将业务集成到支付宝服务窗中。支付宝之所以选择这种方式，是因为其需要依赖渠道商进行地面推广、商家维护，因此它必须确保这些渠道商是可以长期信赖的。这也就决定了支付宝服务窗平台的第三方开发者并不会短时间增长很多，但是会扶持一些第三方做大，成为某一片区域的总渠道商。第三，支付宝服务窗平台的核心仍然是支付。支付是支付宝的核心，也是支付宝服务窗开放平台的核心。只有通过构筑各种服务场景，将支付宝移动支付落地，支付宝才能获得实际的利益。这也是与微信公众平台最大的不同之一。因为支付费率这一既有的商业模式，纳入支付宝服务窗平台并且使用支付宝支付通道的商户，实际上是支付宝的客户。而使用微信公众平台的商户并没有为微信支付费用，不是微信的客户。所以支付宝希望通过渠道商，为商家推广O2O解决方案，使商家最终纳入支付宝服务链条。支付宝和渠道商、渠道商和商户、支付宝和商户之间都存在利益关联。

【知识嵌入】

网络书店的后期运营中，支付方式是否主流和物流管理是否科学这些问题都是运营中的关键，它会影响消费者的购买行为，所以在营销环节，各大电子商务网站都十分注重在这两个方面的建设。

一、支付方式的比较

电子商务的快速发展，支付方式也随之更为多元化，现阶段包含了汇款、货到付款、电话支付、手机短信支付、网上支付(包括网上银行卡转账支付、第三方支付平台结算支付)等方式，其中网上支付是最常见也是最普通的方式。第三方支付平台有支付宝、财付通、网汇通、贝宝、快钱、云网、拉卡拉等。

1. 汇款

银行汇款或邮局汇款是一种传统支付方式。邮局汇款是顾客将订单金额通过邮政部门汇到商户的一种结算支付方式。采用银行或邮局汇款，可以直接用人民币交易，避免了诸如黑客攻击、账号泄露、密码被盗等问题，对顾客来说更安全。但采用此种支付方式的收发货周期时间长，而采用其他网上支付则只需 1~2 天。此外，顾客还必须到银行或邮局才能进行支付，支付过程比较烦琐。对于商家来说，这种交易方式也无法体现电子商务高速、交互性强、简单易用且运作成本低等优势。因此，这种支付方式并不能适应电子商务的长期高速发展。

2. 货到付款

货到付款又称送货上门，是指按照客户提交的订单内容，在承诺配送时限内送达顾客指定交货地点后，双方当场验收商品、当场交纳货款的一种结算支付方式。目前，很多购物网站都提供这种支付方式。这是一个充满中国特色的 B2C 电子商务支付方式、物流方式，既解决了中国网上零售行业的支付和物流两大问题，又培养了客户对网络的信任。货到付款仍然是中国用户最喜欢的支付方式之一。但是，将支付与物流结合在一起存在很多问题。首先，付款方式采用现金付费，因此只局限在小额支付上，对于商家的大额交易则无法实现。其次，由于送货上门受到地区的局限，而 EMS 费用又较高，所以顾客选择最多的还是普通邮寄，这就会带来必然的时间损耗，给用户造成不便。送货上门单张订单购物金额满 30 元免 5 元平邮费用，单张订单购物金额满 200 元免加急费用，这个费用对于小额购物的顾客来说是无法接受的。

3. 网上支付

所谓网上支付，是以金融电子化网络为基础，以商用电子化工具和各类交易卡为媒介，以电子计算机技术和通信技术为手段，以二进制数据形式存储，并通过计算机网络系统以电子信息传递形式实现的流通和支付。

2013 年网上支付在整个电子支付市场规模中所占的比例为 97%，网上支付仍是电子支付形式中的绝对主力，国内目前采用网上支付业务的网上书店总数已超过 10 万家。网上支付的方式主要有：银行卡支付方式、电子支票支付方式和电子货币支付方式。其中比较成熟的是银行卡支付方式，银行卡支付方式是目前在国内网上购物实现在线支付的最主要的手段。

4. 网上银行卡转账支付

网上银行卡转账支付指的是电子商务的交易通过网络、利用银行卡进行支付的方式。客户通过 Internet 向商家订货后，在网上将银行卡卡号和密码加密发送到银行，直接要求转移资金到商家银行账户中，完成支付。银行卡的卡类可以包括信用卡、借记卡和智能卡等。

我国目前网上银行卡转账支付可以分为有数字证书和无数字证书两种方式。一般的用户如果不去银行申请启用有数字证书保护的网上支付功能，就只能使用无数字证书保护的网上支付。不启用数字证书保护的网上支付在功能上会有一定的限制，例如只能进行账户查询或只能进行小额支付。而启用数字证书保护的网上支付不仅拥有更高的安全性，而且能享受网上银行所提供的全部服务，支付的金额不受限制。

银行卡网上直接转账支付存在着安全性和方便性方面的矛盾。例如，要起用数字证书保护，付款人必须经过向银行申请安装数字证书，下载指定软件等多道手续，对于有些对电脑操作不熟悉的顾客而言就很难实现了。另外，因客户直接将货款转移到商家的账户上，如果出现交易失败的情况，那么讨回货款的过程就可能变得非常烦琐和困难。

5. 第三方支付平台结算支付

第三方结算支付是指客户和商家都首先在第三方支付平台处开立账户；并将各自的银行账户信息提供给支付平台的账户中，第三方支付平台通知商家已经收到货款，商家发货；客户收到并检验商品后，通知第三方支付平台可以付款给商家，第三方支付平台再将款项划转到商家的账户中。这样客户和商家的银行账户信息只需提供给第三方支付平台，比较安全，且支付通过第三方支付平台完成，如果客户未收到商品或商品有问题则可以通知第三方支付平台拒绝划转货款到商家。而商家则可以在货款有保障的情况下放心发货，有效地降低了交易风险。第三方平台结算支付是当前国内服务数量最多的支付模式。国内目前第三方支付公司中，比较知名的有阿里巴巴支付宝、易趣安付通、贝宝、腾讯财付通、易宝、网银在线、银联电子支付、环讯的 IPS、云网等。

由于第三方支付平台的介入，解决了电子商务支付过程中的一系列问题，如安全问题、信用问题、成本问题。与此同时，中国现有的第三方支付平台也存在一定的问题。

首先，中国法律规定只有金融机构才有权吸纳代理用户的钱，其他企业机构不得从事类似活动，支付平台的法律地位也受到一部分人的质疑。

其次，货款在第三方支付平台中滞留的时间内将产生一定的利息，这部分利息如何分配目前也缺乏明确的规范和严格的监督。

再次，支付平台解决的电子商务支付过程中的安全性问题只限于客户和厂商之间，其他安全性问题如客户在支付平台填写银行资料时信息的保密性、有效性和完整性问题还有待进一步解决。操作还不够简便，客户在使用支付平台时都必须进行一系列烦琐的申请。

最后，货款会在第三方支付平台的账号中滞留一段时间，非实时性支付带来存款风险，如第三方支付企业不能完全保证货款安全，将大大损害客户和商家的利益。第三方支付平台可能会被利用，通过捏造虚假交易从信用卡套现，甚至存在可能被利用来进行洗钱的风险。

二、网络支付的基本流程

基于互联网平台的网络支付一般流程如下。

1. 客户接入互联网

通过浏览器在网上浏览商品,选择货物,填写网络订单,选择应用的网络支付结算工具,并且得到银行的授权使用,如银行卡、电子钱包、电子现金、电子支票或网络银行账号等。客户核对相关订单信息,如支付信息进行加密,在网上提交订单。

2. 商家确认客户支付信息

商家服务器对客户的订购信息进行检查、确认,并把相关的、经过加密的客户支付信息转发给支付网关,直到银行专用网络的后台业务服务器确认,以期从银行等电子货币发行机构验证得到支付资金的授权。

3. 银行验证客户支付信息

接下来等银行验证确认后,通过建立起来的经由支付网关的加密通信通道,给商家服务器回送确认及支付结算信息,为确保进一步的安全,给客户回送支付授权请求(也可没有)。银行得到客户传来的进一步授权结算信息后,把资金从客户账号上转拨至开展电子商务的商家银行账号上,借助金融专用网进行结算,并分别给商家、客户发送支付结算成功信息。

4. 商家接收银行结算信息

商家服务器收到银行发来的结算成功信息后,给客户发送网络付款成功信息和发货通知。至此,一次典型的网络支付结算流程结束。商家和客户可以分别借助网络查询自己的资金余额信息,以进一步核对。

以上的网络支付一般流程只是对目前各种网络支付结算方式的应用流程的普遍归纳,并不表示各种网络支付方式的应用流程完全相同,但大致遵守该流程。

三、网络书店常见的在线支付接口

目前互联网上在线支付接口种类很多,常见在线支付接口介绍如下。

1. 支付宝支付接口集成

支付宝支付接口集成是指支付宝支付平台接口程序与你的商务网站无缝整合,从而让你的网站立即拥有在线收款的功能。根据你的网站脚本和结构加以整合,经编程到调试成功。

2. 财付通支付接口集成

财付通支付接口集成是指财付通支付平台接口程序与商务网站无缝整合,从而让网站立即拥有在线收款的功能。财付通构建全新的综合支付平台,业务覆盖B2B、B2C和C2C各领域,提供卓越的网上支付及清算服务。针对个人用户,财付通提供了包括在线充值、提现、支付、交易管理等丰富功能；针对企业用户，财付通提供了安全可靠的支付清算服务和极富特色的 QQ 营销资源支持。客户在网站上支付后，钱款自动计入该网站上该客户对应的账户上，实时到账，方便快捷。

3. 快钱支付接口集成

快钱支付接口集成是指快钱支付平台接口程序与商务网站无缝整合，从而让网站立即拥有在线收款的功能。快钱公司是目前国内领先的独立第三方支付企业，最早推出基于 E-mail 和手机号码的综合电子支付服务，拥有千万级注册用户。使用快钱在线支付后，钱款自动计入用户的境网互联会员 ID 账户上，实时到账，简单快速便捷。客户在网站上支付后，钱款自动计入该网站上该客户对应的账户上，实时到账，方便快捷。

4. 网银在线支付接口集成

网银在线支付接口集成是指网银在线支付平台接口程序与商务网站无缝整合，从而让该网站立即拥有在线收款的功能。网银在线(北京)科技有限公司是 2003 年 6 月在中关村注册的高新技术企业，注册资金 1000 万人民币。自成立以来，凭借强大的技术实力和良好的服务理念，以"电子支付专家"为发展定位，联合中国银行、中国工商银行、中国农业银行、中国建设银行、招商银行等国内各大银行，以及 VISA、MasterCard、JCB 等国际信用卡组织，致力于为国内中小型企业提供完善的电子支付解决方案。客户在某网站上支付后，钱款自动计入网站上该客户对应的账户上，实时到账，方便快捷。

5. PayPal 贝宝支付接口集成

PayPal 贝宝支付接口集成是指 PayPal 贝宝支付平台接口程序与商务网站无缝整合，从而让网站立即拥有在线收款的功能。PayPal 贝宝利用 PayPal 的先进技术以及在全球支付业中所具有的经验，专为中国用户提供发送和接收人民币款项类似 PayPal 的产品。一旦注册了 PayPal 贝宝，用户就可以用 PayPal 贝宝余额中的钱或别的注资选项(如信用卡)向任何有电子邮件地址的人发送款项。接收方会通过电子邮件得知自己收到了付款。PayPal 贝宝是为跨国买卖发送和接收付款最方便、最安全的方法。而且，它的多币种功能使用户可以向买家提供 6 种不同货币的付款选择。比起银行或者填写并邮寄纸制支票，PayPal 贝宝要省时得多。而且支票要用几天时间才能清算，PayPal 贝宝则可以即时清算。PayPal 贝宝使用 SSL 技术来确保信息安全，如果用户用 PayPal 贝宝发送付款，接收方不会收到发送方敏感的财务信息，如信用卡或银行账号。这样用户在给不认识的人付款时就不必太担心。

6. ChinaPay 在线支付接口集成

ChinaPay 是中国银联控股的银行卡专业化服务公司，拥有面向全国的统一支付平台，主要从事以互联网等新兴渠道为基础的网上支付、企业 B2B 账户支付、电话支付、网上跨行转账、网上基金交易、企业公对私资金代付、自助终端支付等银行卡网上支付及增值业务，是中国银联旗下的网络方面军，包括网上支付、网上基金和自助终端系统。ChinaPay 在线支付平台接口程序与商务网站无缝整合，从而让网站立即拥有在线收款的功能。

7. 首信易·在线支付接口集成

首信易·在线支付平台接口程序与商务网站无缝整合，从而让网站立即拥有在线收款的功能。首信易支付作为具有国家资质认证、政府投资背景的中立第三方网上支付平台拥有雄厚的实力和卓越的信誉。同时，它也是国内唯一首家通过 ISO9001、ISO2000 质量管理体系认证的支付平台。

8. 网汇通·在线支付接口集成

商户网站通过网汇通系统网关接入，可以使用网汇通系统提供的在线支付服务。商户网站需要开发相应的接口程序以完成接入。开通网上在线支付的同时，可以使用各种基础支付服务。

四、开通支付与接口申请

下面我们以开通支付宝支付为例，为网络书店开通收款功能，目前申请支付宝接口是不需要花钱的，使用支付宝的收费标准是按用户成交额的多少，按比例扣除。

申请支付宝接口的步骤如下。

第一步，登录支付宝官网https://www.alipay.com，点击右上角，通过"支付宝首页"进入"商家服务"，到达"产品商店"入口，如图 6-1 所示。

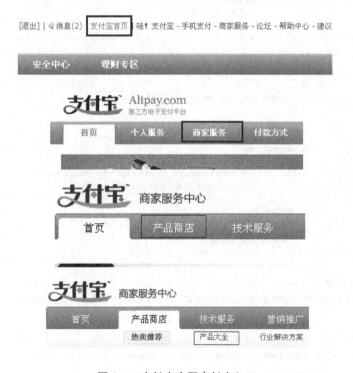

图 6-1　支付宝官网支付宝入口

第二步，选择即时到账接口套餐，并立即申请，如图6-2所示。

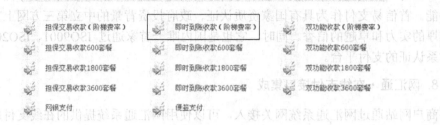

图6-2 申请即时到账接口

第三步，填写网站信息、申请信息，如图6-3所示。

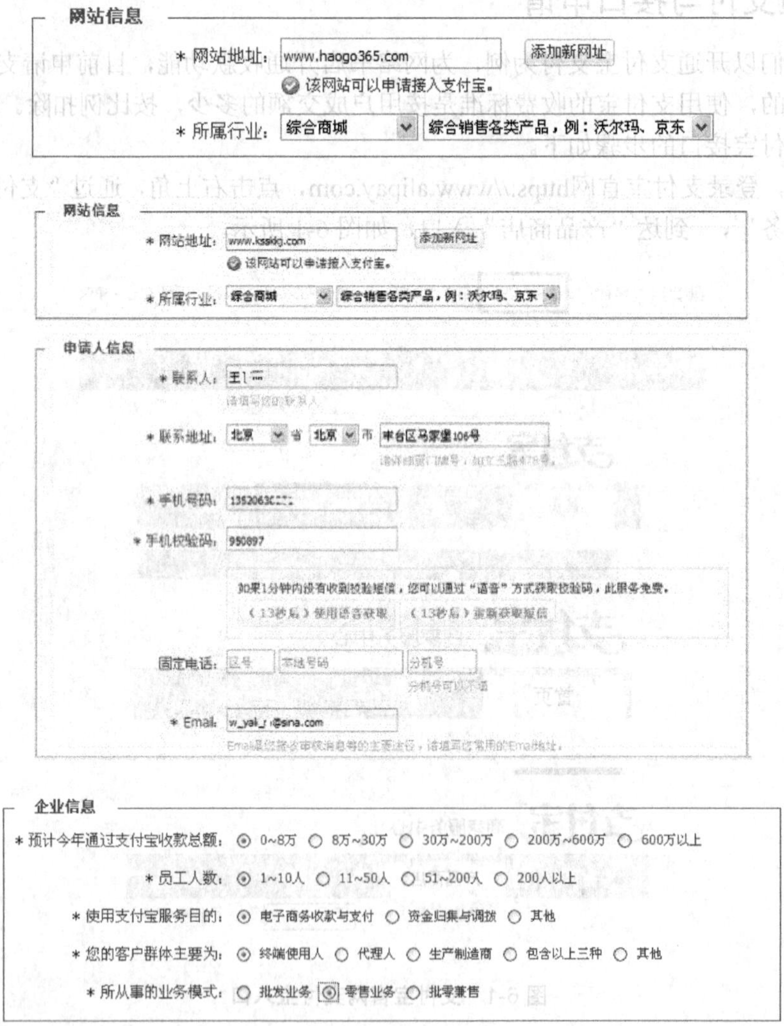

图6-3 填写网站信息

第四步，提交申请成功后，支付宝会在 3 个工作日内完成审核，通过邮件或信息通知申请者。

第五步，在"支付宝首页"—"商家服务"—"我的商家服务"中，可以查看申请状态。审核通过后，状态会显示"待集成"，上面可以获取"PID"和"Key"，如图 6-4 所示。

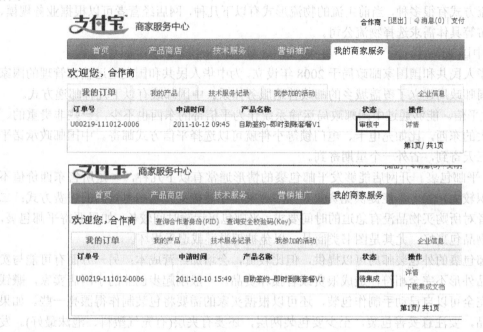

图 6-4　查看申请状态

第六步，登录网站后台管理系统，在"支付方式"菜单中填入在支付宝中申请好的"支付宝账号""PID""KEY"等参数，如图 6-5 所示。

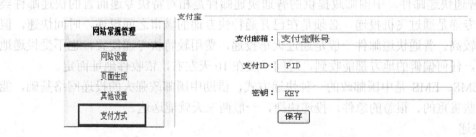

图 6-5　填写支付方式参数

至此，我们就完成了一次支付宝收款接口服务的申请和应用，凡是带有商城系统的网站管理后台申请的方法基本一致。

五、常见物流形式

在完成支付平台的搭建之后，网店经营者就应该着手开始物流管理工作。物流管理已经成为网络购物的一个重要环节，网店产品的运输是否快捷无差错已成为网购者对网店的评价好坏的重要因素之一。虽然物流看上去跟网店经营者没有直接关系，但快捷的物流往往能让消费者更放心、更愿意进行二次购买。那么开网店应该选择哪种形式的物流运输呢？在物流运输过程中又应该注意些什么呢？

1. 常见物流形式

物流方式有很多种，当前主流的物流形式有以下几种，网店经营者可以根据业务规模、顾客分布等具体需求选择物流公司。

1) 中国邮政局

中华人民共和国国家邮政局于2008年设立，为中华人民共和国交通运输部管理的国家局。中国邮政局建立了覆盖城乡的邮政普遍服务体系。中国邮政有以下几种邮递方式。

(1) 平信。能够通过中国邮政局运输系统作为平信寄的东西也不少，一些非贵重的、体积不大的东西，比如充电卡、电门锁等小件就可以选择平信方式邮寄。中国邮政承诺平信省内三天寄到，省外一个星期寄到。

(2) 平邮包裹。开网店能够发平邮包裹的情形通常有以下几种，一是所售东西价值不高但体积较大，卖方不能提供免费快递而买方又不愿意接受快递相对较高的付费方式；二是购买者对所购买物品没有急迫的时间要求。平邮包裹运输时间较长，如果要寄平邮包裹，必须将物品包裹好，尤其是图书类商品，以免被雨淋湿或遭受损坏。

平邮包裹的外包装邮局可以提供，但比较贵，会增加经营成本；另一方面有可能与卖家的商品外形不完全相符，造成浪费或者损坏货品。一般刚起步创业的小网店卖家，赚钱不多，完全可以自己动手制作包装，还可以根据买家的需要将包装制作得漂亮一些。如果是易碎品，要注意妥善包装，至少要包装两层，还要有夹层(有充气塑料、泡沫最好)。发货时，要尽可能精准掌握邮局的邮资规则，比如，邮局是以500克为单位计资费，能够不超过500克的东西尽量不让它超过。还要掌握邮局的对平邮包裹的相关规定，比如邮局明确规定光盘必须有文化局的审批才能邮寄；对液体类货品一般算危险品不允许邮寄。

(3) 普通快递邮件。中国邮政提供的普通快递邮件是相对特快专递而言的快递邮件类型。特快专递是通过飞机投递，必须是在已开通特快专递的城市之间投递，时间快速，但费用相对较高。普通快递邮件一般是通过火车投递，费用较特快专递便宜，也不受投递地区的限制，任何偏僻的地方都能收到，时间一般在10天左右，依收件地址而定。

(4) EMS。EMS是中国邮政的一种快递方式，借助中国邮政强大的投递网络基础，能够满足一些贵重的、很急的急件，投递快捷，一般两三天就能送达。

2) 快递

快递又叫速递，是兼有邮递功能的门对门物流活动，即指快递公司通过铁路、公路和空运等交通工具，对客户货物进行快速投递。与中国邮政的邮递相比，快递的服务要优于邮政的邮递服务。

(1) 快递的服务功能。快递具有快速送达目的的服务功能，同时很多快递业者均提供邮件追踪功能、送递时间的承诺及其他按客户需要提供的服务。因此，快递的收费比一般邮递高出许多。

快递具有带动产业领域广、吸纳就业人数多、经济附加值高、技术特征显著等特点。它将信息传递、物品递送、资金流通和文化传播等多种功能融合在一起，关联生产、流通、消费、投资和金融等多个领域，是现代社会不可替代的基础产业。

(2) 快递机构。在中国，速递业者可以以不同的规模运作，小至服务特定市镇，大至跨区域、跨国甚至是全球服务。当前全球性速递公司主要有敦豪航空货运公司、联合包裹服务公司、联邦速递和TNT。中国境内的快递机构有：跨越速运、顺丰快递、邮政快递、高铁速递、宅急送、中通快递、圆通快递、申通快递、百世汇通、韵达快递、国通快递、天天快递、快捷快递、速尔快递、全峰快递、全一快递、联邦快递、TNT快递、大亿快递、运通快运、如风达、中诚快递、能达快递、德邦物流、优速快递、京东快递(由京东特别委托的快递)、邮政快递等多种快递运营。

3) 物流

中国的"物流"一词是从日文资料引进来的外来词，源于日文资料中对"Logistics"一词的翻译。

物流是指为了满足客户的需求，以最低的成本，通过运输、保管、配送等方式，实现原材料、半成品、成品或相关信息进行由商品的产地到商品的消费地的计划、实施和管理的全过程。

现代物流是经济全球化的产物，也是推动经济全球化的重要服务业。世界现代物流业呈稳步增长态势，欧洲、美国、日本成为当前全球范围内的重要物流基地。中国物流行业起步较晚，随着国民经济的飞速发展，中国物流行业保持较快增长速度，物流体系不断完善，行业运行日益成熟和规范。

物流由物体的运输、仓储、包装、搬运装卸、流通加工、配送以及相关的物流信息等环节构成，具体内容包括用户服务、需求预测、订单处理、配送、存货控制、运输、仓库管理、工厂和仓库的布局与选址、搬运装卸、采购、包装、情报信息等。

2. 选择快递方式的注意事项

作为网店经营者，为了满足购买者的需要，通常会选择快递的方式送达购买者所选购的图书。在使用快递时，通常要注意以下几个方面。

第一，收集资讯。平时多收集资讯，对各家快递公司的特点进行全面了解，比较快递服务质量、价格和服务口碑，货比三家，以便作出合理的选择。

第二，选择合作机构。找到可以合作的快递公司也不是件简单的事情。收集了快递公司名单、了解了各家服务质量之后，具体到你所在的城市和区域，并不是所有快递都有，所以，还要查找快递公司都有哪些网点，你所在的区域和城市是否有网点。在具体选择时，可以找那些离自己所在地近的快递。

特别提示：请一定多了解一些快递公司，不能只找一家，这样对自己不利，要货比三家才行。

除了自己联系附近的快递公司外，在淘宝网店上还可以线上联系快递。在线下单，选择发货时，那里显示有哪家快递公司，就证明那些快递公司是可以送到目的地的。

第三，包装。包装应该和平邮一样严格要求自己，以节省成本、环保和货品安全为原则。

第四，分类。不同的快递公司可能有价格、送达时间和接受货物的具体要求，比如有的快递公司不接受液体货物，有的快递公司接受液体货物。因此，要将快递公司进行分类，以根据自己所需要发送的货物去选择相应的快递公司。

第五，签收。贵重物品或易碎品一定要求收货方当着送件员的面打开验货，确定完好再签字。

【课堂演练】

在网络书店系统中完成支付接口的申请与调试。

任务2　网络书店的沟通

【教学准备】

(1) 连接互联网的电脑设备若干台。
(2) 指定可链接的网页如下。

- http://www.dangdang.com(当当网)
- http://www.amazon.cn(亚马逊中国)
- http://book.tmall.com(天猫书城)
- http://www.faisco.com(凡科网)
- http://www.yilecms.com(以勒网)

【案例导入】

网络客服沟通七步骤

网络书店客服在整个店铺中扮演着重要的角色，简单来说是帮助顾客顺利完成购买商品的整个过程，同时兼任塑造店铺品牌形象的执行者，接下来和大家分享关于客服沟通的七步骤：一招呼、二询问、三推荐、四议价、五核实、六道别、七跟进。

招呼——"及时答复，礼貌热情"。当买家来咨询时，先来一句"您好，欢迎光临"诚心致意，让客户觉得有一种亲切的感觉。当买家来咨询的第一时间，快速回复买家，因为买家买东西都会货比三家，可能同时会跟几家联系，这时候谁第一时间回复，就占了先机。

询问——"热心引导，认真倾听"。当买家还没有目的性，不知道自己需要买哪种商品时，要有目的性地向顾客推荐。如果询问的产品刚好没货了，不要直接回复没有，可以这样回答："真是不好意思，这款卖完了，有刚到的相类似的其他新款，给您看一下吧。"即使没有也让客户看看店里其他的商品。

推荐——"体现专业，精确推荐"。根据收集到的买家信息，推荐给买家最合适的而不是最贵的，让买家感受更加热心和专心。用心为买家挑选产品，不要让买家觉得你是为了商品利益。

议价——"以退为进，促成交易"。在规范、公平、明码标价、坚持原则不议价的情况下，适当优惠或赠送小礼品以满足个别买家追求更加优惠的心理。如果买家说贵的话，这个时候可以顺着买家的意思，承认自己的产品的确是贵，但是要委婉地告诉买家要全方位比较，一分钱一分货。

核实——"及时核实，买家确认"。买家拍下产品后，我们应该及时跟客户核实地址、电话等个人信息是否准确，另外特别关注个性化留言，做好备忘录，有效避免错发、漏发等情况，尽可能控制售后不必要的麻烦和纠纷。

道别——"热情道谢，欢迎再来"。无论成交与否，都要表现出大方热情，特别是因为议价没有成交的，也要明白地告知对方卖家不议价的经营模式。因为卖家的诚恳热情，回头再购买的概率也是很高的。在成交的情况下，可以这样回答买家：您好，谢谢您选购我们的产品！您就等着收货吧，用好欢迎再次光临，祝您生活愉快哦！

跟进——"视为成交，及时沟通"。针对拍下来未付款的交易及时跟进，在适当时间和买家及时沟通核实，了解未付款的原因，及时备货，以便促成交易达成。针对物流问题的跟进，及时查看订单物流有没有疑难件，及时跟进查询，发现要第一时间通知客户说明情况，避免售后因物流产生的纠纷。

【知识嵌入】

网络书店客服人员的沟通，在网络书店的推广、产品的销售以及售后的客户维护方面均起着极其重要的作用，不可忽视。对一个网上店铺而言，客户看到的商品都是一张张的图片，既看不到商家本人，也看不到产品本身，无法了解各种实际情况，因此往往会产生距离感和怀疑感。这个时候，客户通过与客服在网上的交流，可以逐步地了解商家的服务和态度以及其他。客服的一个笑脸(通过聊天工具发送的表情符号)或者一个亲切的问候，都能让客户真实地感觉到他不是在跟冷冰冰的电脑和网络打交道，而是跟一个善解人意的人在沟通。这样会帮助客户放弃开始的戒备，从而在客户心目中逐步树立起店铺的良好形象。有着专业知识和良好沟通技巧的客服，可以给客户提供更多的购物建议，更完善地解答客户的疑问，更快速地对客户售后问题给予反馈，从而更好地服务于客户。只有更好地服务于客户，才能获得更多的机会。

一、网络书店沟通的人员

网络书店的沟通一般是由网络书店客服人员担任的。由于网络书店主要是采取线上交易的形式，因此网络书店的客服人员也都主要是通过网络平台与客户进行沟通交流的。

网络书店客服是指在开设网络书店这种新型商业活动中，充分利用各种通信工具、并以网上即时通信工具(如旺旺)为主的，为客户提供相关服务的人员。这种服务形式对网络有较高的依赖性，所提供的服务一般包括：客户答疑、促成订单、店铺推广、完成销售、售后服务等几个方面。

1. 网络书店客服的基本能力

1) 沟通能力

熟练掌握至少一种中文输入法，普通话规范标准，具有正常的表达的能力，能够通过聊天软件、电话、邮件等与客户沟通，接受客户的询价，为客户导购。打字速度快，能够盲打输入。反应灵敏，能同时和多人聊天，对客户有耐心。

2) 计算机操作能力

客服一般不需要太高深的电脑技能,但是需要对电脑有基本的认识,包括熟悉 Windows 系统、会使用 Word 和 Excel、会发送电子邮件、会管理电子文件、熟悉上网搜索和找到需要的资料。有些岗位需要懂得图文编辑、网页制作、能够帮助店主装修、推广网络书店,甚至参与产品的设计。

2. 基本素质要求

一个合格的网络书店客服,应该具备一些基本的素质,如心理素质、品格素质、技能素质以及其他综合素质等。

1) 心理素质

网络书店客服应具备良好的心理素质,因为在客户服务的过程中,承受着各种压力、挫折,没有良好的心理素质是不行的。具体包括:"处变不惊"的应变力,挫折打击的承受能力,情绪的自我掌控及调节能力,满负荷情感付出的支持能力,积极进取、永不言败的良好心态。

2) 品格素质

要有谦和的态度,它是能够赢得客户对服务满意度的重要保证。谦虚是做好网络书店客服工作的要素之一。要有热情主动的服务态度,客户服务人员还应具备对客户热情主动的服务态度,充满了激情,让每位客户感受到你的服务,在接受你的同时来接受你的产品。要有良好的自控力,自控力就是控制好自己的情绪,客服作为一个服务工作,首先自己要有好的心态来面对工作和客户,客服的心情好了也会带动客户,要控制好自己的情绪,耐心地解答。

3) 技能素质

(1) 良好的文字语言表达能力,高超的语言沟通技巧和谈判技巧。优秀的客户服务员还应具备高超的语言沟通技巧及谈判技巧,只有具备这样的素质,才能让客户接受你的产品并在与客户的价格交锋中取胜。

(2) 丰富的专业知识。对于自己所经营的产品具有一定的专业知识,能在第一时间回答客户对产品的疑问。

(3) 敏锐的观察力和洞察力。网络书店客服人员还应该具备敏锐的观察力和洞察力,能清楚地知道客户购买心理的变化,有针对性地对其进行诱导。

(4) 良好的人际关系沟通能力。良好的沟通是促成客户掏钱的重要步骤之一,和客户在销售的整个过程当中保持良好的沟通是保证交易顺利的关键。不管是交易前还是交易后,都要与客户保持良好的沟通,这样不但可以顺利地完成交易,还有可能将新客户吸收为回头客,成为自己的老客户。

(5) 专业的客户服务电话接听技巧。网络书店客服不单单是要掌握网上及时通信工具,很多时候电话沟通也是必不可少的。客服还要具有良好的倾听能力,能够耐心倾听客户的诉求。

3. 网络书店客服所需具备的基本知识要求

(1) 商品知识方面。客服应当对商品的种类、内容、用途、注意事项等都有一定的了解,对同类的其他商品也要有个基本的了解,这样在回复客户关于不同类商品的差异的时就可以更好地回复和解答。

2) 网站交易规则方面。网络书店客服应该把自己放在一个商家的角度来了解网络书店的交易规则，更好地把握自己的交易尺度。有时候，客户可能第一次在网上交易，不知道该如何进行，这时，除了要指点客户去查看网络书店的交易规则，在一些细节上还需要一步步地指导客户如何操作。此外，我们还要学会查看交易详情，了解如何付款、修改价格、关闭交易、申请退款等。

二、网络客服沟通的工具

网络书店的客户服务人员与客户进行交流沟通，有传统的通信工具，更多的是现代网络沟通工具，以下是几种主要的交流工具。

1. 电话

大部分网站为了交流便利，都会留有电话联系方式，方便客户遇到问题时咨询，这是最传统的沟通工具。

2. 邮件

电子邮件也能解决客户遇到的问题，以当当网为例，可以进行邮件沟通，第一时间通过邮件解答客户的问题，如图 6-6 所示。

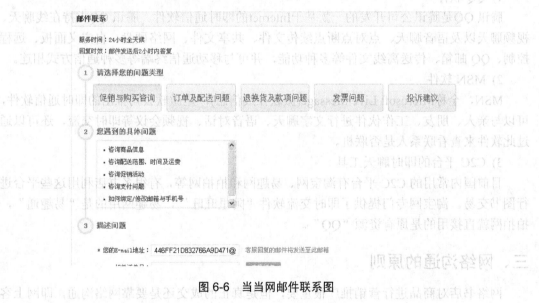

图 6-6 当当网邮件联系图

3. 自有平台在线客服

一般大型网络书店在自有平台上设有在线客服，可以解答客户的各种问题。以当当网为例，就有在线小当当进行 24 小时在线服务，如图 6-7 所示。

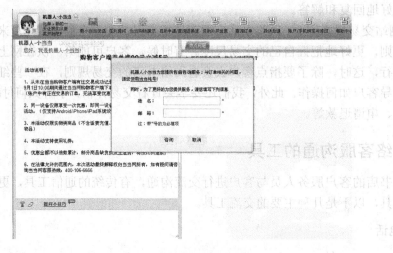

图6-7 当当网在线客服图

4. 即时聊天工具

与客户进行交流需要有交流工具，因此下载安装合适的交流软件是进行沟通的前提。常用的交流软件有QQ软件、MSN软件、微信软件以及一些C2C平台的即时聊天工具。

1）QQ软件

腾讯QQ是腾讯公司开发的一款基于Internet的即时通信软件。腾讯QQ支持在线聊天、视频聊天以及语音聊天、点对点断点续传文件、共享文件、网络硬盘、自定义面板、远程控制、QQ邮箱、传送离线文件等多种功能，并可与移动通信终端等多种通信方式相连。

2）MSN软件

MSN，全称Microsoft Live Message(微软在线信息)，是微软公司推出的即时通信软件，可以与亲人、朋友、工作伙伴进行文字聊天、语音对话、视频会议等即时交流，还可以通过此软件来查看联系人是否联机。

3）C2C平台的即时聊天工具

目前国内常用的C2C平台有淘宝网、易趣网和拍拍网等，有很多书店利用这些平台进行图书交易。淘宝网专门提供了即时交流软件"阿里旺旺"，易趣网用的是"易趣通"，拍拍网就直接用的是原有资源"QQ"。

三、网络沟通的原则

网络书店对商品进行营销推广很重要，但是真正的成交还是要靠网络沟通，即网上客户服务来完成。由于网上营销的特殊性质，使得在线接待无比重要。客服人员只有牢牢掌握服务原则，才能灵活有效地为客户进行服务，从而获得更好的销售效果。

1. 坚守诚信原则

对待客户必须坚守诚信。客服人员在介绍商品的时候，必须要针对产品本身的特点。虽然商品缺点本来是应该尽量避免触及，但如果因此而造成事后客户抱怨，反而会失去信用，所以应该诚实地解答客户的疑问，诚实地告诉客户商品的优缺点，先说缺点再说优点，诚实地向客户推荐适合他的商品，这样会更容易被客户所接受。

2. 热情耐心原则

对待顾客要有足够的耐心和热情。热情的回复，会给顾客一种信任感，绝不可表现出不耐烦，就算对方不买也要说声"欢迎下次光临"。如果你的服务够好，这次不成也许还有下次。

当顾客表现出犹豫不决或者不明白的时候，我们也应该先问清楚顾客困惑的内容是什么，是哪个问题不清楚。如果顾客表述也不清楚，我们可以把自己的理解告诉顾客，问问是不是理解对了，然后针对顾客的疑惑给予解答。

当顾客及时完成付款，或者很痛快地达成交易，我们都应该衷心地对顾客表示感谢，谢谢他这么配合我们的工作，谢谢他为我们节约了时间，谢谢他带给我们一个愉快的交易过程。

3. 凡事留有余地原则

在与客户交流中，不要用"肯定""保证""绝对"等字眼，这不等于商家售出的产品是次品，也不表示商家对客户不负责任，而是不让客户有失望的感觉。因为每个人在购买商品的时候都会有一种期望，如果保证不了顾客的期望，最后就会变成客户的失望。比如售出去的货品在路程中，谁也不能保证快递公司不误期、不丢失、不损坏。为了不让客户失望最好不要轻易保证。如果用"尽量""努力""争取"等，效果会更好。

4. 坚持自己的原则

在网络书店商品销售过程中，会经常遇到有异议的顾客。如果是网络书店的服务或者商品有问题，应该真心实意检讨自己出现的差错，并承担后果。如果不是网络书店的问题，而是顾客或第三方的问题，网络书店客服人员应该站在对方的立场考虑问题，提出合理建议。如果是碰到讨价还价的顾客，这个时候应当坚持自己的原则。如果作为商家在制定价格的时候已经决定不议价，那么就应该向要求议价的顾客明确表示这个原则。否则可能会使其他顾客觉得不公平，使店铺失去纪律性；也可能会给顾客留下经营管理不正规的印象，从而小看你的店铺；还有可能顾客下次来购物还会要求和这次一样的特殊待遇，或进行更多的议价，这样你需要投入更多的时间成本来应对。珍惜顾客的时间也珍惜自己的时间，才是负责的态度。

四、网络书店沟通的技巧

网购因为看不到实物，所以给人感觉就比较虚幻，为了促成交易，客服必将扮演重要角色，因此客服沟通交谈技巧的运用对促成订单至关重要。

1. 态度积极主动

树立端正、积极的态度对网店客服人员来说尤为重要。尤其是当售出的商品出现问题的时候，不管是顾客的错还是快递公司的问题，都应该及时解决，不能回避、推脱。积极主动与客户进行沟通，尽快了解情况，尽量让顾客觉得他是受尊重、受重视的，并尽快提出解决办法。在除了与顾客之间的金钱交易之外,还应该让顾客感觉到购物的满足和乐趣。

2. 语言热情友好

礼貌待客,让顾客真正感受到"上帝"般的尊重。顾客来了,先来一句"欢迎光临,请多多关照"或者"欢迎光临,请问有什么可以为您效劳的吗"。诚心致意的"说"出来,会让人有一种十分亲切的感觉,并且可以先培养一下感情,这样顾客心理抵抗力就会减弱或者消失。

有时顾客只是随便到店里看看,我们也要诚心地感谢人家说声:"感谢光临本店。"对于彬彬有礼、礼貌真诚的网店客服,谁都不会把他拒之门外的。诚心致谢是一种心理投资,不需要很大代价但可以收到非常好的效果。

沟通过程中其实最关键的不是你说的话,而是你如何说话。让我们看下面小细节的例子,来感受一下不同说法的效果:"您"和"MM 您"比较,前者正规客气,后者比较亲切。"不行"和"真的不好意思哦""嗯"和"好的没问题"都是前者生硬,后者比较有人情味。"不接受见面交易"和"不好意思我平时很忙,可能没有时间和你见面交易,请你理解哦"相信大家都会认为后一种语气更能让人接受。多采用礼貌的态度、谦和的语气,就能顺利地与客户建立起良好的沟通。

3. 文字恰当规范

同样一件事不同的表达方式就会表达出不同的意思。很多交易中的误会和纠纷就是因为语言表述不当而引起的。

1) 少用"我"字

少用"我"字,多使用"您"或者"咱们"这样的字眼,一方面拉近彼此距离,消除顾客与客服之间的陌生感;另一方面让顾客感觉我们在全心全意地为他(她)考虑问题。

2) 在客户服务的语言表达中,应尽量避免使用负面语言

这一点非常关键。客户服务语言中不应有负面语言。什么是负面语言?比如说,我不能、我不会、我不愿意、我不可以等,这些都叫负面语言。

(1) 在客户服务的语言中,没有"我不能"。当你说"我不能"的时候,客户的注意力就不会集中在你所能给予的事情上,他会集中在"为什么不能""凭什么不能"上。

正确的做法:"看看我们能够帮你做什么",这样就避开了跟客户说不行、不可以。

(2) 在客户服务的语言中,没有"我不会做"。你说"我不会做",客户会产生负面感觉,认为你在抵抗;而我们希望客户的注意力集中在你讲的话上,而不是注意力的转移。

正确的做法:"我们能为你做的是……"

(3) 在客户服务的语言中,没有"这不是我应该做的"。当客户听到这样的语言时,他会认为他不配提出某种要求,从而不再听你解释。

正确的做法:"我很愿意为你做。"

(4) 在客户服务的语言中,没有"我想我做不了"。当你说"不"时,与客户的沟通会马上处于一种消极气氛中,为什么要客户把注意力集中在你或你的公司不能做什么或者不想做什么呢?

正确的做法:告诉客户你能做什么,并且非常愿意帮助他们。

(5) 在客户服务的语言中,没有"但是"。你受过这样的赞美吗?——"你穿的这件衣服真好看!但是……"不论你前面讲得多好,如果后面出现了"但是",就等于将前面对客户所说的话全盘否定了。

正确的做法:只要不说"但是",说什么都行!

(6) 在客户服务的语言中,有一个"因为"。要让客户接受你的建议,应该告诉他(她)理由,不能满足客户的要求时,要告诉他(她)原因。

4. 沟通具有针对性

任何一种沟通技巧,都不是对所有客户一概而论的,针对不同的客户应该采用不同的沟通技巧。

1) 针对顾客对商品了解程度的沟通方式

(1) 对商品缺乏认识,不了解。这类顾客对商品知识缺乏,对客服依赖性强。对于这样的顾客需要我们像对待朋友一样去细心地解答,多从他(她)的角度考虑去给他(她)推荐,并且告诉他(她)你推荐这些商品的原因。对于这样的顾客,你的解释越细致他(她)就会越信赖你。

(2) 对商品有些了解,但是一知半解。这类顾客对商品了解一些,比较主观,易冲动,不太容易信赖。面对这样的顾客,这时就要控制情绪,有理有节耐心地回答,向他(她)表示你的丰富专业知识,让他(她)认识到自己的不足,从而增加对你的信赖。

(3) 对商品非常了解。这类顾客知识面广,自信心强,提问往往都能问到点子上。面对这样的顾客,要表示出你对他(她)专业知识的欣赏,表达出"好不容易遇到同行了"。用尊重的口气和她探讨专业的知识,给他(她)来自内行的推荐,告诉她"这个才是最好的,你一看就知道",让他(她)感觉到自己真的被当成了内行的朋友,而且你尊重他(她)的知识,你给他(她)的推荐肯定是最衷心的、最好的。

2) 针对顾客对价格要求不同的沟通方式

(1) 有的顾客很大方,说一不二,看见你说不砍价就不跟你讨价还价。对待这样的顾客要表达你的感谢,并且主动告诉他(她)我们的优惠措施,我们会赠送什么样的小礼物,这样让顾客感觉物超所值。

(2) 有的顾客会试探性地问问能不能还价。对待这样的顾客既要坚定地告诉她不能还价,同时也要态度温和地告诉他(她)我们的价格是物有所值的,并且谢谢他(她)的理解和合作。

(3) 有的顾客就是要讨价还价,不讲价就不高兴。对于这样的顾客,除了要坚定重申我们的原则外,要有礼有节地拒绝他(她)的要求,不要被他(她)各种威胁和祈求所动摇。适当的时候建议他(她)再看看其他便宜的商品。

3) 针对顾客对商品要求不同的沟通方式

(1) 有的顾客因为买过类似的商品,所以对购买的商品质量有清楚的认识。对于这样的顾客是很好打交道的。

(2) 有的顾客将信将疑,会问:图片和商品是一样的吗?对于这样的顾客要耐心给他们解释,在肯定我们是实物拍摄的同时,要提醒她难免会有色差等,当他(她)有一定的思想准备,就不会把商品想象得太过完美。

(3) 还有的顾客非常挑剔,在沟通的时候就可以感觉到,他(她)会反复问:有没有瑕疵?是不是正版?有问题怎么办?怎么找你们?等等。这个时候就要意识到这是一个很完美主义的顾客,除了要实事求是介绍商品,还要实事求是把一些可能存在的问题都介绍给他(她),告诉她没有东西是十全十美的。如果顾客还坚持要完美的商品,就应该委婉地建议他(她)选择实体店购买需要的商品。

【课堂演练】

(1) 从网络书店客服沟通的要求出发,对比分析当当网、亚马逊中国、京东等网络书店在客户沟通方面的差异。

(2) 假设你是某网络书店的经理,你认为你的客服人员最需要具备的素质和技能是什么?

任务3 网络书店的服务

【教学准备】

(1) 连接互联网的电脑设备若干台。

(2) 指定可链接的网页如下。

- http://www.dangdang.com(当当网)
- http://www.amazon.cn(亚马逊中国)
- http://book.tmall.com(天猫书城)
- http://www.faisco.com(凡科网)
- http://www.yilecms.com(以勒网)

【案例导入】

网上购书时速服务大比拼

本报记者选取四家网上书店,从服务便捷程度、客户舒适度、配送货时速等方面比较各自存在的差异。

下单:关注折扣与配送费

13日16:11:59,记者给蔚蓝网下订单,10分钟后,该网确认订单。记者所购之书为:《魔戒的锻造者·托尔金传》,原价18元,网购价6.3元;《魔戒再现·魔戒》(第一部),原价28.8元,网购价23.9元。网购总价30.2元。由于记者所在的出版商务周报社位于北京的大学区内,该网店对大学区内购书者免费配送,故免去配送费。北京非大学区内的购书消费者是否愿意支付配送费,可能得掂量掂量。

13日16:50:05,记者给北京图书大厦网络书店下订单,记者所购之书为:《王者无敌·魔戒》(第三部),市场价26.8元,网购价22元。尽管只有区区22元的书费,该网络书店并没有配送费的门槛设置,全市免费送货,这不能不说是对消费者有吸引力的地方。订单上设计收货人所在地还有"标志性建筑物"一栏,说明设计者考虑得很周到。

13日17:06:44,记者给当当网下订单,记者本想只购买一本《双塔奇兵·魔戒》(第二部),定价25.8元,网购价20.7元。但当当网免费配送有门槛,只有购书满29元才能免费送货，所以记者琢磨：与其多加 5 元钱的配送费，不如跨过当当网设置的门槛。于是，记者又挑了两本英文小书，价位都很便宜，一本叫《莎翁故居——人文胜迹》，定价 5.9 元，没有折扣；还有一本《大话名人：风云际会莎士比亚》，定价 5.9 元，网购价 4.5 元。这样凑够了总额 31.1 元的购书费，获得了免费配送的资格。

13 日 17:30，记者给亚马逊网下订单，记者所购之书为《顾炎武文选》(市场价 20 元，网购价 14.4 元)和《明夷待访录译注》(市场价 15 元，网购价 11.2 元)，因为促销优惠，免去 5 元的配送费，总价 25.6 元。

记者试着在另一家不太知名的网上书店下单购书，由于该网络书店的网页订单系统太过烦琐，记者试了几次，下单未遂，只好作罢。

(资料来源：节选自《网上购书时速服务大比拼》)

【知识嵌入】

一、网络书店服务的内容

1. 售前服务

售前服务是企业在顾客未接触产品之前所开展的一系列刺激顾客购买欲望的服务工作。售前服务的内容多种多样，主要是提供信息、提供咨询、接受电话订货和邮购、指导客户、提供多种方便和服务等。

1) 网络书店页面设置

网络书店的页面设置为顾客提供的服务，需要专业整洁、简单易用、操作方便、富于人性化的购物页面，如图 6-8 所示。这表现在：首先是网页导航能清晰明确地指导顾客了解网络书店及网络书店的商品陈列；其次是能为顾客提供便捷的购物程序，使顾客方便快捷地完成交易程序。这样可以为顾客节省在线购买所花费的搜寻成本，还能帮助和刺激消费者快速做出购物决策，完成交易操作。

图 6-8　新华文轩网络书店网店页面

2) 网络书店信息展示

网络书店应提供真实有效、及时更新的信息内容，让顾客及时了解最新信息，如图 6-9 所示。

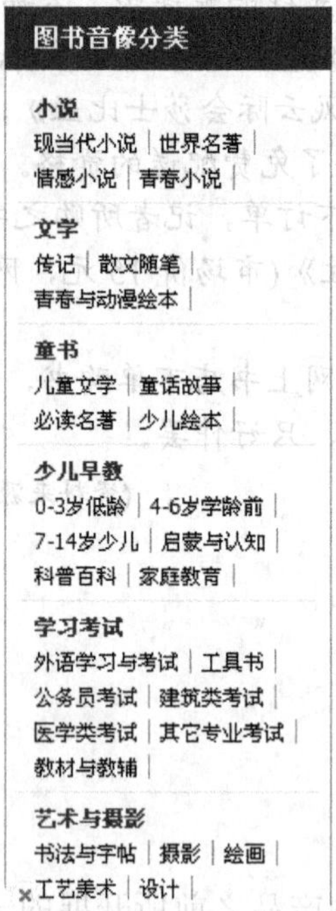

图 6-9 新华文轩网络书店图书信息图

对于书店信息的展示，除了陈列各书书名，还应展示相关信息。

例如，对于图书图片的展示是否够清晰？对于书本信息是否描述得足够具体？如果没有，就需要一一修正。尤其是关键信息一定要清楚明确。比如对于某本书的介绍及优惠活动等促销信息必须展示，且应置于显眼位置，如图 6-10 所示。

图 6-10 文轩网《撒哈拉的故事》图书信息介绍

3）达成交易

通过页面导航以及信息展示，客户大概了解网络书店的一些情况，但是否在此购买商品还需与网络客服进行有效沟通后才能决定。

顾客对于商品的质量、价格、运输以及售后服务问题都会有诸多疑虑，因此客服需要提供综合资讯服务，热情主动地对待客户，设身处地为客户着想，给予客户真实而诚信的回答，有效地调动消费者的购买欲望。同时还要掌握一定的沟通技巧，促成交易达成。网络书店客服人员在接待客户时，通过主动、热情、耐心周到的服务，把顾客的潜在需求变为现实需求，达到商品销售的目的。

2. 售后服务

售后服务是售后最重要的环节。售后服务已经成为企业保持或扩大市场份额的要件。售后服务的优劣能影响消费者的满意程度。在购买时，商品的售后服务等有关规定可使顾客摆脱疑虑、摇摆的心态，下定决心购买商品。下面以淘宝的网络书店为例，说明售后服务内容。

1) 查询快递服务

网络书店发货后客户暂时没有收到，需要帮忙查询快递的进展情况，一般处理如下。

(1) 正常件。正常件通过运单号查询即可。

(2) 疑难件。因客户信息如电话无法联系、地址不正确等客户信息登记不正确或暂时联系不上客户导致无法送达的邮件。此类邮件的处理方法是，通过电话联系、旺旺留言，4天内仍无法联系到客户，通知当地快递一周内将件退回，等客户主动与我方联系，确认正确的联系方式及发货地址后重新安排发送。因快递发错地址、件爆仓、件留仓、客户签收非本人等原因导致无法及时送达客户手中的邮件。此类邮件先查明原因后，向客户表示歉意，以"不影响客户体验"为前提，协助客户主动进行催件并及时告知客户跟进情况，并跟进至货送至客户手中。若快递长时无法安排送货，及时安排给客户重发，并跟踪原件退回。

(3) 超区件。因仓库发货安排不当或快递送货区域变更导致无法安排送达的快递件，为超区件。此类邮件安排重发，原件追回；或者转其他能到的快递发送；或者客户自提。

(4) 破损件。因快递派送途中导致产品破裂或破碎无法正常使用的情况，为破损件。此类邮件的得理方法是，核实包裹是否完好、破损程度、破损件数等；需让客户拍下破损产品细节图(至少2~3张)进行取证；因此带给客户麻烦，向客户表示歉意；马上安排补发，不影响服务；最后跟进至客户顺利收到，并及时录入破损件信息。

(5) 丢件。因快递派送途中无法得知件去向，且与快递公司核实确认为在某时间段内无法找回的件，称为丢件。此类邮件的处理方法是，先与快递公司核实确认；第一时间内通知客户快递件情况；因此带给客户麻烦，向客户表示歉意；然后马上安排补发，不影响服务；最后跟进至件顺利收到，并及时录入丢失件信息。

2) 退换货服务

由于商品质量问题或个人原因退换货的情况，首先会发问候语，然后问清楚是质量问题退换货还是非质量问题退换货。质量问题本书店承担邮费，客户先垫付邮费，收到质量问题的商品后将充值到客户支付宝。非质量问题的话一般由客户承担邮费。

二、影响网络书店服务质量的因素

1. 网络书店信誉

网络购物环境中，消费者会得到各种有关商品和网络书店的信息，这样的信息在消费者心中会产生信任并最终导致购买行为。这些信息就包括了消费者获取的有关网络书店信誉的信息。由于非价格因素在销售中有很重要的作用，而这些非价格因素又是以服务特征和声誉的形式表现出来的。因此获取网络书店信誉的相关信息可以使得消费者减少购物的不确定性，增加信任程度，最终使得消费者做出购买的决定。与实体店铺销售不同的是，消费者对于商品和店铺的信誉信息一般是通过网络书店提供的商品信息或者第三方评价这两种方式来获取。网络书店自身表现信誉优劣信息的方式有：提供信誉信息、第三方担保、提供较好的声誉证明等。第三方评价包括网站以及网站销售的商品所受到的消费者评价，如图6-11所示，主要有口头、书面、在线留言等各种形式。

图6-11 陈小姐书店的消费者评价

2. 商品信息

商品信息是消费者做出购买决定需要获得的另一个必要信息，除信誉信息之外的大部分信息都是有关商品的。商品信息具有一些自身特点。首先，商品信息主要是由网络书店自身提供，具有一定官方性质，因此其形式、内容等比较容易受到网络书店的控制。其次，在商品信息提供时，网络书店可以采用图片、证书、评价等多种方式使商品信息的可信度提高，如图6-12所示，并以此来增加消费者信任。

消费者在网络获取信息的便利性和可靠性是导致其网购行为的一大原因，并且在网络中获取信息的成本是相对比较低廉的。消费者往往会得到大量有关网络书店以及网络书店销售商品的信息，并在多项目标中综合比较评价，并最终决定购买。因此网络书店服务当中商品信息和信誉信息对消费者的期望、认识、信任度等都会产生影响，并直接影响到网络书店服务质量。通过评价网络书店信誉信息和商品信息可以反映网络书店的服务质量，而信息的有效性和形象程度是影响网络服务质量的重要因素。

图6-12 陈小姐书店某书的内页图片

3. 客户界面

客户界面包括网络店铺展示商品的结构和界面易用性两个方面的因素，如图6-13所示。客户界面是消费者以及商家向消费者提供信息的重要载体之一，其中主要的形式是商品目录。在网络书店设计客户界面时涉及很多技术因素，但是对网络书店的服务质量来说，主要关注的是消费者感受到的易用性。在一项消费者对于客户界面的需求调查中显示：技术仅仅是一个方法，但并不是一种可以一劳永逸的手段；其次，消费者需要在购买不同物品时有不同的购物感受并收到个性化服务，并且消费者需要有效利用各种购物渠道。因此消费者所关心的并不是实现客户界面的技术问题，而是展现给消费者的客户界面要有效并且易用。因此，使消费者感受到高效、亲切、个性化的客户界面，也能够提高网络书店的服务质量。

图6-13　陈小姐书店的客户界面

4. 在线客服

网络购物环境中消费者面对的是一个虚拟的人机界面。在理想状况下，消费者通过与预先设定的人机界面进行互动就可以完成订购，此时就不再需要在线客服的导购和咨询服务。但是在实际的网络书店销售中，由于各种原因会使得消费者自助服务无法顺利完成，由此产生的消费者抱怨是无法避免的。在服务管理中，正确的处理消费者反映的各种抱怨以及意外事件是十分关键的，可以帮助有效降低不满意程度并及时了解消费者需求。在网络书店的网络服务平台中也需要一个由人工支持的在线客服系统来处理消费者的抱怨和各种意外事件。因此，在线客服也是影响网络书店服务质量的因素之一。

5. 订购便利性和安全性

消费者做出购买决定后，就需要通过在线的订购系统进行订购。在这个过程中消费者所需求的是便捷的购物过程，同时又要保证消费者个人信息和隐私的安全性。在线服务安全性是在线服务的一个重要因素，网络店铺在提供服务时要注意各种安全问题，包括避免交易风险、资金损失、个人隐私泄露等。在保障网络购物安全时兼顾便利性，是网络书店服务中的一个两难问题。在实际的网络书店中一般是通过构建内部安全系统、与银行的合作、第三方支付这三种方式来保障消费者购物安全的。分析订购的便利性和安全性可以有效评价网络书店的服务质量。

三、提升网络书店服务质量的方法和措施

1. 树立"客户至上"的服务意识

网络书店想要提升服务质量，获得顾客的好评和忠诚，必须树立"客户至上"的服务意识。书店在得到一位新客户时，应及时将书店的经营理念和服务宗旨传递给客户，便于获得新客户的信任。在与客户的交易中遇到矛盾时，应及时地与客户沟通，及时地处理，及时地解决问题，在适当时候还可以选择放弃自己的利益，保全客户利益。另外还应对客

户备注进行分析，总结自己客户群体的特征，全面了解客户情况。建立客户的资料库，及时记录每个成功交易的客户的各种联系方式。在和客户交易过程中了解客户的职业或者所在城市等其他背景，分析不同人群所适合的物品。除了做好第一次交易，更要做好后续的维护，定期给客户发送有针对性的、客户感兴趣的邮件和旺旺消息，与之建立起良好的客户关系。

2. 确保产品质量

要明白质量是维护客户忠诚度最好的保证，是对付竞争者的最有力的武器，是保持增长和赢利的唯一途径。书店只有在产品的质量上下大功夫，保证商品的质量，才能在市场上取得优势，才能为商品的销售及品牌的推广创造一个良好的运作基础，也才能真正吸引客户、留住客户。

3. 注重客户评价

有的网络书店隶属的平台需要给出交易评价，那么可以进行客观公正的评价。交易结束要及时做出评价，信用至关重要。不论客户还是卖家都很在意自己的信用度，及时在完成交易后做出评价，会让其他客户看到自己信用度的变化。

有些客户不像卖家那样能够及时地做出评价，可以友善地提醒客户给你做出如实的评价，因为这些评价将成为其他客户购买你物品前重要的参考。评价还有一个很重要的解释功能，如果客户对你的物品做出了错误的不公正的评价，你可以在评价下面及时做出正确合理的解释，防止其他客户因为错误的评价产生错误的理解。

4. 合理处理客户投诉

要成功地处理客户投诉，先要找到最合适的方式与客户进行交流。很多客服人员都会有这样的感受，客户在投诉时会表现出情绪激动、愤怒。此时，客户最希望得到的是同情、尊重和重视，因此你应立即向其表示道歉，并采取相应的措施。

首先快速反应，记下客户的问题，及时查询问题发生的原因，及时帮助客户解决问题。有些问题不是能够马上解决的，也要告诉客户会马上给您尽快予以解决；客户有问题，需要热情地对待，要比交易的时候更热情，客服人员应体贴地表示乐于提供帮助，自然会让客户感到安全、有保障，从而进一步消除对立情绪，形成依赖感。对于客户的不满，要能及时提出补救的方法，并且明确地告诉客户，让客户感觉到你在为他考虑，为他弥补，并且你很重视他的感受。一个及时有效的补救措施，往往能让客户的不满化为感谢和满意。

5. 服务失误后及时进行信任修复

1) 诚恳致歉

不管是因为什么样的原因造成客户的不满，都要诚恳地向客户致歉，对因此给客户造成的不愉快和损失道歉。

2) 及时补偿

以物质补偿为主，精神补偿为辅。网络书店在服务失误后要想修复信任，就必须对客户进行物质补偿，特别是采取退货或者是现金补偿等手段，这是顾客最希望获得的补偿方式。

3) 多方补救

商品本身、网站本身、客服人员和物流与信任修复的结果之间存在着显著相关的关系。网络书店在物质补偿和精神补偿之后，在这些方面的调整，将会巩固信任修复的效果。

(1) 从商品本身而言。①进行价格适应性调整。对商品的价格进行适应性调整，使网络书店的透明度增加，客户会更加信赖该企业。②商品质量得到改进。商品的质量得到改进，会增强客户的信任感，提高忠诚度。

(2) 从客服人员而言：①提高客服人员解决问题的能力。客服人员解决问题的能力得到提升，会节省消费者的时间、精力。②提高客服人员态度。态度热情、工作认真、文明礼貌的客服人员将会提高其信任程度。

(3) 从物流角度而言：①物流速度。物流速度的加快也将提高信任程度。②物流人员态度。物流人员态度，也会影响到客户的对该网络书店的信任。③物流费用合理。物流费用趋向合理也会刺激消费者的信任程度。

【课堂演练】

(1) 从网络书店的服务要求和服务评价标准出发，对比分析当当网、亚马逊中国、京东、蔚蓝网等网络书店的服务各有什么优劣？

(2) 以你的网店购书体验为例，介绍说明你所满意的网络书店提供的服务内容。

项目实训实践　网络书店的交易、沟通与服务

1. 实训名称

网络书店模拟交易与服务。

2. 实训目的

(1) 能设计网络书店的交易过程和规则。

(2) 能安全有效地进行支付和交付货物。

(3) 掌握与消费者交流沟通的技巧。

(4) 能够为消费者提供优质的服务。

3. 实训内容

(1) 分别以买家和卖家的身份在已建成的网络书店与客户沟通交流。

(2) 分别以买家和卖家的身份在已建成的网络书店上进行模拟交易。

(3) 完成网络书店工作人员对客户的商品介绍、疑问解答、模拟支付与交货及售后服务工作。

4. 实训步骤(以http://www.faisco.com为例)

第一步：拟定网络书店交易流程与规则的详细方案。

第二步：设置网络书店交易程序、付款环境和程序以及交付方式。

第三步：进行网络书店客服人员培训，掌握交流沟通的技巧。

第四步：模拟完成交易。

第五步：实施售后服务工作。

5. 实训要求

(1) 以团队为单位上交 1 份网络书店交易流程与规则的详细方案。

(2) 以团队为单位上交 1 份网络书店客服人员培训手册。

(3) 以团队为单位上交 1 份网络书店服务心得。

6. 考核标准

	优秀(90~100分)	良好(80~90分)	合格(60~80分)
考核标准(100分制)	网络书店交易流程与规则思路清晰、结构完备，设置合理；书店客服人员培训手册符合实际要求、可操作性强；交易量可观，客户评价高；能根据反馈信息总结经验教训	网络书店交易流程与规则结构完整，设置较为合理；书店客服人员培训手册符合实际要求、可操作性强；交易量较可观，客户评价较高；能根据反馈信息总结经验教训	网络书店交易流程与规则设置较为合理；书店客服人员培训手册具有一定的可操作性；有交易量，客户评价较好；能根据反馈信息总结经验教训
自评分			
教师评分			

注：未参与实训项目，在本次实训成绩中计 0 分。

课后练习

1. 简答题

(1) 简述网络书店交易的流程。

(2) 网络书店服务如果发生了失误，应该采取什么补救措施？

2. 思考题

(1) 请问你认为网络书店客服人员在与客户交流沟通过程中最需要注意的是什么？

(2) 请问网络书店与传统书店比较，在客户服务方面如何体现其优势？

《网店经营与管理》授课计划表
(72 课时)

项目与任务		学习目标	建议课时
项目一 网络书店的规划与注册	任务1 网络书店的规划	认识和了解网络书店的特点；制订完善的网络书店开设方案	4
	任务2 网络书店的注册、命名与信息完善	熟悉淘宝等平台开设网络书店的规则、流程，能够顺利开设书店	4
	项目实训实践 模拟开设一家网络书店	在凡科网等模拟平台注册网络书店，体会成功开设网络书店的喜悦	2
项目二 网络书店的设计与装修	任务1 网络书店的系统框架与模块组成	掌握网络书店系统各模块的功能、作用，能清楚地划分网络书店的组成模块	4
	任务2 网络书店的装修	能制订网络书店装修方案，能应用装修工具、装修模板为网络书店进行装修	6
	项目实训实践 给自己的网络书店装修	尝试装修各相关元素的制作与组装，经历书店装修全过程；能体会到创性思维、审美情趣、艺术修养在书店装修中的作用	4
项目三 网络书店经营	任务1 图书信息采集	熟悉多种采集图书信息的途径，能够规范地采集完整的图书信息	4
	任务2 图书信息组织与上传	能够对相关图片进行制作、加工和完善处理，根据平台特点对图书信息进行分类组织并快速上传发布	4
	任务3 网络书店广告经营	能规划网店广告；掌握广告策划的要点和技巧；能运用PS技术简单制作网络书店广告	4
	任务4 网络书店活动策划	能够进行网络书店活动策划	4
	项目实训实践 模拟经营网络书店	在模拟平台进行图书信息采集、制作和上传，体会网络书店经营的辛苦与收获	2
项目四 网络书店管理	任务1 热点关键词搜索	掌握关键词搜索要点，应用关键词搜索方法优化提高图书信息浏览量；尝试设置相关关键词	2
	任务2 网络书店搜索引擎优化	熟练掌握百度、淘宝等搜索的功能，合理应用搜索引擎优化原则对网络书店内容进行适当优化	4

续表

项目与任务		学习目标	建议课时
项目四 网络书店管理	任务3 网络书店的商品管理	会站在经营管理者的角度对本店的图书产品进行管理	2
	任务4 网络书店的客户管理	会站在经营管理者的角度对本店的客户关系进行管理	2
	项目实训实践 网络书店的管理	能为模拟经营的网络书店设置热点关键词、管理图书产品和客户	2
项目五 网络书店的维护与更新	任务1 网络书店信息维护与更新	能对网络书店的商品信息、资讯动态等网络书店内容信息进行更新维护；在网络书店管理过程中不断发现问题和不足，追求完美和精益求精	2
	任务2 网络书店运行维护	能对网络书店在运行过程中出现的问题进行处理；能对网络书店网站软硬件设备进行维护；保障网络书店安全正常运行	2
	项目实训实践 网络书店的维护	对模拟开设的网络书店进行信息和经营维护	2
项目六 网络书店交易、沟通与服务	任务1 网络书店交易的支付技术和物流技术	熟悉网络图书交易的过程和规则、支付技术和物流技术	4
	任务2 网络书店的沟通	熟悉与消费者沟通的技巧，具备良好的沟通能力	3
	任务3 网络书店的服务	具有良好的服务意识，能给客户提供必需的服务	3
	项目实训实践 网络书店的模拟交易与服务	能很好地进行网络书店沟通与服务	2

参 考 文 献

[1] 唐乘花. 数字出版基础[M]. 长沙：湖南科学技术出版社，2012.

[2] 陈玉霞. 网上书店的管理[J]. 电子制作，2013(16).

[3] 唐乘花. 浅论数字时代书店经营人才核心竞争力之培养[J]. 教育与职业，2012(11).

[4] 从《书店经营管理》课程改革谈高职学生核心竞争力培养策略[J]. 湖南大众传媒职业技术学院学报，2012(1).

[5] 数字时代实体书店核心竞争力转型思考[J]. 出版发行研究(CSSCI来源)，2012(7).

[6] 浅论数字时代书店经营人才核心竞争力之培养[J]. 教育与职业(教育类北大核心)，2012(10).